바람에
발효된
섬의 사유思惟

송미아 청소년 문학 독서평론집

바람에
발효된
섬의 사유 思惟

한그루

서문

바람에
발효된
섬의 사유^{思惟}

바다가 삶의 바탕이라면 그곳에는 정녕 섬이라는 존재적 그리움이 자라기 마련이다. 그 바다 그 섬 안에 살았던 사람들에겐 그곳에서 발육된 크고 작은 삶의 이야기들이 겹겹이 깃들어 있다.

더 깊이 들어가면 작은 나, 원초적인 자아가 있다. 여러 갈래의 자아가 모여 하나의 섬을 이루듯, 그 섬에는 반드시 서로를 비추는 등대 하나씩 갖추게 되었다. 그렇게 섬은 아침 햇살과 저녁노을을 작은 촛대에 갈아 올리며 언제나 서로를 향해 초롱초롱 눈빛을 보내게 된다.

섬을 오래 빚어내온 주인공은 다름 아닌 바람이다. 바람이 바람을 불러 제각각의 사연을 만들었다. 그래서일까, 바람을 빼고 제주를 이야기하는 건 거의 불가능에 가깝다. 마파람, 하늬바람, 높

새바람, 샛바람… 계절마다 얼굴을 바꾸어 불어오는 바람이 삶을 다듬고 언어의 결을 빚었다.

그러나 바람은 언제나 순하지 않았다. 외세의 바람이 몰아칠 때마다 섬은 흔들렸고 역사의 골짜기마다 깊은 상처가 새겨졌다. 항몽의 바람이 불면 항파두리 성에 참빗살나무가 붉게 물들었고 사월이면 동백의 붉은 기억이 골짜기마다 흩날렸다. 그 바람은 남자들을 전장으로 내몰고 여자들을 생계의 기둥으로 세웠다. 세월 속에서 희미해진 듯 보이지만 섬의 흙과 물은 바람 속에서 다져져 사람들의 몸과 말에 흔적처럼 남았다. 그때마다 섬사람들은 마음을 지켜줄 신을 불러야 했다.

"제주섬의 흙은 설문대할망의 살이요, 물은 피이며, 돌은 뼈"라는 김순이 시인의 전언傳言처럼 설화와 믿음, 마을마다 이어온 신당과 기도의 할망이 있어 섬은 그 숱한 바람을 견디고 버텨냈다. 그래서 우리에게는 바람과 설화와 역사로 이어진 섬의 시간을 품고 지켜가야 할 사랑이 남아 있다.

그렇다면 예술의 역할은 무엇일까?

문학과 그림 그리고 음악 등의 예술은 자연과 문화의 간극을 채운다. 그래서 섬의 바람은 다시 노래가 되고, 제주어의 숨결은 언어예술을 통해서 다시 깨어난다. 이처럼 예술가들은 섬의 정서와 언어, 바람에 스민 기억을 손끝으로 불러낸다. 그렇게 피어난 작품들은 섬의 노래이며 눈물이다. 바람처럼 스쳐가면서도 뼛속 깊이 스며드는 사랑의 흔적이다. 사랑은 바람에 따라 이루어지고 바람에 따라 발효되며 섬사람들을 하나로 잇는다.

『바람에 발효된 섬의 사유』는 사랑의 흔적을 좇아 작품의 가치를 해설한 독서평론집이다. 이 책은『제주어 용례사전』을 비롯해 4·3, 해녀, 환경, 설화를 다룬 문학작품들과 더불어 작곡·사전·영화·그림일기·수기·독서캠페인 기사 등 다양한 텍스트를 '독서'의 범주에 넣어 함께 읽는다. 이를 통해 개별 작품의 울림을 넘어 서로를 비추는 내면을 살피며, 제주 정체성과 정서 그리고 제주를 중심으로 한 예술적 가치를 독자와 나누고자 했다.

특히 가치관 형성의 절정기에 서 있는 청소년 독자들이 제주의 소중한 모습을 진정성 있게 바라보며 사유의 길을 열어 가기를 바랐다. 이 시기의 독자들은 서로 다른 텍스트를 연결하여 생각을 이어가는 일을 종종 어려워한다. 그러나 그 길을 자꾸 걸어갈수록 마음은 더 유연해지고, 읽기의 뿌리는 깊어지며, 다양함을 꿰뚫어 보는 눈과 융합적 사유의 힘이 자라난다. 설화와 영화, 전통과 현대, 자아와 타자, 주동인물과 주변인물, 지역과 세계, 장르와 타 장르처럼 서로 다른 결을 비교하고 사유하는 과정 속에서 독자는 비로소 자기만의 목소리를 얻게 된다. 이러한 경험이 쌓일수록 문해의 힘은 더욱 커진다. 이는 다양한 맥락과의 만남 속에서 사고가 깊어지고 의미가 확장되는 다중문식성의 체험으로 이어진다.

더불어 필자가 이끌어 온 '온가족 맛있는 책 읽기' 캠페인은 아동과 청소년뿐 아니라 세대의 경계를 허물고 대화의 길을 열어 주고 있으며 가족 안에 새로운 독서 문화를 꽃피운다. 그래서 이 평론집에는 청소년기, 성년기, 장년기를 아우르는 독서의 여정이 어떻게 삶의 가치로 이어지는지 보여주는 체험 수기 및 기사문 분석

평론도 실었다.

따라서 이 평론집은 일반 독자뿐 아니라 청소년을 비롯한 온 가족이 그 안에 들어있는 '작품'을 함께 읽고 나누는 기쁨을 확장하려는 바람을 담았다. 필자가 텍스트를 해석하며 의미를 찾았듯, 독자 또한 각자의 경험을 토대로 생각의 문을 열 수 있는 소통의 통로로 활용하기를 바란다.

평론 쓰기의 시작과 끝은 늘 '뭉켐(머뭇거림)'에서 비롯되어 그곳에서 마무리되었다. 천 번을 들어도 지겹지 않은 음악 속에서 뭉케고, 손바닥 꽃밭에 물을 주며 뭉케며, 동네 숲길을 걷고 길고양이를 만나며 보낸 '뭉켐의 시간'은 평론 대상 작품들의 '진정성'에 합류하고자 내민 작은 SOS였다. 작품 한 편이 끝날 때마다 폭풍 같은 갈증에 술 한잔이 그리워졌던 것도 아마 그 때문일 것이리라. '바람에 발효된 섬의 사유思惟' 속에서 머물렀던 그 뭉켐은 결국 30여 년간 독서지도의 삶이 녹아든 가장 귀한 선물이 되었다.

그 선물 속에는 책을 매개로 한우리 동행인들과 함께 나눈 독서운동의 땀과 눈물이 응축되어, 이제는 한 편의 시처럼 내 삶을 비추고 있다.

무조건 지지해주는 가족과 남편의 따스한 눈빛 덕분에 여기까지 올 수 있었다. 제주어 감수를 맡아주신 양전형 작가님, 제주서사의 글을 쓸 수 있도록 불씨를 지펴주신 김정숙, 김신자 시인님, 넓은 안목으로 조언해주신 한그루 김지희 편집장님 그리고 조형민, 정미주, 김형훈 평론가님, 한우리 동행인들에게도 깊은 감사를 드린다.

아울러 제주 시심의 원천이자 시의 뿌리를 굳건히 지켜오신 김순이 시인님, 섬의 심장처럼 살아 있는 그 울림에 사랑과 존경의 마음을 올린다.

나는 여전히 부족하여 섬의 바람을 다 담아내지 못했다. 그러나 그 곁을 스쳐 지나며 흘린 눈물과 남은 말들이 마음속에 깊이 배어 있다. 이제 그것들이 독자의 가슴에서 더 크고 깊은 제주의 서사로 재탄생되기를 기원한다. 아울러 작품 속에 남겨주신 제주 작가들의 정신이 바람처럼 이어지고 사랑으로 발효되기를 간절히 바란다. 제주의 크고 작은 섬들이 간절히 켜든 등대 불빛처럼.

2025. 11.

송미아

바람에

발효된

섬의 사유^{思惟}

차
례

다매체 텍스트(가곡, 사전, 영화, 수필, 그림일기)

16 시詩와 음악이 만나는 섬, 제주
   - 안현순의 작곡 발표회 〈제주, 애(愛)〉(작사: 김순이, 고성기, 고정국, 고영숙, 이청리 詩)

37 창발적 언어 미학과 제주어 문학의 미래
   - 양전형의 『제주어 용례사전』을 중심으로

57 교실의 긴장과 퀴어의 목소리가 보여준 세계적 공감 가능성
   - 김예원 감독의 단편 영화 〈우연히 나쁘게〉

75 청소년 진로 탐색의 씨앗, 다매체 텍스트의 독서토의 수업
   - 〈김통정 설화〉와 영화 〈야구 소녀〉, 〈빌리 엘리어트〉 비교

100 말의 결을 따라 삶을 적는 수필문학의 진정성과 제주어 감각
   - 김신자의 제주어 수필집 『그릇제도 매기독닥』과 『보리밥 곤밥 반지기밥』

126 평화를 향한 녹색 쾌락주의자
   - 임종길의 자연 관찰 그림일기 『오늘 뭐했지?』

시와 시조

152 표선 백사장의 4·3, 진혼과 위무의 시학

  - 임채성, 강영미, 김영란, 김연미, 고정국의 시조

182 멀티페르소나 시대, 제주어 시조의 폭과 깊이

  - 김정숙의 제주어 시조집 『섬의 레음은 수평선 아래 있다』

207 해녀 문학과 제주어 문학의 접점에 펼쳐지는 시조의 미학

  - 김신자의 해녀 시편

229 스며듦의 시학, 생태동시가 빚어낸 자존과 공생

  - 박희순 동시, 신기영 그림, 『꼬물꼬물 베렝이』와 『제주 바당』

설화(재구성 설화, 비교독서)

264 역사에서 설화로, 전승의 언어로 다시 쓰는 김통정

  - 설화시(김영숙, 이무자, 이시향), 극본(김철수), 동화(양순진, 장영주, 고봉선, 신임순)

290 욕망 과잉의 시대, 문학이 비추는 절제와 성찰

  - 광령리 〈매고할망〉 전설, 단편소설 「감자」와 「배따라기」, 한시 「영정중월」

동화와 소설

304 바다를 지키는 약속, 제주어 동화가 전하는 생태적 메시지
 - 김도경의 제주어 환경 동화 『용왕황제국 홍보대사』

339 에고이즘과 윤리적 균열, 그리고 회복의 가능성
 - 광령리 〈매고할망〉 전설, 아쿠타가와 류노스케의 「라쇼몬」, 「덤불 속」

353 지역문학의 회복 가능성
 - 양전형의 제주어 장편소설 『목심』의 존재론적 서사

온가족 맛있는 책읽기 - 수기 및 기사

378 온가족 맛있는 책읽기, 작은 미용실에서 피어난 큰 무지개
 - 독서지도사 현미영의 체험 수기 「무지개 미용실에 피어난 책 읽기」
 - 기자 김형훈의 기사글 「책이 부부를 이야기 바다로 이끌어주었어요」

404 참고문헌

다매체 텍스트(가곡, 사전, 영화, 수필, 그림일기)

시詩와 음악이 만나는 섬, 제주
- 안현순의 작곡 발표회 〈제주, 애(愛)〉(작사: 김순이, 고성기, 고정국, 고영숙, 이청리 詩)

창발적 언어 미학과 제주어 문학의 미래
- 양전형의 『제주어 용례사전』을 중심으로

교실의 긴장과 퀴어의 목소리가 보여준 세계적 공감 가능성
- 김예원 감독의 단편 영화 〈우연히 나쁘게〉

청소년 진로 탐색의 씨앗, 다매체 텍스트의 독서토의 수업
- 〈김통정 설화〉와 영화 〈야구 소녀〉, 〈빌리 엘리어트〉 비교

말의 결을 따라 삶을 적는 수필문학의 진정성과 제주어 감각
- 김신자의 제주어 수필집 『그릇제도 매기독닥』과 『보리밥 곤밥 반지기밥』

평화를 향한 녹색 쾌락주의자
- 임종길의 자연 관찰 그림일기 『오늘 뭐했지?』

시詩와 음악이 만나는 섬,
제주

- 안현순의 작곡 발표회 〈제주, 애(愛)〉
 (작사: 김순이, 고성기, 고정국, 고영숙, 이청리 詩)

한여름 밤, 음악은 침묵을 뚫고 우리에게로 스며들었다. 문예회관 대극장을 가득 채운 안현순 제2회 작곡 발표회. 무대와 관객 사이의 숨결을 조율하는 제주의 빛과 떨림이 하나로 어우러지는 소중한 만남이었다

이날 특히 기억에 남는 것은 마이크를 든 안현순 작곡가의 모습이었다. 그녀의 인사말에는 어느 시인에 못지않은 제주 사랑의 여운이 흐르고 있었다. 침묵 속에 숨어 있던 동사형 음표들이 그의 손짓과 숨결을 따라 하나둘 일깨워졌다. 그리고 이어지는 연주의 시간, 관객들은 어느덧 시작도 끝도 없는 음의 여백 속으로 빠져들었다.

"음악과 리듬은 영혼의 비밀스런 장소에 도달한다."라는 플라톤의 말처럼, 어떤 음악은 언어보다 먼저 마음 깊숙이 스며든다. 필자에게 음악은 글을 쓰기 전이나 책장을 넘기기 전, 감정의 온도

를 가다듬기 위해 건네받는 가장 사적인 언어다. 대중가요에서 영화음악, 레게의 저린 박자, 때로는 낯선 리듬의 클래식까지 음악은 언제나 삶의 결을 따라 다가온다.

멕시코 가수 티시 히노호사의 'Donde Voy'처럼 어떤 곡은 정서적 활동을 시작하기 전에 반드시 들어야만 감정의 문이 열린다. 라흐마니노프의 교향곡 2번 3악장은 감정의 카오스 속에서 길을 잃었을 때 맑게 풀어주는 숨결이 되어주기도 한다.

우리는 왜 이토록 음악을 찾아 헤매는가. 플라톤이 말한 것처럼 어쩌면 저마다의 '비밀스러운 장소'를 마음속에 품고 있기 때문인지도 모르겠다. 그렇다. 음악은 버티게 하는 힘이며, 자유로울 수 있는 여백이고, 혼돈 속에서도 다시 삶을 꿈꾸게 하는 아름다운 앤트로피다.

가곡 연주회 같은 조금은 낯선 자리에서는 가곡만이 지니는 정적인 무게 앞에서 긴장하게 된다. 그것은 마치 정장을 차려입고 제대로 준비된 한정식 앞에 앉는 순간처럼 마음의 옷매무새를 가다듬게 만든다. 무대 위의 진동, 성악가의 호흡과 발성에서 흘러나오는 목소리는 작곡의 숙성된 감정의 결이며 발효된 시간의 흔적이다.

일 년이 지난 지금도 그 한여름 밤의 선율은 쉽게 사라지지 않는다. 작곡이라는 초점이 우리에게 주어졌던 그날, 비로소 우리는 그동안 잊고 지내던 '음악이라는 예술의 층위'을 새로운 관점으로 들여다볼 수 있었다. 성악가, 연주가가 있는 감동의 순간을 가능하게 했던 무대 이전의 수많은 선택과 망설임 그리고 그 모든 것을 견디게 한 침묵의 시간들까지, 그날의 음악은 삶에 대한 또 다른 성찰의 기회이기도 하였다.

그동안 우리는 듣기의 감홍에서만 멈춰 서 있었던 건 아닐까. 관객의 무대를 위해 얼마나 많은 음표들이 쌓이고 몇 번의 망설임과 수정을 거쳤을까. 한 편의 선율을 완성하기 위해 보이지 않는 고뇌의 시간들이 얼마나 켜켜이 쌓여 있었을까. 그리고 그 끝에서 음표 하나 쉼표 하나에도 삶이 녹아 있다는 사실을 헤아리게 된다.

이처럼 작곡은 조성과 조화(harmony), 리듬과 시간의 흐름 속에서 음악적 의미를 구성해 내는 청각적 구조이자 형식의 언어화다. 그러나 그 이전에 그것은 말 없는 언어를 감각으로 옮기는 행위이며, 존재하지 않던 울림을 삶의 리듬으로 이끌어내는 지극히 인간

합창 '사랑을 만나서', 안현순 작곡가와 전체 출연자 함께 ⓒ고민수

적인 창조의 순간이기도 하다. 특히 이날의 작곡은 제주를 노래하는 시인들의 언어에 곡을 입혔다는 점에서 무대의 울림이 더욱 각별했다. 무대 위에 피어난 노래가 찬란한 꽃이라면, 그 꽃을 지탱하는 것은 언 땅을 뚫고 자라난 수선화의 뿌리 같은 작곡의 시간일 것이다.

1. 안현순의 작곡 세계와 〈제주, 애(愛)〉

안현순의 작곡은 제주 감수성과 제주어의 숨결을 품고 있다. 제주도립제주합창단의 편곡자로 활동해온 그는 음악을 통해 제주의 정체성을 풀어내는 문화의 번역자다. 그의 작품은 교육 음악부터 예술가곡, 민요 편곡, 음악극에 이르기까지 장르를 아우르며, 특히 제주 시문학을 바탕으로 시어의 결을 살려낸 해석력으로 주목받고 있다.

합창곡집『관객을 사로잡는 합창』시리즈를 비롯해 다수의 창작곡집을 펴냈고 일부 곡은 교과서에 수록되었다. KBS 다큐멘터리 〈제주 덕판배〉의 배경음악, 음악극 〈해녀의 길〉, 위촉작 〈애월찬가〉, 제주국제합창축제 개막곡 등 그의 음악은 제주의 삶을 서사적으로 담아내고 있다.

또한 2023년 '색 다른 카름'과 2024년 '카름 노래에 스며들다' 등의 마을노래 창작 프로젝트를 통해 지역 공동체의 정체성을 음악으로 재현하고 있다. 주민과의 교류를 바탕으로 한 이 작업은 마을의 기억을 노래로 엮으며 공동체적 연대와 자긍심을 회복하고,

나아가 사회적 치유와 문화 재생의 가능성까지 보여준다.

2024년 안현순의 제2회 작곡 발표회 〈제주, 애(愛)〉는 제주의 자연, 사람, 해녀, 부부, 상처와 회복 등을 주제로 구성된 서사적 무대이다. 작곡가가 직접 해설자로 참여해 곡의 배경과 감정을 관객과 나눈 이 공연은, 김순이의 「제주수선화」(남성중창, 바이올린 김민희)와 고정국의 시조 「길」(바리톤 김훈석)로 문을 열며 제주의 외로움과 순명의 정서를 절제된 선율로 표현했다.

이어서 고성기의 「내 마음의 바다」(바리톤 최규현, 첼로 박소현), 이청리의 「그 섬에 고운 님이 있었네」(바리톤 김훈) 등이 제주의 상처와 회복을 섬세하게 담아냈다. 고영숙의 「섬의 연가」는 김민희의 바이올린 독주로 제주 4·3의 아픔을 말없이 감싸안았고, 「공생」에서는 첼로·바이올린·피아노가 해녀들의 호흡과 협업 정신을 음악으로 형상화했다. 여명옥과 고훈식 시인의 작품들 역시 부부라는 공동체 안의 유머와 삶의 무게를 따뜻한 선율 속에 녹여내며 공감을 자아냈다.

공연의 마지막 곡인 합창 '사랑을 만나서'는 전 출연진이 함께 부르며 제주의 사랑과 연대를 하나로 모았다. 촛불처럼 출렁이는 무대와 관객석은 경계를 허물었고, "당신의 사랑입니다"라는 음악이 전할 수 있는 가장 깊은 감동으로 속으로 빠져들었다. 본 글에서는 이 중에서도 김순이, 고정국, 고성기, 이청리, 고영숙 시인의 작품을 중심으로 제주의 서정과 서사의 깊이를 다시금 되새기고자 한다.

2. 김순이의 「제주수선화」
- 겨울 한가운데 피어난 시적 하모니

　김순이 시인은 필자의 긴 머리를 싹둑 자르게 했던 시인이다. '마흔 살은 긴 머리가 안 어울리는 나이'라는 시의 메시지는 내 안에서 결단을 끌어낸 문학적 주문 같았다. 삼십 대에서 사십 대로 넘어가던 그 시절, 얼마나 예민했던지 나이 들어감을 의식한 우울감과 채우지 못한 내적 욕망 사이에서 갈등이 깊었던 때였다. 『마흔 살』이라는 시집은 그 시기의 나를 비추는 조명처럼 다가왔고 삶의 궤적을 부지런히 따라가느라 미처 들여다보지 못한 내면의 소리를 들여다보게 했다.

　　너는 곁에 두어도 / 멀리 떠돌고 // 그리워 손을 뻗으면 / 허공 집히는 어느 날 / 슬픔에 젖은 채 / 끝나는 마지막 악장처럼 / 눈이 내린다 // 지독하구나 / 네 미움 / 겨울 한가운데 / 꽃으로 피어 // 외로움 더욱 외롭게 하는 / 사랑 되는가 // 너는 곁에 두어도 // 멀리 떠돌고

　　　　　　　　　　　　　　　　　　　　- 「제주수선화 1」 전문

　필자가 『마흔 살』을 곁에 두고 지낸 이후 새롭게 만난 시집은 『제주 바다는 소리쳐 울 때 아름답다』였다. 이 시집 또한 오랫동안 애송해 왔다. 내게 문학은 언제나 바다였고 바다는 언제나 문학이었다. 열여덟의 바다, 스물다섯의 바다, 그리고 지금까지도. 늘 찾아

다니는 바다는 어머니의 생계의 터전이자 나의 정서적 감정을 감싸안아 주었던 품이었다. 그렇게 바다는 곳곳의 장소성을 달리하며 은밀한 내면의 피난처가 되어주었다. 어쩌면 "제주 바다는 소리쳐 울 때 아름답다"라는 말을 지금껏 가슴에 품고 살아온 것도 바로 그 이유였을 것이다. 「제주수선화」는 바로 이 시집에 수록된 시다.

「제주수선화」는 그런 마음의 간극을 차디찬 계절 속 피어난 한 송이 꽃으로 응축해낸다. 곁에 두었으나 멀리 떠도는 존재 "너는 곁에 두어도 멀리 떠돌고"라는 시구는 물리적 거리를 넘어 정서적 단절의 감각을 드러낸다. 존재는 곁에 있으나 그로 인해 더 깊어지는 고독이다. 시인은 눈 내리는 풍경을 "슬픔에 젖은 채 끝나는 마지막 악장처럼" 묘사하며 이별의 정서를 소란 없는 음악적 종지(終止, cadence)로 가라앉힌다. "멀리 떠돌고", "마지막 악장처럼" 같은 구절은 언어 너머의 감각을 환기하며 독자에게 상상과 여운의 공간을 남긴다. 시의 감정은 과하지 않으며 오히려 절제된 표현 속에서 한층 더 스며들게 된다.

"지독하구나 네 미움 / 겨울 한가운데 꽃으로 피어"라는 시구가 오래도록 가슴에 꽂힐 것 같다. 사랑이 남긴 응어리가 차가운 계절 속에서 되레 생명처럼 피어나는 역설의 장면이다. 생의 끝처럼 느껴지는 겨울 그 시간에 상처는 오히려 꽃을 틔운다. 외로움 속에서도 피어나고야 마는 감정의 아이러니는 지독한 사랑, 지독한 그리움인 것 같다. 어쩌면 이 시의 가장 깊은 정조가 아닐까 싶다.

안현순 작곡가는 "외로움 더욱 외롭게 하는 사랑 되는가" 이 시구에 담긴 감정을 절제된 남성 5중창으로 풀어낸다. 화려함보다는 속울음을 닮은 울림으로 눈처럼 조용히 쌓이는 감정을 감싸안는다. 말하지 못한 마음들이 켜켜이 쌓여 결국 음악이 되어버린 순간 그 노래와 선율 속에서 관객은 문득 자기 안의 오래된 장면을 하나씩 떠올리게 된다. 상처마저도 꽃이 되는 순간! 이것이 시적 울림이다. 겨울 한복판에서 피어난 수선화처럼 차갑고도 따뜻하게.

어쩌면 그날의 무대는 김순이 시인이 써내려간 '제주수선화'의 물결이었는지도 모른다. 너무 가까이에 있어서 끝내 말하지 못했던 사랑, 그 고독과의 싸움을 음표로 건네준 안현순 작곡가의 선율 또한 제주수선화의 한 대목으로 오래 남을 것이다.

3. 고정국의 시조 「길」
- 굽이굽이 인생길 위에서 피어난 노래

우리의 젊은 날들을 돌아보면 불확실성과 내면의 갈등 속에서 자주 길을 잃었다. 왜 그토록 굽이진 길을 돌고 돌아가야 했는지 시간이 흐른 지금도 문득 그때의 막막함이 떠오를 것이다. 고정국의 시조를 읽다 보면 현실을 꿰뚫는 예리한 인식과 치밀한 언어 감각, 벗겨도 벗겨도 새로운 결이 드러나는 상징성과 시적 밀도로 가득 차 있다. 겹겹이 숨어 있는 언어의 결과 그 속살 같은 층위들은 독자로 하여금 시의 결을 반복해 더듬게 한다. 그리고 마침내 그 안에서 우리 삶과 시대를 다시 응시하게 만든다. 그의 작품은 단지 정서를 담는 그릇을 넘어 치열한 사유의 문장으로 기능하며 자아성찰의 뼈대를 매번 새롭게 일깨워준다.

한 세상 사는 것이 다 길이라 하는 것을 / 물빛 글썽이는 산만 보고 가노라면 / 세월은 소롯길로 와서 억새꽃을 피웠네 // 노을 녘 산마루엔 하늘만한 뉘우침이 / 웃자란 억새밭에 하얗게 눕던 날은 / 길 잃은 조랑말 한 마리 산을 향해 울었다 // 한 평생 구빗길을 먼발치로 따라와서 / 때로는 이마 섶에 주린 듯 돋는 별빛 / 그 순명 비포장 길에서 삐걱이는 내 수레여.

- 「길」 전문

    1988년 조선일보 신춘문예 당선작이기도 한 「길」은 인생길에서 마주하게 되는 우리의 내면을 자연의 소재를 통해 담담히 그려냈다. 삶은 그 자체로 수많은 길이다. "물빛 글썽이는 산만 보고 가노라면" 물빛 글썽이는 산은 우리의 삶을 지탱해주는 어떤 매개일 것이다. 시인에게는 시를 쓰는 일이 될 수도 있고, 독자들에게는 저마다의 삶에서 바라보는 지향점일 수도 있다. 그 길이 때로는 정신적으로 고단하고 육체적으로 배고픈 순간들일지라도 끝내 믿고 기대며 걸어가는 것이다. '길' 자체가 바로 삶이라는 인식이 밑바탕에 깔려 있는 것 같다.

    그렇게 흘러온 세월은 어느덧 눈에 띄지 않던 소롯길로 접어들었고 그 길 위에 억새꽃 하나 피어난다. 바람 속에서도 꺾이지 않고 부드럽게 흔들리는 억새처럼 삶 또한 요란하지 않더라도 우리의 겸허함으로 피어난다.

    지나고 나서야 비로소 후회하게 되는 것일까. "노을 녘 산마루엔 하늘만한 뉘우침이"로 시작되는 구절은 회한을 지나 수용의 정서로 우리를 이끈다. 안현순 작곡가는 이 시에 바리톤의 낮은 음색을 입혀 깊은 울림을 더했고 "길 잃은 조랑말 한 마리 산을 향해 울었다"는 대목에서 곡은 감정의 정점에 도달하는 울림을 표현한다. 고정국 시인의 시, 안현순의 작곡, 김훈석의 목소리가 하모니를 이루는 순간, 길 잃은 조랑말처럼 그날의 감정들이 겹겹이 포개어졌다.

삶이란 어쩌면 "비포장 길에서 삐걱이는 내 수레"를 이끌며 묵묵히 나아가는 일일지도 모른다. 반복되는 시구는 같은 언어를 새롭게 되새기게 했고 그것은 어느새 인생의 리듬처럼 다가왔다.

노래는 시를 따라가되 결코 앞장서지 않았고 감정을 덧입히며 천천히 우리 안에 스며든다. 우리는 "한 평생 구빗길을 먼발치로 따라와서" 이 시를 만났고 이 노래를 듣게 되었다. 시가 노래로 피어나고 그 노래가 어느 날의 기억을 스치며 뭉클한 감정으로 되살아난다. 지나온 굽이굽이 길들이다. 분명, 한 시절 우리 곁에도 그런 길이 있었다. 그리고 지금 안현순 작곡가의 선율을 따라 오늘의 길 위에서 이 노래를 듣는다.

4. 고성기의 시조 「내 마음의 바다」
- 시와 음악이 빚은 정서의 해안선

어느 날 신문 한 귀퉁이에서 마주한 시 한 편, 제목은 '섬을 떠나야 섬이 보입니다'. 나도 모르게 마음 깊숙이 파고들며 유독 그날따라 뼈에 사무쳤던 시어였다. 이처럼 시는 독자의 내면과 공명을 이루는 순간 울컥하는 감정의 발화로 이어진다. 결국 시란 시인이 주인이 아니라 세상에 던져지는 순간 독자의 것이 되어버리는 장르라 볼 수 있다. 어쩌면 '독자 중심'의 감상을 최우선으로 하는 문학 장르가 바로, 시詩가 아닐까.

제주를 떠나 막내가 공부하는 이국땅으로 건너가는 하늘길에서 내려다본 제주섬은 그야말로 지구의 한 점이었다. 창 아래 펼쳐진 바다는 한없이 드넓고 그 끝자락에 바람 부는 바다 위 홀로 놓인 섬 하나. 수많은 상흔과 지워지지 않는 역사의 주름이 겹겹이 배어 있었다. 그러나 그 안에는 꾹꾹 눌러 살아가는 존재들이 있었다. 멀리서 내려다본 섬은 물빛과 하늘빛에 녹아 아스라이 희미했지만 그 속의 사람들은 서로의 온기를 붙들고 빛나고 있었다.

그는 섬을 떠나야 섬이 보인다고 했다. 실은 자신을 한껏 밀어내야만 비로소 제 모습을 드러내는 존재들처럼. 고성기 시인의 시 곳곳에 등장하는 '섬'은 곧 삶의 숨결이자 우리들의 정서를 보듬어 주는 중심이었다. 그날 이후 내 책장 한켠에 꽂힌 『섬을 떠나야 섬이 보입니다』는 나의 애송 시집이 되었고, 그의 시는 내 마음속에 오래도록 일렁이는 작은 섬 하나가 되었다.

다가가 밀물이거나 / 돌아서 썰물일 때도 // 항상 그 깊이 / 그 높이로 노래했거늘 // 그대를 / 가슴에 넣으면 / 현악기로 떠는 바다 // 파도야 네가 언제 / 내 가슴을 친다 했나 // 모랫벌 깊이 묻은 / 상처까지 붉게 덧나 // 하루를 / 부둥켜안고 / 타악기로 우는 바다

- 「내 마음의 바다」 전문

정형의 미학 안에서 섬세한 감성과 깊은 사유를 품어내는 고성기 시인. 그는 제주적 정서를 간직한 채 보편적 삶의 결을 환기하며 섬의 삶과 바다 그리고 존재의 내면을 잔잔히 건네준다.

고성기 시, 바리톤 최규현의 독창, 박소현의 첼로 연주, 김향숙의 피아노 연주가 어우러지며 한 곡의 입체적 서사가 완성된다. 고성기 시인의 시에는 바다가 있다. 다가갈 때는 밀물처럼, 돌아설 때는 썰물처럼 출렁이는 가슴이 있다. "그대를 / 가슴에 넣으면 / 현악기로 떠는 바다" 사랑은 가슴 안에서 진동하고 그 떨림은 어느 순간 음악이 된다. 안현순 작곡가는 이 정서를 첼로와 피아노 그리고 바리톤의 병렬 구성으로 입체화한다. 첼로의 선율은 바람 같고 파도 같으며 바리톤의 울림은 속 깊은 물결처럼 퍼져나간다.

"파도야, 네가 언제 내 가슴을 친다 했나". 이 독특한 감정 앞에서 어떤 언어로 표현해야 할지 잠시 멈칫하게 된다. 울컥하는 격정보다는 오래 눌려 있던 심상의 마디를 툭 건드리는 떨림과 함께 마음 깊이 침잠해 있던 기억이 슬며시 떠오르는 듯하다. 마치 바다와 파도가 내면의 상처를 두드리는 건반처럼…. 그렇게 묻어두었던 아픔이 되살아나는 것이다.

모랫벌 깊이 감춰져 있던 상처는 다시 덧나고 바다는 그 고통을 끌어안은 채 떨며 마치 타악기처럼 감정을 토해낸다. 그것은 침묵 속에 숨겨진 울림이자 말로 다 전하지 못하는 슬픔의 몸짓인 것이리라.

가라앉아 있던 감각은 첼로의 떨림 속에서 서서히 깨어나고 타악기의 리듬을 타듯 다시 생기를 얻는다. 안현순의 선율과 바리톤 최규현의 목소리는 청자의 내면을 파고들며 음악의 결 속으로 점점 더 끌어들인다.

"그대를 가슴에 넣으면 현악기로 떠는 바다 // 파도야 네가 언제 내 가슴을 친다 했나" 이 두 시구가 반복될수록 노래는 점점 중심으로 피어나 정서의 심지를 흔드는 후렴이 되어 긴장감을 고조시킨다. 간주 이후 되풀이되는 구절들은 그동안 눌려 있던 감성의 층을 하나씩 걷어내며 관객의 내면을 정화의 길로 이끈다.

말로는 다 설명할 수 없는 어떤 여진이 음악 안에서 살아 움직이고 그 미세한 흔들림은 끝내 오래도록 관객의 마음에 머문다. 후주後奏의 네 마디가 끝나갈 즈음 파도는 서서히 잦아들고 그것은 마치 "상처를 품은 고요한 해안선"처럼 잔잔한 수면 아래 제자리를 찾아간다. 이는 사랑의 서사이자 감정의 해안선이다. 그리고 울림과 침묵이 공존하는 하나의 하모니로 다가온다.

5. 이청리의 시 「그 섬에 고운 님이 있었네」
- 예술가의 고독과 불멸

이청리 시인은 김영갑의 존재를 시로 다시 불러냈다. 용눈이오름을 오를 때마다 왜 그리도 가슴이 미어졌을까. 그의 시 한 줄을 따라가다 보면 마치 김영갑의 숨소리가 들려오는 듯하다. 필자 역시 김영갑을 떠올릴 때면 미어지게 그립다. 김영갑의 삶에서 마주한 그의 예술혼은 루게릭병으로 죽어가면서도 삶의 아름다움과 사랑을 남겨준 스승『모리와 함께한 화요일』속 모리 교수의 모습과 겹쳐진다. 끝을 향해 가는 순간에도 멈추지 않았던 예술과 가르침, 그 불꽃 같은 정신은 필자가 만났던 청소년들에게도 종종 들려주는 감동의 이야기다.

지금도 그의 책 『그 섬에 내가 있었네』의 서두가 어렴풋이 떠오른다. "산다는 일이 싱거워지면 나는 들녘으로 나간다. 그래도 간이 맞지 않으면 섬 밖의 섬 마라도로 가서 며칠이고 수평선을 바라본다." 김영갑 작가는 제주라는 섬을 위해 삶의 마지막 순간까지 자신의 시선과 마음을 다해 아름다움을 기록한다. 루게릭병과 싸우며 불태운 그의 삶은 이제 이청리 시인의 시 「그 섬에 고운 님이 있었네」와 그에 곡을 붙인 가곡을 통해 다시 살아난다.

이청리 시인 역시 수많은 시집을 통해 김영갑 작가처럼 제주의 사랑을 온몸으로 이어가는 작가이다. 현재 제주에 거주하며 제주의 자연과 사람들 그리고 사라져가는 풍경과 기억에 대한 애틋한 애정을 시로 담아내고 있다.

용눈이오름을 오를 때마다 왜 이리도 가슴이 미어지는 걸까 / 바라만 보아도 서러움이 밀려와 / 가슴이 이 가슴이 미어질 듯 목메이고 / 불꽃같은 그리움이 밀려오는 걸까 / 불꽃같은 그리움이 내게로 밀려오네 / 살아서 불멸을 손에 잡는 자 / 세상도 그 마음 어찌하지 못했으리 / 바람이 바람이 잠들지 않는 이 섬을 / 이 세상을 온몸으로 받아 내어 / 바람이 바람이 잠들지 않는 이 섬에 / 아름다움을 일구어 낸 고운님이여 / 그 섬에 고운님 있었네

- 「그 섬에 고운 님이 있었네」 전문

이 시는 사진작가 김영갑을 떠올리며 쓴 이청리의 헌시獻詩로, 제주 자연과 예술가의 삶이 겹쳐지는 지점을 애틋하게 포착하고 있다. 용눈이오름을 오를 때마다 가슴이 미어지는 화자의 심정은 존재 깊숙한 곳에서 솟구치는 그리움과 통증의 토로다. 바라보기만 해도 서러움이 밀려드는 풍경은 김영갑이 생전에 담아낸 섬의 고단한 아름다움과 맞닿아 있다.

　화자의 그리움은 불꽃 같은 감정으로 다가오며, 한 존재가 품은 예술혼 혹은 삶에 대한 절실함으로 독자와도 공명을 이룬다. 시인은 "살아서 불멸을 손에 잡는 자"라는 구절을 통해, 병든 몸으로도 마지막까지 섬을 기록하고자 했던 김영갑의 집념을 기린다. 바람이 쉬지 않는 이 섬에 온몸으로 부딪히며 아름다움을 일구어낸 그 사람. 시인의 마지막 구절 "그 섬에 고운 님 있었네"는 자연과 예술, 인간의 고통과 숭고함이 하나의 풍경처럼 겹쳐지는 순간을 응축하고 있다.

　특히 "용눈이 오름을 오를 때마다 왜 이리도 가슴이 미어지는 걸까"라는 시구를 따라가다 보면, 카메라를 든 채 제주를 기록하던 한 사람의 뒷모습이 선명하게 떠오른다. 병든 몸으로도 결코 카메라를 놓지 않았던 김영갑 작가. 이청리 시인은 그 존재를 시로 불러냈다.

　그 섬은 삶과 죽음, 사랑과 고독, 예술과 기억이 맞물리는 내밀한 무대가 된다. 안현순은 그 무대를 선율로 옮겨냈다. 바리톤 김훈의 목소리는 그 울림을 가슴 깊이 끌어올리며, "살아서 불멸을 손에 잡는 자 / 세상도 그 마음 어찌하지 못했으리"라는 시구가 지닌 무게를 절절히 전한다. 그것은 시간의 건너편에서 존재를 다시 불러내는 노래이자 그가 남긴 시선의 여운이다.

간주 이후 되풀이되는 "바람이 바람이 잠들지 않는 이 섬에 / 아름다움을 일구어낸 고운 님이여 / 그 섬에 고운 님 있었네"라는 후렴은 슬픔과 존경이 맞물린 절창으로 이어진다. 가곡의 울림은 이제 시적 화자가 지목하는 대상을 초월하며 저마다의 가슴속으로 흘러내린다. '고운 님'은 단지 특정한 인물을 넘어 자기 자신에게 묻어 두었던 님을 꺼내게 되고, 제주를 사랑했던 이들 모두를 부르는 이름처럼 들린다. 사라졌지만 여전히 이 섬 어딘가에 숨 쉬고 있는 존재들, 그들에 대한 노래이다. "그 섬에 고운 님 있었노라"는 그 속울음 같은 고백의 선율이 가슴을 울린다.

6. 고영숙의 시, 제주 4·3노래 「섬의 연가」
- 4월의 섬, 희망을 향하여

시는 절망을 넘어 희망을 노래한다. 살아남은 자의 무게를 지닌 채 끝내 서로를 살리고자 하는 마음, 그 믿음이 이 노래의 숨결이며 우리가 여전히 살아 있는 이유다.

4월의 통꽃잎은 섬의 지문처럼 우리 가슴에 아프게 찍힌다. 지워도 지워지지 않는 흔적은 해마다 거리를 돌며 아직도 아물지 못한 이름들을 부른다. 이 섬 어디에도 그 아픔과 무관한 곳은 없다. 필자 또한 그 시간과 연결돼 있다. 어머니를 대신해 유족 보상금 사백만 원을 받자 난산리 친정 하늘에 떠 있는 별 넷이 어느 날보다 또렷하게 다가왔다. 한날한시에 사라진 네 생의 자취가 그날의 총성처럼 서늘하게 반짝였다.

　붉은 보상금 서류를 바라보는 순간 막내 이모의 울음이 되살아났다. 외할머니가 세 살배기 막내 이모를 안고 취조실에 섰던 날, "어멍 집이 가자, 어멍 집이 가자… 아앙앙." 말 한마디, 울음 한 줄기에도 죽고 사는 갈림길이 놓여 있던 시절이다. 그 소리가 생사의 열쇠를 쥔 한 경관의 마음을 흔들었는지 모른다. 그는 "이 아기 데리고 빨리 꺼져 버려."라고 외쳤고 외할머니는 그 틈을 타 말살의 운동장을 빠져나왔다.

　상흔은 지워지지 않았으나 그 속에서도 누군가는 살리고자 했다. 그 경관의 진심이 무엇이었든 죽음만이 전부는 아니었다. 작은 빈틈이 한 생을 이어 준 것이다. 고영숙의 「섬의 연가」도 그 틈을 닮아 있다. 피로 물든 유채꽃이 스러진 자리에 새순이 돋는 4월, 반복해 읽어본다.

　　　잃어버린 들판에 새봄이 다시 태어나리니 / 우리섬의 사월을 기억하리라 // 아물지 않은 상처에 서러웠던 이름이여 / 당당히 그 이름을 불러주리라 // 붉은 꽃잎들이 쓰러져간 자리 / 그곳에 다시 돋는 새순이여 / 절망의 끝에서 새 희망을 피우노라 // 진실은 뜨거운 생명으로 되살아나리니 / 용서의 바람 불어와 / 침묵하던 대지도 끌어안으리 / 진달래 지천인 푸른 산천에 // 떠돌다 지친 바람의 넋이여 내 등을 눕혀라 하늘이여 땅이여 / 설운 맘 보듬어 보듬어 나를 편히 잠들게 하라 // 희망의 사월에 나는 다시 꿈을 꾸노라 / 일렁이는 평화의 물결 온섬 물들이면 // 쓰러졌던 풀잎들 다시 일어서 / 굳은 맹세로 이 땅 위에 빛의 춤을 추리 // 가슴을 열고 상생의 깃발 아래 / 모두 모여 어둠 떨치고 눈부신 새벽 열라 / 한라 오름들 외치는 평화의 함성이여

- 제주 4·3노래, 「섬의 연가」 전문

    제주 4·3노래 「섬의 연가」는 고영숙 시인이 제주 4·3의 아픔을 기억하며 쓴 시로, 2015년 제주4·3평화재단이 주최한 전국 공모에서 추모곡 가사로 선정된 작품이다. 이 시는 잃어버린 들판과 아물지 않은 이름들을 불러내며, 언어와 선율을 통해 되살아나는 생명과 화해의 메시지를 품은 평화의 노래다. 안현순 작곡가에 의해 음악화되었으며, 제주도립교향악단과 합창단, 그리고 독창 연주를 통해 깊은 울림으로 전해졌다.

    77년이 흘렀지만 우리는 여전히 그날의 무게를 짊어지고 살아간다. 그러나 그 무게를 온전히 짊어진 채 살아간다는 것은 또한 희망을 버리지 않는 일이다. 그리고 「섬의 연가」는 바로 그런 생의 정직한 태도에서 붙여진 가사가 아닌가 생각해 본다. 붉은 유채꽃의 들판을 지나며 우리는 아물지 않은 이름을 다시 부르고, "당당히 그 이름을 불러주리라"고 다짐한다. 죽음 속에서 피어난 생의 목소리, 그 목소리를 듣는 순간 과거의 노래가 아니라 앞으로를 위한 노래가 된다.

    고영숙 시인의 언어는 화해와 상생의 이미지를 잔잔히 깔아 놓으며 가슴 깊은 곳의 울음을 두드린다. 안현순 작곡가는 그 언어

위에 바이올린을 얹어 상처를 다시 밝혀 주고 기억을 조용히 아름다움 속에 놓는다. 노래는 "잃어버린 들판에 새봄이 다시 태어나리니"로 시작해 4·3 이후의 시간을 불러낸다. 아직 아물지 않은 들판 위에서 우리는 봄을 떠올리고 "당당히 그 이름을 불러주리라"는 다짐으로 이름 없이 사라진 존재들을 다시 호명한다.

언어 사이에 놓인 침묵은 바이올린 카덴차로 이어져 말을 잃은 영혼의 떨림을 전한다. 약 45초 동안 이어지는 현의 진동은 제주가 얼마나 오래 말을 삼켰는지 증언하며 그 시간은 추도의 순간이자 부활을 준비하는 순간이 된다. "진실은 뜨거운 생명으로 되살아나리니"라는 구절은 희생의 이름들이 생명으로 돌아올 것이라는 예감이다. 땅과 사람과 하늘이 함께 울리는 이 부분은 4·3이 과거가 아닌 오늘 우리가 응답해야 할 진실임을 일깨운다.

2절로 넘어가며 곡은 추모에서 다짐으로 나아간다. "굳은 맹세로 이 땅 위에 빛의 춤을 추리"는 저항의 리듬을 품은 평화의 춤이고 "한라오름들 외치는 평화의 함성"은 섬 전체가 기억의 언덕에서 부르는 대합창이다. 이 노래는 기억의 노래이자 미래를 여는 서곡이다. 안현순 작곡가는 바이올린과 목소리로 말 없는 말을 다시 불러내며 절망과 희망 사이를 진동하는 선율로 우리의 심장을 두드린다.

7. 〈제주, 애(愛)〉가 완성한 시와 음악의 복합예술

〈제주, 애(愛)〉는 제주 시문학과 현대 예술음악이 서로를 확장해주는 '장르 간 대화'의 현장이었다. 시는 멈춰 선 감정을 해석의 여지로 남겨두지만 음악은 그 감정에 박동을 부여한다. 특히 '제주'라는 구체적인 지역성과 정서가 시적 언어로 그리고 다시 음악적 언어로 변환되며 이 발표회의 작품들은 다성적 울림을 지닌 복합예술로 완성되었다.

　멀티페르소나 시대에 놓여 있는 오늘날의 관객은 하나의 정체성이나 언어 혹은 장르에 고정되지 않는다. 이 발표회는 바로 그러한 시대적 감수성에 응답하고 있다. 시와 음악, 퍼포먼스가 하나로 어우러지는 이 무대는 서정과 서사, 제주어와 표준어, 전통과 현대, 민속과 클래식이 경계를 넘나드는 융합예술의 실험장이었다. '낯설게 하기'와 '정서적 몰입'이 동시에 작동하며 다양한 감각과 정체성을 지닌 관객에게 폭넓은 공감을 이끌어냈다.

　특히 인상 깊었던 것은 제주어의 회복력이었다. '아영고영'처럼 입말의 생동을 살린 작품은 제주어가 단지 과거의 언어가 아닌 지금도 유머와 철학을 담는 살아있는 언어임을 증명했다. 아울러 이 무대는 공동체의 기억이 다시 피어나는 의례의 장이기도 했다. 특히 마지막 무대 '사랑을 만나서'에서 모든 출연자가 함께 노래하는 장면은 관객들이 하나의 섬을 이루며 저도 모르게 노래의 주인공으로 물들어 갔다.

　이처럼 〈제주, 애(愛)〉는 대중과 가곡을 잇는 시간이었다. 시를 음악으로 풀어내고 제주어에 숨결을 불어넣은 이 무대는 통상적 공연의 범주를 넘어선 하나의 문화예술 실천 현장이기도 했다. 특히 무대 전반에는 다양한 음악적 장치들과 더불어 김효은 작가의 캘리그래피 영상이 더해져 시각적 예술성과 감성의 깊이를 한층 배가했다. 아울러 제주 4·3을 노래한 '섬의 연가'에서는 양정환 감독의 독립영화 〈4월 이야기〉가 배경 영상으로 상영되어 시와 음악 그리고 영상과 그림이 어우러지는 복합 예술의 형식을 완성해 냈다.

이 입체적인 무대 안으로 대중을 자연스럽게 끌어들인 점은 지역성과 예술성 그리고 대중성이 조화롭게 어우러질 수 있음을 보여주는 한 편의 예술이었다. 결국 이 발표회가 남긴 가장 큰 울림은 '섬을 울리는 복합예술의 확장 가능성'을 실천적으로 증명했다는 데 있다.

그리고 우리에게 그 여름밤의 수선화를 떠올리게 했다. 하얗게 피어나던 촛불의 무대, 말없이 번져가던 멜로디…. 그것은 삶의 상처를 어루만지며 오래된 정서를 다시 피워내는 우리의 숨결이었다. 안현순이 빚은 〈제주, 애(愛)〉. 음악은 시의 숨결을 이어주고, 시는 음악의 심장을 덧입히며, 우리는 이 울림 속에서 '제주'라는 말을 다시 부르게 된다.

창발적 언어 미학과
제주어 문학의 미래

- 양전형의 『제주어 용례사전』을 중심으로

봄의 행간에서 말을 곱씹는 일은 다소 딱딱한 사유처럼 느껴질지도 모른다. 그러나 언어가 없다면 우리는 봄의 감각 그 설렘과 떨림, 피어나는 마음의 결을 표현할 길조차 잃게 된다. 말은 단순한 소통의 도구를 넘어 세계를 인식하고 감각을 조직하는 방식까지 포괄한다.

심리학자 비고츠키는 언어와 사고의 관계를 '동전의 양면'에 비유한 바 있다. 이는 언어가 생각을 표현하는 외피인 동시에 사고 그 자체를 형성하는 틀이기도 하다는 뜻이다. 말이 없으면 우리는 생각할 수 없고, 생각이 자라나기 위해서는 반드시 언어라는 구조를 필요로 한다. 언어와 생각은 서로의 그림자처럼 붙어다니며, 우리는 그 언어로 울고 사랑하고 일하고 기도하며 세상을 살아낸다.

제주어는 그러한 언어의 한 결을 품고 있는 말이다. 섬의 바람

과 흙, 사람의 손과 숨결이 고스란히 스며든 말은 제주의 자연과 노동, 정서와 공동체의 기억이 겹겹이 녹아 있는 존재의 언어다. 고유한 삶의 방식이 결결이 배어 있고 말하는 이의 온기와 땅의 숨소리가 함께 어우러져 있다. 그러나 지금 이 언어는 점차 입 안에서, 일상의 기억 속에서 서서히 희미해지고 있다.

그렇기에 이 사라져가는 언어의 결을 되살리려는 노력이 절실해진다. 이러한 위기감 속에서 제주어를 되살리고자 한 염원이 응축되어 결실을 맺은 것이 바로 『제주어 용례사전』이다. 양전형 작가는 문학작품을 넘나들며 제주어의 감각과 정서를 온몸으로 받아 적었고, 그 말들을 『제주어 용례사전』 안에 살아 있는 용례로 새겨넣었다. 이 사전은 창작과 기록이 서로를 북돋우는 순환 구조를 보여주는 언어 생태계이자 삶의 결이 녹아 있는 문학의 아카이브다. 양전형 작가는 이렇듯 언어와 삶을 아우르는 통섭적 시도를 통해 제주어를 다시 살아 숨 쉬게 한다.

기록과 문학의 산실인 『제주어 용례사전』을 읽는 동안 독자들은 말로 다 표현하기 어려운 깊은 울림을 경험하게 된다. 그 울림은 제주 문학의 미래를 엿보게 하는 동시에, 언어적 갱신에 온 힘을 바쳐온 한 작가의 창발적 역량에 경의를 표하게 만든다.

1. 삶과 말을 잇는 언어 지도의 창발적 미학

문학인 양전형에게 제주어는 단지 말이 아니라 존재를 향한 깊은 질문을 담은 언어였다. 삼십여 년 넘는 창작의 시간 동안 그는 시를 쓰고 소설을 짓고 수필과 콩트를 남기며 제주어와의 대화를 멈추지 않았다.

그렇다면 양전형 작가의 오랜 창작 여정을 하나로 꿰는 중심은 무엇일까. 그의 제주어 철학과 문학의 핵심은 어디에 있을까. 그 답은 아마도 『제주어 용례사전』을 펴내며 그가 남긴 한 문장에 담겨 있다. "제주어가 사라진다 해도 이 말들은 도서관 구석 어딘가에서 살아 숨 쉬며 누군가의 입을 기다릴 것."

이 말처럼 그의 기록은 제주어의 현재와 미래를 함께 묻는 언어적 응답이며, 동시에 그의 문학을 이해하기 위한 따뜻한 출발점이 된다.

이 글은 『제주어 용례사전』의 문학적 성좌星座를 따라 읽어보는 시도이다. 각각의 단어가 품은 삶의 온기, 문장 사이에 스며든 공동체의 기억, 그리고 사라져가는 언어를 되살리려는 작가의 윤리적 감각을 비추어 보며 '제주어'의 존재를 다시금 성찰하고자 한다.

모든 창조가 새롭진 않다. 세상

을 흔드는 것은 울림을 남기는 창조다. 그러나 창조가 단지 개인의 만족에 그친다면 그것은 제한된 울림에 머무를 수밖에 없다. 반면 누군가의 삶에 의미를 더하고 공동체에 영향을 미치는 창조는 한 차원 더 깊은 실천이다. 개인, 사회, 국가를 넘어 전 지구적 생태계에까지 파장을 미치는 창조적 실천은 바로 '창발성(創發性, emergence)'의 영역에 속한다.

창발성은 각각의 독립된 요소들이 단순히 결합하는 것만으로는 설명할 수 없는 새로운 질서와 성질이 자발적으로 나타나는 과정을 의미한다. 이 개념은 언어학을 비롯한 다양한 분야에서 핵심 원리로 다루어지며 특히 언어의 진화나 문학적 창작처럼 복합적이고 유기적인 체계 안에서 중요한 역할을 한다. 아울러 개별 요소들이 상호작용하면서 전혀 다른 차원의 의미망을 형성할 때 비로소 발생하며 그 결과는 단순한 합을 넘어서는 풍부함과 예기치 못한 구조로 확장된다.

『제주어 용례사전』은 이러한 창발성의 원리가 구현된 대표적 사례라 할 수 있다. 그는 기존 사전 편찬 방식처럼 개별 어휘를 수집하거나 가나다순으로 정리하는 데 그치지 않았다. 대신 자신의 다양한 문학 창작물을 통해 제주어의 감각과 정서를 오롯이 문장 속에 녹여낸다. 그렇게 구축된 문학적 용례들은 각각의 어휘들과 유기적으로 상호작용하며 하나의 살아 있는 도식적 언어 지도를 펼치고 있다.

그의 이러한 편찬 방식은 삶과 말을 잇는 언어 생태계를 복원하려는 의도였을지도 모른다. 사전에 담긴 개별 용례들은 작가의 체험과 문학적 상상력이 스민 언어의 표본들이다. 이들이 서로를 비추고 조응하며 제주어라는 지역어의 생명력과 공동체적 정체성을 한층 또렷하게 드러낸다. 이로써『제주어 용례사전』은 사전과 문학, 기록과 창조, 개별성과 총체성이 어우러지는 접점을 이루며 창발적 미학의 한 양상을 빚어낸다.

오랜 창작의 길에서 쏟는 양전형 작가의 제주어에 대한 헌신은 제주어보전회 창립 초기부터의 활동과 맞물려 더욱 깊어졌다. 그는 문학 창작의 열정을, 소멸 위기에 처한 언어의 미래를 일구는 실천적 행위로 확장했다.『제주어 용례사전』에 담긴 방대한 용례들은 이러한 언어적 삶의 증거이며 제주어를 연구하거나 제주어로 문학을 구현하려는 이들에게 소중한 배움과 영감을 제공하는 든든한 자산이 된다.

다음의 분석표에서는 독자의 이해를 돕기 위해 필자 나름의『제주어 용례사전』네 권의 구성 체계를 분석하여 제시한다.

네 권으로 구성된『제주어 용례사전』은 각 권마다 입말, 문학, 삶, 지역을 잇는 다양한 제주어 지형도를 펼쳐 보인다. 1권은 일반 예문과 퀴즈 예문 등 실용 구어체를 중심으로 구성되어 있으며, 2권은 소설『목심』을 통해 문학적 제주어의 면모를 보여준다. 3권은 시와

『제주어 용례사전』 1-4권 구성 분석표

구분	구성 내용	예문 특징	중점 어휘	주요 창작 의도
제1권 / 589쪽 / 2020. 11. 14. 발간	① 일반 예문 ② 퀴즈 예문 ③ 퀴즈의 답 ④ 색인 목록	실생활 대화 중심 구어체 600용례	실용 어휘 기능 어휘	제주어 초보자 접근 가능성 문학+생활 어휘 "입말의 감각을 일상으로"
제2권 / 589쪽 / 2021. 6. 25. 발간	① 장편소설『목심』 ② 콩트·수필·시 ③ 동식물·바람·상례·제례 ④ 색인 목록	문학 맥락 속 대화 및 지역 공동체 언어 1,200용례	문학 어휘 동식물 어휘 풍속 어휘	제주어 소설 창작 가능성 제시, 소설『목심』삶의 말결 "문학과 말이 만나는 자리"
제3권 / 598쪽 / 2022. 5. 15. 발간	① 콩트(설화) ② 시편 ③ 콩트(설화) ④ 색인목록	구어체 입말 시적 입말 3,200용례	입말 어휘 유머 어휘 시적 어휘 주요 어휘	제주어 시, 수필, 콩트 창작 가능성 제시 "삶의 정서를 말로 그리는 풍경"
제4권 / 576쪽 / 2023. 2. 2 발간	① 꽁트19편(수필) ② 대화 단문 ③ 제주 오름 ④ 색인목록 ⑤ 발문	짧은 회화체 입말 산문 지명 언어 2,600용례	감각 어휘 입말 어휘 지명 어휘	언어보존 실천 복원 제시, 오름과 지역 "말맛을 입체적 지도화"

콩트를 통해 입말의 운율과 시적 표현을 부각시키고, 4권은 콩트와 제주의 오름을 중심으로 오름 지명과 지역어의 문화적 맥락을 담아낸다. 이처럼 기능 어휘, 서사 어휘, 시적 어휘, 지명 어휘가 유기적으로 엮이면서『제주어 용례사전』은 제주어의 존재론적 가능성과 문학적 감각을 함께 드러낸다.

양전형 작가는 이러한 용례들을 정리하는 과정에서 송상조의『제주말 큰사전』, 고재환의『제주어 개론』과『제주어 나들이』, 현평효·강영봉의『표준어로 찾아보는 제주어사전』, 제주특별자치도 발행의 『제주어사전』과 『제주도 속담사전』, 진성기의 『제주도 민담』, 송상조의 『제주말에서 때가림소 -ㅇ, -ㄴ과 씨끝들의 호응』, 김학준의 『실용제줏말작은사전』, 제주학연구센터의 『맛좋은 제주어』, 그리고 『제주의 오름』 등 다양한 참고문헌을 바탕으로 삼았다고 한다.

그러나 『제주어 용례사전』은 이들 기존 사전들과 뚜렷한 차별성을 지닌다. 일반 사전들이 주로 가나다 배열에 따라 어휘를 일률적으로 정리하는 데 중점을 두는 반면, 양전형 작가는 총 7,600여 개의 제주어 용례와 각 권마다 약 만여 개의 색인 어휘를 제시하여 독자 중심의 탐색과 활용이 가능하도록 구성하였다. 특히 대부분의 예문은 그가 직접 창작한 문학 작품의 문장을 활용하여 제주어의 정서와 문학적 감각을 고스란히 담아냈다.

또한 그는 오라동이라는 지역적 기반 위에 자신의 삶과 언어를 포갬으로써 오라 지역 특유의 말결이 일부 묻어나지만, 동시에 제주 전역의 언어적 다양성을 포용하려는 노력을 함께 기울였다. 양전형 작가는 사라져가는 제주어를 복원하고자 하는 의지로 "웬만한 제주어는 모두 담고 싶다."는 열망을 품고 제주의 말맛을 살리기 위해 애썼다.

2. 제주어 복원을 위한 살아 있는 언어 문화를 꿈꾸다

언어는 남겨지는 것이 아니라 불려야 비로소 살아 있다. 언어가 생명을 유지하려면 사람들의 삶 속에서 실질적으로 쓰이고 반복되며 되살아나야 한다. 특히 지역어는 전달 수단 그 이상의 의미를 지니며 공동체의 기억과 감정을 담아내는 문화적 유산이다. 살아 있는 언어 문화를 유지하고 복원하기 위해서는 단어 하나하나를 구체적인 삶의 맥락 속에서 되살려내는 문학적 실천이 필수적이다. 그리고 이러한 실천은 지역 문학인들의 자발적 참여와 다각적인 관심 속에서 비로소 깊이 있게 확장될 수 있다.

이런 관점에서『제주어 용례사전』은 매우 중요한 역할을 하고 있다. 무엇보다 이 사전은 제주어보전회 활동가들의 기본서로 활용되며, 제주도민뿐 아니라 타지에서 온 이들까지 제주어 학습의 주요 참고자료로 삼고 있다. 또한 필자처럼 지역문학에 관심 있는 이들에게는 시, 시조를 비롯한 다양한 장르에서 창작의 어휘적 영감과 정서적 토대를 제공하는 귀중한 문학적 자원으로 기능한다.

도판에 제시된 예문처럼『제주어 용례사전』은 일반적인 어휘사전이나 문학 해설서의 범주에 머물지 않는다. 이 사전은 제주어 복원을 위한 문학적·언어적 시도의 집약체이며 단어가 사용된 실제 문맥 속에서 제주어의 정서를 체득할 수 있도록 유도한다. 바로 그 지점에서 양전형 작가의 창발적 기여가 분명히 드러난다.

『제주어 용례사전』1권부터 4권까지의 구성은 예시된 형식을

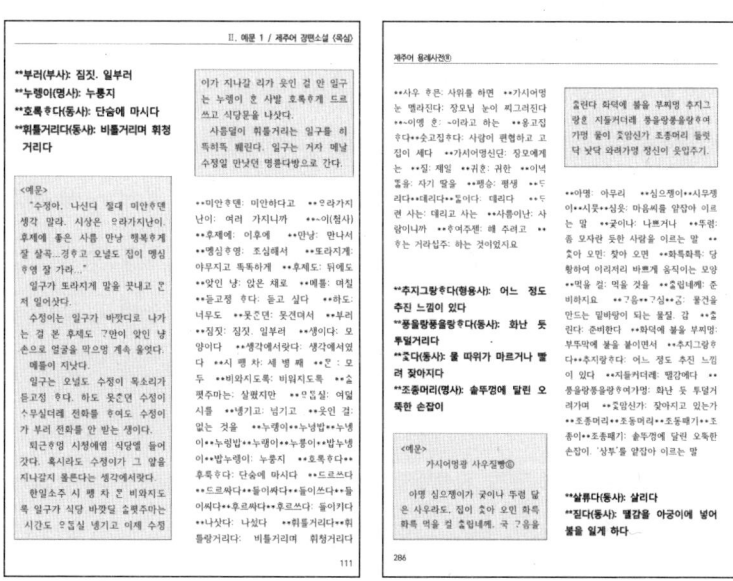

『제주어 용례사전』 2권 소설의 용례   『제주어 용례사전』 3권 콩트의 용례

따르고 있다. 독자가 단어를 단편적으로 익히는 것이 아니라 이야기 속에서 의미망을 자연스럽게 확장해나가도록 돕는 구조다. 아울러 각 권에는 색인 목록도 따로 마련되어 있어 독자가 필요한 어휘를 가나다순으로 쉽게 찾을 수 있도록 편의성 또한 고려하고 있다.

한편, 『제주어 용례사전』과 가장 유사한 시도로 평가할 수 있는 텍스트는 강영봉·김동윤·김순자가 2010년에 펴낸 『문학 속의 제주 방언』이다. 이 책은 문학과 언어의 접점에서 제주어를 탐구한 대표적인 작업으로, 제주인의 삶과 정서를 복원하려는 의지에서 『제주어 용례사전』과 일정한 접점을 이룬다. 『문학 속의 제주 방언』은 현기영, 오성찬, 한기팔, 현길언 등 제주 출신 작가들의 기존 문학 작품에서 발췌한 문장을 바탕으로 방언 용례를 정리하였다. 이 두 사전은 제주어의 실질적 활용 양상을 문학 속에서 포착하려 했다는 점, 즉 언어와 문학의 교차 지점을 탐색했다는 점에서 일정한 공통점을 지닌다.

그러나 『제주어 용례사전』은 구성 방식과 지향점에서 분명히 다른 궤도를 보여준다. 『문학 속의 제주 방언』이 기존 문학작품에서 제주어가 삽입된 문장을 발췌해 정리한 수집형 사전이라면, 『제주어 용례사전』은 저자 자신의 창작 문학을 전면적인 원천 자료로 삼았다. 문학이 언어 생성의 장이자 사전 구성 전체를 떠받치는 구조적 중심축으로 작동한다는 점에서 이 사전은 독자적인 성격을 지닌다. 다시 말해 양전형 작가가 오랜 세월 축적해 온 문학 텍스트는 제주어의 용례를 살아 있는 언어로 구현하는 창발적 토대가 된다.

예문 처리 방식에서도 두 사전은 뚜렷한 차이를 보인다. 『문학 속의 제주 방언』은 대체로 문장 속에서 제주어 단어 하나를 추출해 품사, 의미, 사용 지역, 어원 등을 설명하는 방식으로 구성되어 있다. 이러한 구성은 개별 어휘의 의미를 확인하는 데에는 유용하지만 전체 문맥 속에 스며든 제주어의 정서, 운율, 말맛을 심층적으로 전달하기에는 한계가 있다.

반면 『제주어 용례사전』은 하나의 용례 문장을 제주어 원문 그대로 제시한 후 다음과 같은 방식으로 구성된다. ①해당 문장 속 핵심어를 진하게 표시하고, 품사와 뜻풀이를 병기하여 독자의 주의를 유도한다. ②예문 박스를 활용해 문장의 흐름과 제주어 특유의 정서를 자연스럽게 파악할 수 있도록 유도한다. 이어지는 ③해설에서는 박스 안의 전체 문장에 포함된 어휘들을 빠짐없이 설명하고 동일어의 다양한 표현까지 가능한 한 포괄적으로 수록한다.

이러한 구성은 독자가 단어 하나의 고정된 정의에 머무르지 않고 문맥 안에서 제주어의 감각과 삶의 결을 입체적으로 체감할 수 있도록 이끈다. (제시된 용례사전 캡처 자료 참고)

요컨대, 『제주어 용례사전』은 제주어 수집이나 문장 인용에 머무르지 않는다. 그는 자신의 창작 문학 전체를 언어 복원의 원천으로 삼아 문맥 속에서 제주어의 생명력과 정서, 그리고 공동체의 기억을 동시에 되살려내는 고유한 언어적 실천을 펼쳐냈다.

미하일 바흐친은 『말의 미학』(김희숙·박종소 옮김, 도서출판 길, 2006)에서 언어를 고정된 체계로 보지 않고 타자성과 응답성을 품은 다성적 발화로 이해했다. 모든 말은 하나의 목소리가 아니라 타자의 말과 끊임없이 교차하며 의미를 생성하고 발화자는 언제나 타인의 응답을 예감하며 언어를 구성한다. 이처럼 언어의 본질을 다성성과 대화성으로 본 바흐친의 통찰은 『목심』 외 문학작품들을 활용한 『제주어 용례사전』에서도 깊게 반영된다.

이 작품은 단일한 서술이 아니라 어머니의 말, 삼촌들의 말, 친구들의 말이 저마다의 리듬과 정서를 품고 교차하는 다성적 서사를 펼쳐낸다. 특히 죽은 삼촌에게 술을 따르고, 어머니의 죽음을 앞에 두고 속으로 말을 건네는 장면들은 바흐친이 말한 '응답적 언어'의 감각을 구현한다. 『제주어 용례사전』은 이러한 문장들을 용례로 삼아 타자와의 대화 속에서 살아 숨 쉬는 언어로 복원하고 있다.

결국 제주어를 과거의 유물로 박제하는 대신 다성적 생명력을 품은 현재의 언어로 되살리는 문학적 재구성이라 할 수 있다. 제주어는 이 작업 안에서 여전히 타자의 목소리에 응답하며 현존하는 존재로 흐르고 있다.

이 사전은 소설 용례 외에도 제주어의 시적 감각과 삶의 결을 오롯이 담아낸 독특한 언어적 지형도라 할 수 있다. 특히 제주어 시어와 사전 항목이 상호 반영되며 시적 언어 감각이 사전 정의 속에 스며든 지점은 주목할 만하다. 이는 미하일 바흐친이 말한 '이중언어성' 이론, 즉 언어가 기호 체계에 머무르지 않고 타자의 목소리와 긴장하며 새로운 의미를 생성하는 성질과도 맞닿는다.

또한 꽁트(수필) 예문을 통해 드러나는 입말의 리듬과 유머, 지역 정서는 문학적 장면으로 재구성된다. 이 과정을 통해 삶과 웃음을 품은 언어로 다시 태어나며 일상의 말들이 어떻게 공동체의 궤적을 형성해왔는지를 설득력 있게 보여준다. 아울러 문학작품 외에도 일반예문, 오름 지명, 의례, 동식물의 명칭 등 제주 문화를 폭넓게 아우르며 언어생태적 문서로서의 기능을 한층 강화한다.

3. 제주 정체성과 문화의 정수, 지역문학의 호재好材

제주를 말할 때 우리는 가장 먼저 그 '말의 소리'를 떠올린다. 그만큼 제주어는 지역 정체성과 문화의 정수精髓를 상징하는 언어다. 특히 제주어는 청각적 이미지와 운동감 있는 표현이 풍부해서 듣는 것만으로도 눈앞에 장면이 펼쳐지고 입말 속에서 삶의 온기가 되살아난다. '와랑와랑', '과랑과랑' 같은 말들, 행동이나 성질을 생생하게 드러내는 수많은 의성·의태어 속에는 제주의 자연과 일상이 오롯이 스며 있다. 말맛의 정수는 바로 그 생동하는 입말에 있다.

또한 제주어에는 조상들의 삶의 방식과 지혜가 녹아든 은유적 표현들이 많다. 직접적으로 말하지 않고 에둘러 비유하고 돌려 말하는 방식 속에는 섬사람 특유의 여운이 배어 있으며, 그 말맛 또한 하나의 정서적 풍경처럼 다가온다.

여기에 제주어 특유의 첨사 사용도 언어의 깊이를 더한다. 첨사는 문장을 마무리하는 종결어미에 덧붙여 말하는 이와 듣는 이 사이의 정서적 거리를 좁혀주는 말이다. 비록 문법상 독립된 품사로 인정되지는 않지만, '마씸', '양', '게', '원' 등의 첨사는 제주어만의 운율과 강조의 리듬을 만들어 낸다. 경우에 따라 이중, 삼중으로 첨사를 겹붙이며 감정과 의도를 격조 있게 전달하기도 한다. 이러한 언어적 감각은 제주어가 단지 의사소통의 수단을 넘어 관계를 짓고 감정을 다지는 공감의 언어임을 보여준다.

삶의 장면을 꿰는 문장, 정서를 품은 입말, 첨사로 살아나는 강조

의 리듬 등등 이 모두가 문학이라는 그릇 안에서 다시 피어나고 있다. 시와 소설, 콩트와 수필의 경계를 넘나들며 제주어를 유기적으로 구성한 이 작업은 언어가 박제된 유물로 머무르지 않고 오늘의 말로 다시 피어날 수 있음을 보여준다. 이처럼 양전형 작가가 용례로 삼은 문학작품들은 그의 창작 열정과 지속적인 문학적 탐색이 어떻게 결실을 맺었는지를 보여주는 생동하는 증거들이다. 특히 제주어로 집필된 장편소설『목심』과『허천바레당 푸더진다』를 포함한 세 권의 제주어 시집은『제주어 용례사전』이라는 창발적 실천을 가능케 한 토양이자 그 심장부를 이루는 핵심 자원이라 할 수 있다.

양전형 작가는 말맛과 삶맛이 깃든 제주어를 창작의 언어로 받아들였다. 그는 삶의 결을 따라 말을 수집하고 사유하며 기록해냈고 그 결실이 바로『제주어 용례사전』이다. 이 책은 그가 체득한 말의 감각과 문장의 호흡 그리고 사람들의 말씨를 집약한 결정체다. 그러므로 이 사전은 지역문학이 언어를 복원하고 확장하는 창발적 통로이자, 제주어의 예술적 가능성을 열어 보인 '호재好材'라 할 수 있다. 훗날 제주어 문학의 백미로 길이 남을 가치를 지닌다.

4. 청소년에게 물려줄 예술성, 양전형의 제주어 문학 세계

섬의 말은 곧 섬의 기억이고, 그 말로 빚어진 문학은 세대를 건너 전해지는 삶의 숨결이다. 양전형 작가는 시와 소설, 사전 편찬과 노랫말에 이르기까지 제주어를 삶의 언어이자 예술의 언어로 되살려 왔다. 그의 문학은 단지 개인의 창작을 넘어, 사라져가는 말을 다시 피워 올려 지역공동체의 정체성과 감성을 이어주는 통로가 된다. 무엇보다 청소년들에게 그의 작품은 예술적 감수성을 키우고 뿌리를 잊지 않게 하는 귀중한 자산이다. 양전형의 문학 세계는 그래서 오늘을 사는 세대와 내일을 살아갈 세대 모두에게 물려주어야 할 예술성과 정신의 유산이다.

그의 삶은 곧 제주어의 길이 되었고 문학은 그 길을 증언하는 발자취였다. 1953년 제주시 오라동에서 태어난 그는 1994년 〈한라산문학동인〉으로 작품활동을 시작하여 시집 『나는 둘이다』로 제5회 제주문학상을 수상하는 등 30여 년간 꾸준한 문예창작을 해왔다. 제주어시집 『허천바레당 푸더진다』로 '2015 제주시 One City One Book 작가'에 선정되었는데, 이는 한 도시의 시민들이 같은 책을 함께 읽고 토론하는 공동 독서운동을 통해 그의 작품이 지역사회의 독자들과 널리 소통하게 되었음을 의미한다. 이어 최초의 제주어 장편소설 『목심』을 발표하고 표준어판을 함께 출간하였다.

또한 그는 제주어의 보전과 계승을 위해 『제주어 용례사전』 전집(Ⅰ·Ⅱ·Ⅲ·Ⅳ)을 집필하며, 언어 기록과 연구의 새로운 길을 열었다. 이와 함께 (사)제주어보전회 이사장과 제27대 제주도문인협회 회장을 맡아 지역문학과 언어 문화의 확산을 위해 힘썼다. 그의 시집으로는 『사랑은 소리가 나지 않는다』, 『바람아 사랑밭 가자』, 『하늘레기』, 『길에 사는 민들레』, 『나는 둘이다』, 『도두봉 달꽃』, 『동사형 그리움』, 『꽃도 웁니다』 등이 있으며, 제주어로 발표한 시집으로는 『허천바레당 푸더진다』, 『게무로사 못살리카』, 『굴메』가 있다.

이렇듯 그는 표준어와 제주어를 아우르는 다양한 시세계를 펼쳐왔고, 동시에 가곡과 동요, 대중가요 등 30여 곡의 노랫말을 지으며 시와 음악을 넘나드는 창작의 폭넓은 지평을 열어왔다.

최근에는 새 시집 『나 다시 필 거야』를 펴내, 자연과 삶의 고통 속에서도 다시 피어나는 생명의 힘과 회복의 서정을 노래하고 있다. 이 시집은 오랜 시간 제주어와 표준어를 넘나들며 써온 그의 문학 여정이 응축된 결실로, 독자들에게 희망과 위로의 메시지를 전한다.

이 시집의 해설을 맡은 김신자 시인은 "시적 자아의 고통과 번민을 드러내는 개개의 시편들은 어느새 감정의 중압감에서 벗어나 어떤 정신의 기품 같은 것을 느끼게 한다."라고 평했다.

무엇보다 '나 다시 필 거야'라는 제목처럼, 그의 시는 좌절과 상실 속에서도 다시 살아 피어나는 삶의 의지를 형상화한다. 오래된 말과 상처받은 존재들이 시를 통해 되살아나는 순간, 독자는 그 문장 속에서 스스로의 회복과 희망을 발견하게 된다. 이는 양전형 시인의 문학이 언제나 살아 움직이며 다시 피어날 수 있는 힘을 간직하

고 있음을 보여준다. 그리고 그 힘은 단지 감정의 치유를 넘어, 고통을 견뎌내는 과정에서 빚어지는 내면의 발현이라 할 수 있다. 그의 시가 지닌 기품은 언어를 넘어선 삶의 태도이자 시대와 공동체의 상처를 껴안으려는 품격으로 빛난다.

지역문학은 사라지는 말들을 되살리는 가장 생명력 있는 그릇이다. 그 땅의 말과 풍습 그리고 삶의 이야기가 스며 있는 정서의 기록이다. 말과 이야기를 통해 우리는 서로의 기억을 나누고 세대 간에 삶의 온기를 전하며 살아간다. 하지만 세상이 빠르게 변해가는 오늘, 지역의 말은 점점 우리 일상에서 멀어지고 있다. 그만큼 그 소중함은 갈수록 더 분명해진다.

특히 제주어는 유네스코가 지정한 '소멸 위기 언어'다. 오늘날 제주어는 청소년뿐 아니라 어른들에게도 낯선 말이 되었다. 제주 안에서도 세대 간 말의 단절은 점점 깊어지고 있다. 제주어를 되살리는 일은 이제 일부의 몫이 아니다. 문학과 교육 기관, 지역 공동체가 함께 마음을 모아야 하며, 그 중심에서 지역 문학인의 역할은 더욱 중요해지고 있다. 이 중심에 지역 문학인으로서 책무를 다하고 있는 양전형 작가가 있다.

양전형 작가가 남긴 제주어 문학은 '살아 있는 말의 보고寶庫'이자 '삶의 기억을 잇는 언어 지도'로 의미를 더한다. 『제주어 용례사전』, 장편소설 『목심』, 그리고 제주어로 쓰인 세 권의 시집들은 모두 어머니의 무릎에서 들은 입말을 문학으로 길어낸 따뜻한 실천이었다. 오래된 말들이 시가 되고 이야기가 되어 다시 사람들 곁으로 돌아왔다.

그중 『제주어 용례사전』은 현존하는 제주어 사전 속 제줏말 대부분을 약 7,600개의 예문 속에 시인의 문장으로 채워 담은 특별한 사전이다. 제주어의 숨결과 정서를 고스란히 담아낸 이 사전은 단순한 어휘 목록이 아니라 말맛이 살아 숨 쉬는 문학의 숲이다. 제주의 바람과 웃음, 기쁨과 슬픔, 정情과 한恨이 응축된 이 말들에는 삶의 결이 고스란히 묻어 있다. 이는 어떤 언어학적 분류보다 생생한 제주어의 문학적 재현이다.

최초의 제주어 장편소설 『목심』은 지역문학 실천의 또 하나의 중심이었다. 1960년대부터 현재, 나아가 기술문명에 대한 경고와 존재의 회귀를 상상한 '십년벵' 서사까지 제주어로 풀어냈다는 점은 주목할 만하다. 이는 제주어가 단지 과거의 말이 아니라 오늘의 이야기와 삶의 깊이를 품을 수 있는 살아 있는 언어임을 보여준다. 양전형 작가의 이러한 시도는 제주어의 현재성과 미래 가능성을 입증한 문학적 실천이며, 언어와 삶을 잇는 창작의 길을 고민하는 젊은 작가들에게도 깊은 울림을 전하고 있다.

시집 『허천바레당 푸더진다』, 『게무로사 못살리카』, 『굴메』에 담긴 시편들은 제주의 말과 마음, 그리고 삶의 풍경을 따뜻한 시선으로 품어낸다. 그의 시는 종이 위에만 머무르지 않고, 많은 작품이 가곡과 동요, 대중가요로 작곡되어 사람들의 입에서 자연스럽게 불려졌다.

아울러 그는 제주어를 기반으로 한 제주 예술인들이 만든 '제주어테우리'의 일원으로서 그들과 함께 계절별 버스킹 무대를 열어 지역민과 여행객에게 제주어의 멋과 정서를 함께 노래했다.

최근에는 가을 신촌바당블루스 버스킹 "기려움은 ᄀᆞ는 게 아니여"라는 주제로 다채로운 장르의 무대가 펼쳐졌다. 제주어 시낭송, 노래와 설화 구연, 제주어 풍속화 전시, 성악과 가요 공연이 어우러지며 그 순간 제주어는 노래와 이야기와 몸짓이 어우러진 살아 있는 예술 언어로 피어났다.

이러한 활동들은 제주어 문학이 지역성과 장르의 경계를 넘어 감성과 감각을 이어주는 살아 있는 복합예술로 자리하고 있음을 잘 보여준다. 이외에도 그의 제주어 문학을 기반으로 한 제주어 문학 강의 및 다양한 제주어보전회 활동을 통해 지역문학의 한 장을 구축하고 있다.

양전형 작가의 창발적 역량은 소멸 위기의 제주어에 대한 사회적 관심을 드높였을 뿐만 아니라, 제도권 안에서 제주어를 활용한 교육과 창작 활동을 촉진하며 새로운 세대에게 든든한 자양분이 되는 길을 열어주었다. 이는 지역문학의 가능성을 넓히는 여정이며, 청소년들의 미래에 영향을 주는 또 하나의 발화라 할 수 있다.

따라서 양전형 작가의 삶과 문학의 여정에 깃든 정신은 자라나는 청소년들에게 이어져야 할 귀한 자산이다. 그의 제주어 시집과 장편소설 『목심』은 제주 정체성과 공동체의 기억을 생생하게 담고 있어, 청소년들이 지역의 언어와 삶을 새롭게 인식하는 길잡이가 된다. 더불어 이러한 문학적 성취를 포괄하는 『제주어 용례사전』은 긴 생애를 녹여낸 결집력과 창발적 역량의 산물로, 다음 세대에게 언어와 삶을 잇는 힘이 무엇인지를 일깨워 준다.

양전형 작가의 꾸준한 실천과 문학적 태도, 그리고 제주어 보존 활동은 제주인으로서의 이타적 삶의 덕목으로 이어진다. 이는 가치관을 정립하는 시기에 놓여 있는 청소년들이 반드시 배워야 할 귀한 정신적 자산이라 볼 수 있다. 그의 문학을 되새기는 과정은 곧 제주어와 제주 정체성을 이어가는 길이며, 다음 세대가 자기 언어와 뿌리를 자각하도록 이끄는 소중한 교육적 토대가 될 것이다.

교실의 긴장과 퀴어의 목소리가 보여준 세계적 공감 가능성

- 김예원 감독의 단편 영화 〈우연히 나쁘게〉

영화의 퀴어성은 선언이 아니라 침묵의 흔들림 속에서 피어난다. 언어가 포착하지 못한 공백에서 영화는 출발한다. 김예원 감독의 단편 〈우연히 나쁘게〉라는 제목은 이미 하나의 균열을 내포한다. '우연히 + 나쁘게', '우연히 나쁘다' 혹은 '우연히 나쁜 일이?'라는 다의적 조합은 단일한 진술을 거부하고 차이를 전제한 해석의 장을 연다. 이는 일상의 우발성과 사회 규범이 부여하는 부정적 가치가 교차할 때 발생하는 불안정성의 징후다. 균열은 질서가 해체될 때 생성되는 미지의 긴장과 감각의 변위를 내포한다. 여기서 '나쁘게'는 대상을 완전한 타자로 규정함으로써 관계가 단절된 흔적 혹은 강제로 파괴된 균열의 자리로 읽힌다.

영화는 나를 여고 시절로 불러냈다. 성향이 다른 친구에게 느꼈던 알 수 없는 끌림은 끝내 이름 붙이지 못한 채 아련한 잔광으

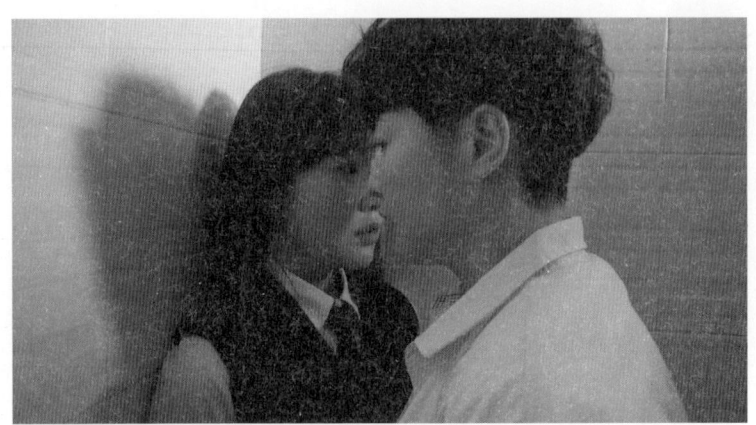

김예원 감독의 단편 영화 〈우연히 나쁘게〉

로 남아 있다. 그것은 삼각과 사각으로 얽힌 우정과 질투의 공기였다. 지금 돌이켜보면 그 긴장은 관계를 규정하지 못한 채 언저리를 맴돌던 감정의 얼굴이었다. 이 개인적 회상은 누구나 지나온 성장기의 감정 아카이브를 환기한다. 영화는 그 공통의 진동을 보편의 장으로 끌어올린다. 김예원 감독은 이 여고 교실이라는 보편적 크로노토프 속에서 퀴어 영화의 새로운 지점을 열었다. 교실은 사회의 축소판이 아니라 사회 그 자체이며 다각적 질서와 감정의 전류를 드러내는 공동체의 장소이다.

 김예원 감독은 "려원은 남자 같은 여자아이 백영과 짝꿍이 되면서 거리를 두려 하고, 백영은 그런 려원과 가까워지고 싶어 한다. 려원은 그 다가옴 속에서 혼란과 충동을 느낀다."라는 시놉시스를 내세워 관계의 긴장을 드러낸다.

 짧은 러닝타임에도 영화의 떨림은 파동처럼 길게 잔향을 남긴다. 내용 면에서 퀴어의 새로운 목소리를 드러냈다면, 형식 면에서는 '의식의 흐름'을 시각화한 장치들이 그 울림을 지탱한다. 주인공의 의식이 머무는 자리마다 응시와 행위가 집중되며 이는 문학적 기법의 영화적 변주로 읽힌다. 숨을 길게 붙든 클로즈업과 대사보다 깊게 스며드는 침묵의 리듬은 관객을 인물의 내면 깊숙이 끌어들이며 동행하게 한다. 말보다 호흡이 앞서고 사건보다 여백이 오래 남는다. 그 미세한 떨림과 균열이 영화의 주요 서정이자 긴장으로 작용한다.

사랑은 경계를 넘어 불시에 도래하며 때로는 관계를 흔들고 무너뜨리려는 충동과 포개진다. 영화는 그 모순을 하나의 이름으로 묶지 않고 인물들의 흔들림 속에서 관계가 전개되는 과정을 보여준다. 특히 타자를 재단하려는 주동 인물을 통해 우리 시대에 여전히 작동하는 이분법적 사고와 소수를 향한 편협한 시선을 비춘다. 이 평론은 청소년기의 여고생이 타자의 대상에게 매력을 느꼈을 때의 상황을 통해, '사람에 대한 끌림'과 '그것을 파괴하고 싶은 욕망' 사이의 양가감정을 표현하고자 하는 김예원 감독의 연출의도를 통해, 그 질문이 열어 놓은 공간을 따라 균열과 긴장의 미학 그리고 퀴어 서사의 새로운 지평을 비춰보고자 한다.

1. 교실의 크로노토프

여고생들의 교실은 가장 익숙하면서도 긴장이 팽팽히 흐르는 공간이다. 사소한 말 한마디에도 웃음이 터지고 작은 몸짓 하나에도 감정이 번진다. 그러나 그 안쪽에는 여전히 보이지 않는 질서가 작동하며 관계의 균열과 말로 표현되지 않은 상처가 공기처럼 떠다닌다.

미하일 바흐친의 크로노토프 개념이 말하듯, 시간과 공간이 얽힌 무대에서 인간의 윤리적 관계가 드러난다. 김예원 감독의 교실은 바로 그 현실적 크로노토프다. 청소년기의 욕망과 규범이 교차하며 윤리적 긴장이 생성되는 장면으로 작동한다.

이 영화의 중심에는 려원과 백영이라는 두 인물이 있다. 려원은 교실의 중심부에 서서 타인을 재단하는 시선의 주체로, 백영은 그 시선의 대상이자 사회적 규범에서 벗어난 존재로 그려진다. 감독은 두 인물을 통해 타자화의 메커니즘을 드러내며 일상의 미세한 언행 속에서 권력과 배제의 구조가 어떻게 작동하는지를 탐구한다.

몸이 앞서 자라가고 마음은 그 속도를 따라잡지 못하는 간극이 교실 안에 특유의 전류를 만든다. 책상과 책상 사이에는 설명하기 어려운 긴장과 호기심이 흐르고 그 흐름이 바로 여고 시절만의 공기다. 이 긴장은 타자를 응시하며 관계를 성찰하는 윤리의 시작이 된다. 감독은 교실의 일상적 움직임 속에서 타인을 이해하려는 시선과 그 시선이 실패하는 과정을 동시에 보여준다.

영화의 첫 장면에서 남자아이 같은 뒷모습의 백영이 바닥에 떨어진 물건을 줍는다. 주인공 려원은 그 모습을 힐끗 보고 지나친다. 자리 바꾸기, 책상을 옮기는 소리, 짧은 눈빛과 중얼거림 사이로 백영을 향한 감정의 거리감이 배어든다. 려원은 짝이 된 백영에게 선을 긋고, 백영은 자연스레 그 거리를 좁히려 한다. 두 사람의 시선은 닿지 못한 채 교실의 공기 속에 머문다. 평범한 일상은 그렇게 균열이 스며드는 자리로 변하고 그 틈에서 인물들은 각자의 감정을 탐색한다.

2. 퀴어의 목소리

감정에는 이름이 붙지 않은 순간이 있다. 그것은 아직 언어가 닿지 못한 자리이자 말로 규정되는 순간 사라져 버리는 진동의 시간이다. 퀴어적 감정은 바로 그 '비명명성'의 영역에서 발생한다. 정체성을 확정하기 이전의 몸의 떨림, 사회가 규정한 언어로는 포착되지 않는 관계의 여백 속에서 감정은 스스로의 이름을 거부한 채 머문다. 이 영화는 바로 그 불확정한 감정의 시간을 세밀하게 포착한다. 감독은 누가 누구를 좋아하는가, 어떤 관계인가를 단정하지 않은 채, 이름 붙일 수 없는 감정의 파동이 화면 위에서 어떻게 흔들리는지를 따라간다.

감독의 시선은 퀴어를 규정하려는 모든 언어를 거부한다. 그는 인물들의 관계를 특정한 정체성으로 귀결시키지 않고, '말해지지 않는 것'의 힘을 끝까지 지켜낸다. 그렇기에 이 영화가 지향하는 것은 명명하지 않음으로써 관계의 가능성을 열어두는 새로운 '퀴어적 시선'에 가깝다. 그 시선은 규범이 요구하는 해석을 유예하며 감정의 유동성 속에서 인간이 서로를 인식하는 또 다른 방식을 모색한다. 교실이라는 일상적 공간 속에서 려원과 백영의 눈빛과 몸짓, 침묵의 결이 바로 그 시선의 감각으로 작동하며 관객은 말로 설명되지 않는 감정의 움직임을 통해 관계의 윤리를 다시 사유하게 된다.

려원과 백영 사이의 감정은 이름 붙이지 못한 자리에서 발생한다. 끌림·두려움·호기심·불안이 교차하지만 곧바로 언어로 긍정되지 못한다. 다음의 발화는 그 불안의 표면을 드러내는 언어적 증상이며 주인공 려원의 대상 인물에 대한 타자적 시선이다.

> **려원:** 아니 아까 우리 자리 바꿀 때 있잖아, 걔가 내 책상을 이렇게 들어가지고 역도하듯이….
>
> 걔는 레즈비언이기 이전에 트랜스젠더인 거야. 난 레즈 게이며 이런 건 그렇다치고 자기 정체성이 불분명한 애들은 좀… 자기가 자기 자신을 모르는 거잖아? 아, 덩치 키울려고 살찌웠나? 살은 좀 빼는 게 낫지…? 가슴을 좀 줄이는게 낫지 않나.
>
> — 대사 중에서

주인공 려원은 대상 인물 백영에 대해 거칠고 모순된 언어를 퍼붓는다. 영화가 전개된 지 얼마 되지 않은 시점, 려원은 "레즈비언이기 이전에 트랜스젠더"라 단정하거나 "자기 자신을 모른다"는 식으로 폄하하며 외모까지 평가한다. 백영을 단일한 이미지로 고정하려는 이러한 발화는 타자를 규정하고 고립시키는 폭력적 힘으로 작동한다.

백영의 존재는 려원 안에서 흔들리는 감정을 자꾸 불러낸다. 하지만 그 감정을 정면으로 마주하지 못하는 려원은 오히려 상대를 축소하고 규정하는 말로 자신을 방어한다. 그렇게 '정체성이 불분명하다', '살을 빼야 한다'는 식의 발화가 이어지는 순간 려원은 사회적 편견을 자기 언어로 복제하면서 동시에 자신의 감정까지 함께 억누르는 선택을 한다.

운동장을 나서는 길목에서 별것 아닌 장난 같은 장면이 펼쳐진다. 백영의 친구로 등장하는 제3의 인물 혜리의 간식을 장난스럽게 빼앗고 곧바로 웃으며 안아 달래는 짧은 순간이다. 누구나 웃고 지나칠 수 있는 가벼운 풍경이지만 카메라는 곁에서 그 장면을 지켜보는 려원의 눈빛을 놓치지 않는다.

그 감정을 단순히 질투라 해야 할까, 아니면 저도 모르게 스며드는 묘한 기류라 해야 할까. 하필 자신과 가장 가까운 친구 혜리에게 향하는 백영의 터프한 몸짓과 친밀감을 바라보는 순간 려원의 마음에는 설명하기 어려운 감정이 피어난다. 이처럼 웃음과 장

난이 오가는 교실 풍경 속에서 려원의 눈빛만은 그 흐름에 들어가지 못한 채 홀로 고립된 듯 흔들린다. 영화는 이처럼 말로 직접 설명하지 않고 표정과 몸짓, 시선의 방향만으로 인물의 내면을 추측하게 한다. 그렇게 려원이 백영에게 느끼는 기류는 점차 선명해지고 관객은 미묘하게 흔들리는 감정의 결을 그 시선 속에서 읽어낸다. 이 짧은 순간은 훗날 폭발하게 될 질투와 파괴적 충동의 전조로 보이며 영화 전체의 긴장을 서서히 끌어올린다.

려원의 감정은 방향을 잃은 몸의 감정이다. 사라 아메드가 『감정의 문화정치』에서 말하듯 감정은 개인의 내면이 아니라 사회가 몸에 새긴 관계의 각인이다. 려원이 백영을 향해 느끼는 불안과 거부감은 바로 그 각인의 흔적이다. 그녀는 타자를 향해 끌리면서도 사회가 학습시킨 '정상성의 감정'을 따라 스스로를 다잡으려 하고 그 과정에서 백영을 타자화함으로써 자신을 보호한다.

그러나 『퀴어 현상학』에서 아메드는 이 관계의 틀을 비틀며 '몸의 방향성'을 다시 묻는다. 우리가 무엇을 향해 시선을 돌리는가, 누구를 향해 다가서는가가 곧 세계를 경험하는 방식이라는 것이다. 운동장과 교실에서 려원의 시선이 백영에게 머무는 순간 그 몸의 방향은 미묘하게 틀어진다. 그 시선은 기존 질서가 규정한 '정상적인 끌림'에서 벗어나려는 첫 몸짓이며 백영을 향한 불편한 감정은 규범이 허락하지 않는 방향으로 몸이 움직이려는 감정의 반응이다. 따라서 이때의 감정은 규범을 넘어 새로운 관계의 윤리를 모색하는 첫 흔들림으로 해석할 수 있다.

3. 균열의 정점頂點

꿈은 억압된 욕망이 우회적으로 드러나는 무의식의 언어다. 프로이트는 『꿈의 해석』에서 현실에서 금지되거나 억압된 욕망이 다른 이미지나 장면으로 옮겨 표현되는 현상을 '전치(Verschiebung)'라 했다. 즉 꿈은 감정이 직접적으로 말해지지 못할 때 선택하는 또 하나의 표현 형식이며 욕망이 자신을 숨기기 위해 다른 대상으로 이동하는 서사의 장치다. 이 영화에서 꿈은 려원의 내면에서 억눌린 감정이 상징적 형태로 변형되어 나타나는 공간으로 기능한다. 현실의 규범이 봉인한 감정이 무의식의 무대에서 비로소 모습을 드러내는 것이다.

려원의 뇌리는 온통 백영으로 가득하다. 무심히 스쳤던 장면들까지 되살아나고 결국 꿈속에서 두 사람은 나란히 누워 서로를 끌어안는다. 이 꿈 장면은 프로이트가 말한 전치의 무의식적 작용으로 읽힌다. 현실에서 억압된 감정이 다른 형태로 이동해 나타나는 꿈의 메커니즘처럼 려원은 백영을 향한 끌림을 직접 인식하지 못한 채 '함께 눕는' 장면으로 전치한다.

즉 백영을 친구나 동료의 자리에 두지 못하고 '이성이 되고 싶어 하는 아이'라는 틀 속에 묶으려는 려원의 무의식이 꿈의 형식으로 드러나는 것이다. 따라서 이 장면은 무의식의 욕망이 어떻게 사회적 규범과 충돌하며 동시에 그것을 왜곡된 이미지로 변형시키는지를 보여주는 상징적 장치라 할 수 있다. 꿈속의 포옹은 감정의 완결이 아니라 오히려 억압의 증거이며 욕망의 진실이 아직 언어화되지 못했음을 드러낸다.

교실이라는 보편적 공간에서 시작된 사소한 균열은 제3의 인물 혜리의 고백이 발화되는 순간 급격히 확대된다. 친구 관계로만 유지되던 장면 속에서 뜻밖의 감정이 드러나자 그것은 놀람을 넘어서는 파문으로 이어진다. 말해지지 않은 욕망은 언어로 표출되는 순간 더 이상 은폐될 수 없는 내적 동요가 된다. 려원에게 혜리의 고백은 그러한 동요의 계기였으며 규범의 경계 속에서 억눌려 있던 감정을 흔들어 스스로 인식하지 못했던 불안과 질투를 드러내게 만든다.

> 려원: 너 미쳤어? 애들한테 소문나면 어떡할라 그래?
> 려원: 야 남자 같지도 않은 게 남자인 척할려고 넌 또 거기 빠지냐? 아 정신 차려, 걔 여자야. 여자인데도 좋다는 거야, 남자 같아서 좋다는 거야?
>
> — 대사 중에서

주인공 려원은 이성적으로 규정하기 어려운 감정을 지연시키며 백영을 이해 가능한 말과 범주 안에서 판단하려 했지만 그 과정에서 오히려 감정적 압박을 받는다. 이처럼 자신의 감정이 아직 정리되지 않은 상태에서 혜리의 고백은 려원의 욕망이 드러나도록 촉발하는 도화선이 된다. 혜리를 사람들 없는 곳으로 데려가 나무라는 듯 '여자'라는 사실을 되뇌는 장면은 곧 스스로의 불안을 감추려는 또 다른 몸짓처럼 읽힌다. 이 장면은 려원이 아직 감정을 정리하지 못했음에도 억지로 끌림을 자각하게 되는 전환점이다.

려원의 폭언은 언어 이전의 감각적 에너지가 말로 옮겨질 때 발생하는 뒤틀림의 형태다. 즉 타자를 향한 거부의 말은 실제로는 자신이 감당하지 못한 끌림의 정동이 언어로 변할 때 생긴 '잔여적 긴장'으로 생각할 수 있다. 그녀의 말투는 억압의 언어이면서 동시에 무의식의 고백이기도 하다. 이때 영화는 감정이 언어로 변할 때의 '뒤틀림'을 정교하게 포착하며 욕망과 방어가 한몸처럼 얽힌 인간의 내면을 드러낸다.

받아들이기 힘든 마음과 맞닥뜨리자 그는 사회적 규범의 언어를 빌려 백영과 혜리의 관계를 재단하며 수답을 시도한다. 이때의 시선은 타자의 고백이 불러낸 균열에 멈춘다. 혜리의 욕망을 들은 순간 려원은 자기 감정의 그림자를 의식하지만 지금까지 인정하지 못했기에 그것을 외부로 밀어낸다. 질투와 혼란이 겹쳐진 말 속에서 내면의 균열이 더 적나라하게 드러난다.

이 장면에서 중요한 것은 려원이 타인을 부정하면서 동시에 자신을 해명하려 한다는 점이다. 그의 언어는 자신의 감정을 '정상화'하려는 방어 기제의 언어다. 결국 려원의 목소리는 사회적 금기와 개인적 욕망이 부딪히는 접점에서 발생하는 윤리적 불안의 발화로 읽힌다. 관객은 이 언어의 흔들림 속에서 감정과 윤리, 규범과 욕망이 교차하는 지점을 목격하게 된다.

다음 날 학교에 도착한 려원은 교실에서 혜리와 백영이 보이지 않자 급히 교정을 돌아다니며 두 사람의 자취를 찾는다. 발걸음을 옮길 때마다 흔들리는 시선 속에는 불안과 초조가 교차한다. 그러나 곧 교실에서 나란히 앉아 다정하게 어울리는 두 사람의 모습이 확인되는 순간 려원의 내면은 더욱 요동치며 감정의 균열이 뚜렷해진다.

4. 타자화의 메커니즘

성장기의 교실은 수많은 시선이 뒤엉키는 작은 사회다. 그 안에서는 말보다 눈빛이 먼저 움직이고, 눈빛은 곧 누가 중심에 있고 누가 주변에 있는지를 은밀히 가늠한다. 같은 교복을 입고 같은 책을 펼치지만 사소한 말투나 몸짓, 머리 모양 하나로도 보이지 않는 선이 그어진다. 말이 다르다는 이유로, 표정이 다르다는 이유로, 혹은 남들과 어울리지 않는다는 이유로 누군가는 조용히 고립된다. 교실은 이렇게 서서히 균열이 자라는 공간이다. 가까이 앉아 있어도 보이지 않는 거리가 생기고, 웃음과 속삭임 사이에는 침묵의 벽이 세워진다.

이러한 시선의 질서는 성인이 된 뒤에도 형태만 달리해 계속된다. 사회는 외모와 젠더, 출신, 언어, 신체적 조건 같은 차이를 기준으로 사람들을 구분하고, 그 구분 속에서 우리는 안도감을 얻는다. 그러나 그 안도는 누군가의 배제 위에 세워진 불안한 평형일 뿐이다. 타자화는 이렇게 가장 익숙한 일상 속에서 누구도 의식하지 못한 채 되풀이된다.

  타자화는 언제나 시선의 문제에서 비롯된다. 우리는 타인을 바라보는 동시에 그 시선 속에서 스스로를 의식한다. 그때의 긴장은 불안의 형태로 작동한다. 이해할 수 없는 존재를 마주했을 때 인간은 그 낯섦을 제자리에 두지 못하고 경계를 긋는다. 낯선 감정이 두려움으로 전이되고 두려움은 곧 구분과 배제의 언어를 낳는다. 그렇게 관계의 균열이 시작된다. 성장기의 교실처럼 시선이 늘 교차하는 공간에서는 그 불안이 더욱 쉽게 증폭된다. 누군가를 구별하는 말 한마디, 웃음 한 번이 또 다른 상처의 시작이 된다.

  감독은 려원의 심리를 따라 사건을 전개한다. 지금까지 '일상 속의 균열 → 경계 위에서 싹트는 감정의 절정 → 타자의 고백이 불러온 내면의 균열'로 드러난 불안은, 균열이 깊어지면서 백영을 향한 갈등으로 치환된다. 그동안 주인공 려원을 따라다니던 미묘한 눈빛과 떨리는 목소리는 차츰 감춰지고 카메라는 려원과 백영을 담아내며 관계의 전환을 비춘다. 이때 려원의 목소리에서 떨림은 사라지고, 감정이 삭제된 듯한 차분하면서도 단호한 말투가 표면에 드러난다. 지금까지 보이지 않던 감정의 기류는 어느 순간 '끌려온 감정을 스스로 파괴하고자 하는 심리'로 전도되고, 그 심리는 무관심한 표정과 차갑게 선을 긋는 태도로 화면 위에 발현된다.

려원: 아 근데 나 궁금한 게 있는데 왜 맨날 욕 쓰고 목소리 굵게 낼려 그래? 아무래도 한계가 있지. 너 남자되고 싶은 거 아냐?

백영: 좋은 말로 할 때, 그만해.

- 대사 중에서

위 대사는 지금까지의 미묘한 흔들림과 달리 백영의 정체성을 정면으로 겨냥한 평가이자 충고의 형식으로 터져 나온다. 그 말 속에는 무의식 깊이 쌓여 있던 끌림과 질투 그리고 감당하지 못한 불안이 한데 얽혀 있다. 동시에 그 감정은 대상을 부정함으로써 스스로의 동요를 잠재우려는 파괴의 욕망으로 변질된다. 이 장면은 설명할 수 없는 감정이 어떻게 공격의 언어로 전환되는지를 잘 보여준다. 려원의 말은 자신과 타자를 명확히 구분하려는 방어적 심리이자 내면의 균열을 부정함으로써 안정을 회복하려는 자기 방어의 형태로 나타난다.

인간은 흔히 자신이 불안을 느끼는 대상을 낯선 존재로 밀어내며 '타자'를 만든다. 시몬 드 보부아르가 『제2의 성』에서 지적했듯, 타자화는 주체가 자신의 위치를 확립하기 위해 타인을 열등하거나 불완전한 존재로 규정하는 과정에서 비롯된다. 려원은 백영을 '정체성이 불분명한 사람'으로 규정함으로써 자신이 속한 '정상성의 영역'을 재확인하고자 한다. 그러나 그 행위는 타자를 재단하는 동시에 자기 안의 불안을 외부로 내보내는 행위이기도 하다.

이러한 사고방식은 성별을 남성과 여성의 이분법으로만 구획하고 그 외의 가능성을 인정하지 않는 사회적 구조를 반영한다. 그 속에서 백영은 자신을 설명할 언어조차 가지지 못한 채 타인의 시선 속에서 완전히 대상화된다. 려원의 언행은 바로 그 구조를 답습하며 소수자의 존재를 이해 불가능한 범주로 밀어내려는 사회적 습관을 그대로 재현한다. 결국 타자를 재단하려는 순간 려원은 자신이 속한 규범의 폭력성을 되풀이하며 스스로의 내면 또한 점점 좁혀 나간다.

교실 장면은 서사의 전환점이자 인물 간 갈등이 폭발적으로 드러나는 순간이다. 체육복을 꺼내던 친구의 손끝에서 빨간 브래지어가 떨어지는 사건은 우연처럼 보이지만 교실 전체를 흔드는 파문을 일으킨다. 이미 선생님과 친구들의 시선은 백영을 의심하는 쪽으로 기울어 있고, 억울함을 호소하는 그의 외침은 고립된 상황에서 벗어나려는 마지막 몸부림이다. 그러나 선생님은 권위로 몰아붙이고 백영은 끝내 책상을 발로 차며 사물함 속 물건을 쏟아낸다. 그 순간 교실은 규율이 붕괴된 공간으로 변하고 백영은 더 이상 침묵하거나 순응하지 않는다.

결국 려원의 파괴적 욕망을 실현한 교실의 사건은 영화의 인식 구조를 압축적으로 드러내는 장치다. '빨간 브래지어'라는 사물은 타인의 시선이 한 개인의 정체성을 규정하고 관계를 파괴하려는 폭력의 상징으로 기능한다. 감독은 이 장면을 통해 일상의 언어와 시선이 어떻게 타자화의 메커니즘으로 작동하는지를 시각화한다. 브래지어가 떨어지는 찰나의 우연은 사회가 작동하는 방식을 비추는 은유로 편견과 규범이 얼마나 손쉽게 사실처럼 굳어지는지를 보여준다. 교실의 침묵과 웅성거림, 교사의 권위적 태도는 곧 사회가 익숙함 속에서 타인을 배제하는 방식을 사유하게 한다.

5. 김예원의 작품세계와 세계적 공감 가능성

김예원 감독의 영화는 시선이 권력으로 작동하는 순간을 포착한다. 그는 인물의 내면을 직접 드러내기보다 타자를 바라보는 시선과 그것이 교차하는 장면들을 통해 사회적 관계가 어떻게 형성되고 균열되는지를 보여준다. 그 결과 영화는 개인의 감정 서사를 넘어 집단이 작동하는 방식과 그 속에 내재한 폭력의 구조를 시각화한다. 여기서 '나쁨'은 욕망과 규범이 충돌할 때 발생하는 파괴의 에너지가 대상을 완전히 '타자화'하며 표출되는 정동의 방향을 가리키는 장치로 기능한다. 감독은 타인을 규정하려는 모든 시선이 어떻게 폭력으로 전이되는지를 드러내며 그 물음을 끝내 관객에게 되돌린다.

제주 출신 김예원 감독의 감수성은 이제 섬을 넘어 더 넓은 관객과 만나는 창으로 확장되고 있다. 첫 작품 〈우연히 나쁘게〉(2020)는 전주국제영화제, 서울국제프라이드영화제, 부산국제어린이청소년영화제 등에서 상영되었으며 제41회 하와이 국제영화제 '스포트라이트 온 코리아' 부문에서 Best Narrative Short를 수상했다. 이 작품은 이후 KTV 독립예술영화 방영작으로도 소개되어 국내외의 주목을 받았다. 이어 발표한 〈층간미행〉(2022)은 여성이 예기치 않은 임신의 상황에서 겪는 불안과 죄책감을 다루며 감독의 시선이 한층 깊어졌음을 보여준다. 최근작 〈일렁일렁〉(2024)은 '보이

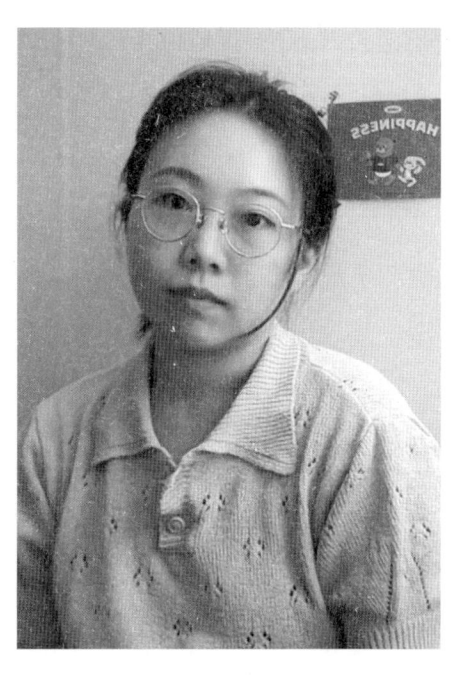

김예원 감독

지 않는 폭력'을 수중 장면으로 형상화하며 청소년 집단의 관계 속에서 발생하는 위계와 폭력, 그 사이에서 일렁이는 감정을 예리하게 포착해 국내외 영화제에서 호평을 얻었다.

김예원 감독의 작품 〈우연히 나쁘게〉는 청소년기의 불안정한 감정과 관계의 균열을 탐색하며 인물의 내면을 규정하지 않고 여백 속에 남겨 둔다. 그는 퀴어 서사를 명명하거나 고정하지 않음으로써 오히려 감정의 다의성과 인간 존재의 불안을 섬세하게 드러낸다. 이러한 개방적 시선은 특정 정체성의 문제를 넘어 사회가 타자를 규정하고 배제하는 구조를 비판하는 데 닿는다. 결과적으로 〈우연히 나쁘게〉는 개인의 욕망과 불안의 서사를 넘어, 시대마다 모습을 달리하며 여전히 우리 사회에 스며 있는 타자화의 문제와 관계의 윤리를 성찰하게 하는 서사로 확장된다.

무엇보다 김예원의 카메라는 감정을 단일한 이름이나 정체성의 범주로 확정하지 않는다. 언어로 포착되지 않는 상태 그대로를 남겨 두어 관객이 각자의 경험과 감각을 겹쳐 보게 한다. 그 여백 속에서 영화는 퀴어 서사를 넘어 인간 보편의 문제와 공명하며, 세계적 공감 가능성을 지닌 독립영화로 자리매김한다. 이러한 열린 서사와 감각적 연출은 존재의 불안과 욕망을 함께 사유하게 하며 바로 그 보편성 속에서 동시대 세계와의 깊은 공감을 이끌어낸다.

청소년 진로 탐색의 씨앗,
다매체 텍스트의 독서토의 수업

- 〈김통정 설화〉와 영화 〈야구 소녀〉, 〈빌리 엘리어트〉 비교

책은 인간이 축적해온 사유와 감정을 담아내는 가장 오래된 매체이자 가장 확장성 있는 텍스트다. 글자와 이미지, 음성과 장면이 어우러져 하나의 세계를 구축하며 이는 종이책에만 국한되지 않는다. 국제독서학회는 독서를 '다양한 텍스트를 읽고 해석하며 재구성하는 사고의 과정'으로 정의한다. 이때 '다양한'이라는 수식어는 텍스트를 단순히 '책'에만 한정하지 않는다. 음악, 미술, 영화, 문학 등 여러 예술과 문화의 영역을 읽고 해석하며, 개인과 사회의 배경지식과 함께 사유하고 재구성하는 과정을 포괄한다. 스크린 위의 영화, 무대 위의 춤, 악보 위의 선율 역시 책과 같은 성격을 지닌다. 이러한 매체들은 모두 인간이 길어 올린 경험과 인식의 층위를 기록하고 해석하는 통로다.

청소년에게 책은 다채로운 사유와 감정을 불러일으키는 텍스트 공간이다. 그 속에서 아이들은 저마다의 길을 발견하고 서로 다

른 길을 걸어온 타인의 흔적을 만난다. 이러한 만남은 곧 자기 이해의 확장을 이끌며 타자와의 공존 가능성을 넓힌다.

책과 같은 텍스트를 경험하며 성장한 아이는 쉽게 흔들리지 않는다. 다양한 세계와 언어를 접하며 사유의 뿌리를 깊게 내리고 감정의 가지를 풍성하게 키우기 때문이다. 이 과정을 통해 길러진 내면의 힘은 삶을 견디고 새로운 길을 모색하는 기반이 된다.

그러나 청소년의 길 앞에는 언제나 벽이 놓여 있다. 그것은 제도의 규율일 수도 있고 사회의 편견일 수도 있으며, 아직 이름 붙이지 못한 내면의 불안일 수도 있다. 특히 사춘기는 감수성이 예민하고 자아정체성을 탐색하는 과정에서 혼란과 흔들림을 겪는다. 그래서 더 다양한 텍스트와의 만남이 필요하다. 책과 영화, 이야기와 음악 속에서 사춘기 학생들은 자신을 비추는 거울을 찾고 자기 길을 모색한다.

필자가 만났던 사춘기 학생들 역시 그러했다. 책 속 주인공의 죽음을 두고 작가의 설정에 울분을 토하던 학생, 부모의 억압에 못 이겨 손목에 칼자국을 남겼던 여학생, 스마트폰 중독으로 방황하던 학생, 카톡과 함께 외로운 밤을 견디던 학생, 무대 위 래퍼를 꿈꾸며 온종일 랩에 몰두하던 학생, 기싸움 끝에 학폭위에 불려갔던 학생, 수업을 방해하며 아무것도 하고 싶지 않다던 학생, 그리고 소설책만 붙들고 있던 창백한 얼굴의 남학생까지.

성향도 배경도 달랐지만 필자와 장기간 독서수업을 했던 학생들 앞에도 저마다의 '벽'이 놓여 있었다. 그렇기에 독서수업은 그들의 삶 속에서 더욱 특별하고 중요한 시간이 될 수 있었다. 책으로 이어진 관계 속에서 학생들은 자신을 돌아보고 서로의 이야기를 나누었으며, 이제는 제각기 성장해 사회의 한 구성원으로 서 있다. 그들은 함께했던 독서수업의 기억을 인생의 자산으로 간직하며 고마움을 전한다.

이들에게 독서토의 수업은 단순한 독해력이나 사고력 훈련이 아니었다. 각자의 아픔과 꿈을 지닌 채 책 속 인물의 삶을 빌려 자기 이야기를 꺼내 놓았고, 그 이야기들은 곧 자신을 성찰하게 하는 멘토가 되었다. 어떤 날은 꿈을 이야기하고 어떤 날은 가정과 사회의 그림자를 털어놓으며 책은 그렇게 삶을 비추는 창이 되었다.

독서 활동은 주로 종이책을 중심으로 했지만 때로는 시사 이슈를 다루고 가끔은 영화를 함께 보았다. 팀마다 분위기는 달랐으나 사춘기가 깊어질수록 학생들은 부모보다 친구와 교사에게 삶의 조각들을 털어놓았다. 그래서 이 수업은 무엇보다 자기 인생과 마주하는 시간이 되었다.

이번 수업의 텍스트는 영화와 설화였고 주제는 '주체적인 삶을 선택한 주인공의 행로 탐색'이었다. 먼저 김통정 설화를 읽고 이어 영화 〈야구 소녀〉와 〈빌리 엘리어트〉를 감상하며 작품 속 인물들이 어떻게 자신만의 길을 묵묵히 걸어갔는지를 살펴보았다. 이 과정은 단순히 서사를 이해하는 데 그치지 않았다. 각자의 상처와 꿈을 안고 있던 사춘기 학생들은 스스로를 돌아보고 삶의 방향을 고민하며 저마다 생각의 숲을 확장하는 시간을 가졌다. 본 평론은 그러한 수업 경험을 토대로, 설화와 영화를 매개로 연결한 독서 활동이 사춘기의 내면에 어떤 흔적을 남겼는지를 정리하고자 한다.

1. 진로의 꿈을 여는 질문, 진로 탐색의 씨앗

진로를 결정하는 일은 결코 쉽지 않다. 어릴 때 품어 온 막연한 꿈은 성장 과정 속에서 여러 번 흔들리고 바뀌게 마련이다. 때로는 스스로 부딪쳐 본 직접 경험이 때로는 책과 이야기 속에서 얻은 간접 경험이 삶의 방향을 가늠하게 한다.

이처럼 다양한 과정을 거쳐 자신만의 길을 찾을 수 있도록 도움을 주기 위해 마련된 제도가 바로 자유학기제다. 학생들이 교과의 울타리를 넘어 다양한 활동을 시도해 보는 이유도 여기에 있다. 이러한 맥락에서 진로 독서는 무엇보다 중요한 의미를 지닌다. 책을 통해 다른 삶을 만나고 그 길을 따라 걸어보는 상상과 성찰은 청소년이 자신의 미래를 탐색하는 데 가장 든든한 밑거름이 된다.

필자가 수업했던 학생들의 사례만 보아도 그렇다. 초등 저학년 때 만나 고등학교 2학년까지 이어진 수업 과정에서 아이들은 꿈을 수시로 바꾸기도 했고 어느 순간에는 꿈이 사라졌다가 다시 자신이 하고 싶은 일과 연결을 짓기도 했다. 특히 그 절정기인 사춘기 시기는 진로 탐색기로 불린다. 필자는 장기간 독서수업 속에서 책과 관련해 진로를 결정하는 학생들을 종종 만났다.

스마트폰 중독으로 학교를 그만두고 방송통신고등학교에 다니면서도 수업을 이어가던 한 학생은 『발칙한 미술관』을 만나 그림을 그리기 시작했다. "꿈이 없다, 아무것도 하고 싶지 않다."고 말하던 또 다른 학생은 『학문의 즐거움』을 통해 수학이 진로의 목표가 될 수 있음을 발견하고 공부에 몰두하기 시작했다. 한 여학생은 『마에스트로』를 읽고 토론하며 음악의 길을 열었고, 또 다른 학생은 『세상의 절반은 왜 굶주리는가』를 읽으며 국제교류학과를 향한 진로를 결심하게 되었다.

이처럼 책은 학생들에게 삶의 방향을 찾게 하고 스스로 미래를 탐색할 용기를 일깨우는 결정적 계기가 되곤 한다. 이들의 공통점은 모두 장기간 독서토의에 참여해 온 학생들이라는 점이다. 꾸준히 문학작품과 교양서를 읽고 토론하면서 단지 한 권의 책에 머무르지 않고 책과 책, 책과 영화, 책과 신문, 책과 자기(사회) 경험을 연결하며 생각을 확장해 왔다. 그렇게 쌓인 경험 속에서 어느 순간 자기 기질을 비추는 책을 만나게 되었고 그것이 진로 탐색의 씨앗이 되었다.

물론 진로는 책 한 권만으로 결정되지 않는다. 가정, 학교, 또래, 사회적 환경이 함께 얽히며 어느 순간 동기가 일어나 다양한 경험이 어우러져 비로소 하나의 진로로 이어진다. 중요한 것은 그 모든 과정 속에서 자신이 주인이 되는 것이다. 다양한 생각과 경험을 연결할 줄 아는 능력이 곧 스스로 판단하고 선택하는 힘으로 자라난다. 사춘기는 바로 그 주체의식이 움트는 결정적 시기라 할 수 있다.

이번 평론 대상 텍스트를 수업했던 학년인 중학교 2학년에 이르면 이러한 변화는 더욱 뚜렷해진다. 아직 뚜렷하게 잡히지는 않지만, "나는 무엇을 좋아하는가, 어떤 삶을 원하는가."라는 질문이 점점 더 구체적인 고민으로 다가오는 시기다. 그래서 문학 속 인물들의 태도를 따라가며 학생들은 스스로의 길을 찾아가려 노력한다.

이날 수업에서는 김통정 설화를 함께 읽고 나서 영화 〈야구 소녀〉와 〈빌리 엘리어트〉를 연결해 보았다. 겉보기엔 시대도 장르도 다르지만 세 이야기는 모두 '자신을 지켜낸 이들'의 이야기였다. 우연한 설화 탐방으로 만난 김통정은 더 이상 설화 속 인물이 아니라 끝내 꺾이지 않은 신념의 얼굴로 제주인의 가슴에 되살아난 인물이었다. 중학생들은 설화를 꺼내는 것을 처음에는 낯설어했다. 하지만 수업 의도를 꺼낸 뒤 학생들은 말없이 그 인물을 바라보았고 영화 속 장면에 자신의 감정을 겹쳐 놓았다. 수업은 조용했지만 깊었다. 각자의 내면에서 조용히 번져간 질문과 감정들이 말보다 더 선명한 대답이 되어 교실 안에 흐르고 있었다.

오늘날 우리는 김통정 설화를 단지 옛사람들의 이야기로 넘기지 않는다. 그는 여전히 우리 곁에 있으며 '주체적인 삶이란 무엇인가'를 묻는 인물로 살아 있다. 최윤태 감독의 영화 〈야구 소녀〉에서 해보지도 않고 포기하진 않겠다고 말하는 주수인, 스티븐 달드리 감독의 〈빌리 엘리어트〉에서 아버지의 반대를 뚫고 무대를 향해 힘껏 도약하는 빌리의 모습은 모두 김통정의 정신과 맞닿아 있다. 이들은 타인의 시선과 사회의 고정된 틀, 운명처럼 주어진 평가에 맞서 자기 길을 스스로 선택하고 묵묵히 걸어간 주인공들이다.

이 평론이 다루는 김통정 설화와 두 편의 영화는 시대도 형식도 다르지만 결국 같은 물음을 향한다. 세 인물의 주체적 결단은 진로 탐색기에 놓인 청소년들에게 진지한 물음을 남긴다. 자기 자신을 지켜내는 삶을 생각하는 일. 바로 그것이 가장 필요한 용기이자 이 수업이 전하고자 하는 메시지였다.

2. 끝내 꺾이지 않은 깃발
- 역사에서 설화까지 김통정의 항몽 정신

김통정은 고려 말 삼별초의 마지막 지도자로 역사 속에서는 패망한 반란군의 지휘관으로 기억되지만 제주의 민중은 그를 '끝내 꺾이지 않은 깃발'로 받아들였다. 『고려사』와 『고려사절요』에 남겨진 기록은 김통정의 항몽 의지가 정치적 저항을 넘어 공동체와 땅을 지키려는 마지막 의지의 발현이었음을 보여준다.

이 글은 『고려사』, 『고려사절요』 등 당시의 역사 기록을 바탕으로 김통정의 항몽 정신을 다시 되짚으며, 그 의미가 오늘날 청소년의 '자기 삶을 선택하는 힘'과 어떻게 맞닿을 수 있는지를 함께 살펴보고자 한다.

"김방경·흔도·다구 등이 삼군을 이끌고 진도를 정벌하여 크게 무찌르고, 위왕 승화후 온을 참하였으며, 적장 김통정이 남은 무리를 이끌고 탐라(耽羅)로 도망하였다."
- 『고려사』 권28, 세가28, 원종12년 5월조, 국사편찬위원회 한국사데이터베이스

"삼별초가 탐라에서 멸망했다. 김통정이 이끌던 무리는 몽·고려 연합군의 공격을 받아 함락되었고, 김통정은 도주한 후 행방이 묘연해졌다."
- 『고려사』 권28, 세가28, 원종14년 4월조, 국사편찬위원회 한국사데이터베이스

"김통정이 끝내 항복하지 않고 제주 산속으로 도망쳤다가 끝내 죽었다. 고려 조정이 거듭 회유했으나 그는 응하지 않았다."

- 『고려사절요』 권24, 원종조, 국사편찬위원회 한국사데이터베이스

이 세 편의 사료는 김통정이 삼별초의 마지막 지휘관으로서 항몽 투쟁의 최후까지 싸운 인물임을 보여준다.

첫 번째 사료인 『고려사』 원종 12년 5월조는 진도에서의 패배 이후 그가 탐라로 이동한 사실을 기록하고 있다. 이는 도주라기보다 패배 속에서도 저항을 이어가려는 전략적 퇴각으로 보인다. 진도가 함락된 뒤 다수의 지휘관이 체포되거나 처형되었지만 그는 잔여 병력을 이끌고 섬으로 옮겨 항쟁을 지속했다. 이 선택은 굴복하지 않으려는 태도를 드러낸다.

두 번째 사료인 『고려사』 원종 14년 4월조는 제주 항쟁의 종말을 전하고 있다. 삼별초는 약 2년 동안 제주를 거점으로 싸움을 이어갔다. 김통정은 몽골과 고려 연합군의 공세 속에서도 마지막까지 포기하지 않았다. "행방이 묘연해졌다."는 표현은 체포나 항복 없이 사라졌다는 의미로 읽힌다. 이는 그가 끝까지 자유의지를 지켰다는 해석을 가능하게 하며 후대 제주인들이 그를 설화로 떠올린 배경이 된다.

세 번째 사료인 『고려사절요』는 앞선 기록들보다 정서적이고 가치 지향적인 해석을 담고 있다. 고려 조정이 회유했으나 그는 거부했고 결국 제주 산속으로 들어가 생을 마감했다고 전한다. 무장 반란자가 아니라 신념을 지킨 지도자로 바라보게 한 대목이다. 항

복을 거절하고 죽음을 선택한 행위는 자기 확신의 표현이다. 싸움에서 물러났지만 마음은 꺾이지 않았다. 제주 산속에서 맞은 최후는 그를 순국지사로 기억하게 만드는 의미로 다가온다.

이처럼 김통정은 역사에서 반정부 인물로 기록되지만 그럼에도 불구하고 고려 말기의 혼란 속에서 끝까지 자신의 소명의식을 지켜낸 인물이라 볼 수 있다. 그는 항쟁의 뜻을 제주라는 섬으로 옮기며 자기 신념을 실천했고 그 정신은 오늘날 설화와 창작물 속에서 다시 살아난다.

> 김통정 장군은 죽어 가면서 '내 백성일랑 물이나 먹고 살아라'며 훼(靴)를 신은 발로 바위를 꽝 찍었다. 바위에 훼 발자국이 움푹 패고 거기에서 금방 샘물이 솟아 흘렀다. 이 샘물이 지금도 있는데 '횃부리' 또는 '횃자국물'이라 한다. 이 샘물을 고성리 마을 사람들은 지금도 음료수로 이용한다.
>
> - 현용준, 『제주도 전설』 중에서

김통정은 역사 속에서는 삼별초 항몽 투쟁의 마지막 깃발로 기록된다. 『고려사』와 『고려사절요』가 전하는 바와 같이 그는 패배한 상황에서도 항복하지 않고 끝내 제주로 물러나 저항을 이어갔다. 정치적으로는 반역자이자 패장으로 남았지만 그 정신은 '굴복하지 않은 깃발'로 상징된다. 이는 무장 투쟁을 넘어 공동체와 땅을 지키려는 소명의식의 발현이었다.

이 역사적 정신은 설화 속에서 또 다른 모습으로 계승된다. 『제주도 전설』에 전하는 '횃자국물' 이야기는 김통정이 죽음을 앞두고도 백성을 위해 샘물을 남겼다는 전승이다. 역사 기록이 그의 끝내 굽히지 않은 의지를 강조한다면 설화는 그 의지에 공동체적 사랑을 덧입혀 재해석한 것이다. 즉, 깃발처럼 꺾이지 않은 항몽의 기개가 설화에서는 백성을 위해 샘물을 내어주는 희생의 상징으로 바뀌어 나타난다.

결국 김통정의 항몽 정신과 설화적 기억은 서로 단절된 것이 아니라 '저항의 깃발'과 '사랑의 발자국'이라는 두 얼굴로 이어진다. 역사 속 김통정은 끝내 항복하지 않은 지도자로 기록되었고 설화 속 김통정은 죽음을 넘어서도 백성을 살리려 한 인물로 기억된다. 저항의 의지와 공동체적 돌봄이 결합되며 그는 패장이 아니라 오늘날까지 살아 있는 상징이 된다.

3. 야구 소녀의 너클볼, 김통정의 깃발
  - 교실에서 묻는 주체성

독서의 형태는 다양하다. 영상도 텍스트가 될 수 있다. 종이책만이 독서의 대상이 아니라면 최윤태 감독의 영화 〈야구 소녀〉도 하나의 깊은 독서로 기능할 수 있다. '다양한 텍스트를 해석하고 자기 삶과 연결하여 재구성하는 것'이 독서라면 영상 역시 청소년 독자에게 유의미한 읽기가 된다.

필자가 중학생들과 함께했던 수업도 그러한 맥락에 놓여 있었다. 영화 〈야구 소녀〉를 감상한 뒤 김통정 설화와 연결하는 비교

최윤태 감독의 영화 〈야구 소녀〉
출처: 네이버

독서를 시도했다. 줄거리를 정리하고 등장인물의 갈등과 선택을 살피며, 이야기 속에서 드러나는 감정을 자기 삶과 맞닿은 지점에서 풀어내는 방식으로 수업이 전개되었다.

최윤태 감독의 영화 〈야구 소녀〉(주연 이주영)는 2019년 부산국제영화제에서 첫선을 보이며 주목받았다. 화려한 스타 시스템에 기댄 작품은 아니었지만 현실과 맞붙은 진지한 질문과 배우의 내밀한 연기가 어우러져 깊은 울림을 남겼다. 단순히 '여성이 야구를 한다.'는 설정을 넘어, 편견과 제도의 장벽 앞에서 청소년이 어떻게 자신을 지켜내는가를 집요하게 포착한 작품이다.

"사람들이 내 미래를 어떻게 알아요? 나도 모르는데." (주수인)

"빨리 포기해! 그거 부끄러운 거 아니야!" (엄마)

"야구는 누구나 다 할 수 있는 거잖아요. 여자건 남자건, 그건 장점도 단점도 아니에요. 전 해보지도 않고 포기 안 해요." (주수인)

- 대사 중에서

여성이라는 이유로 꿈을 반대받는 주수인. 뛰어난 실력을 갖추었지만 사회의 편견과 체력적 한계라는 벽에 번번이 부딪힌다. 그러나 그는 체념하지 않고 묵묵히 훈련을 이어가며 자신만의 무기를 찾는다. 새 코치의 조언에 따라 선택한 너클볼은, 속도로 승부할 수 없는 현실 앞에서 약점을 인정하고 장점을 극대화하는 전략이었다. '다른 방식으로도 나는 충분하다.'는 선언이자 자신의 길을 개척하는 주체적 선택이었다. 영화는 화려한 승리 대신 포기하지 않겠다는 태도를 끝까지 비추며 묵직한 울림을 남긴다.

수업에서 학생들은 처음엔 설화와 영화를 연결하는 시도를 낯설어했지만 김통정의 역사적 배경을 살피고 나서 태도가 달라졌다. 영화 속 주수인의 결단과 설화 속 김통정의 선택을 나란히 두었을 때 주제는 선명해졌다. 주수인은 "해보지도 않고 포기 안 해요."라고 말했고, 김통정은 패배 후에도 도망치지 않고 다시 깃발을 들었다. 시대와 장르는 다르지만 두 인물은 모두 '자신이 믿는 길을 선택한다.'는 공통된 신념을 보여주었다.

이 지점에서 학생들의 이야기가 터져 나왔다. 집을 나갔다 돌아온 경험, 실연의 아픔, 연애에 대한 고민 등이 이어졌다. "이 시기의 이성 교제도 주체적으로 할 수 있을까?", "사람들이 정해주는 길이 아니라 내 길을 내가 정하려면 어떤 태도가 필요할까?"라는 질문은 자연스럽게 수업의 발문으로 확장되었다.

"김통정은 왜 바다를 건넜을까?"

"누구도 싸움을 계속하라고 말하지 않았는데 그는 왜 깃발을 놓지 않았을까?"

"주수인은 여자라서 안 된다는 말에 흔들렸지만 끝내 포기하지 않았다. 김통정 역시 역사의 끝자락에서 선택의 자유를 놓지 않았다. 두 인물은 무엇이 같고 무엇이 다를까?"

이 발문들은 영화와 설화를 잇는 연결고리가 되었고 학생들은 그 안에서 '주체성'이라는 키워드를 자기 삶에까지 가져왔다. 사춘기라는 터널 속에서 선택과 감정에 민감한 이들에게 "해보지도 않고 포기하지 않겠다."는 주수인의 말은 곧 김통정의 마지막 침묵과 닿아 있었다. 설화는 옛이야기였지만 교실 속 김통정은 살아 있는 질문이 되었고 학생들은 그 질문 앞에서 저마다의 태도를 고민했다. 그 시간이 바로 '교실에서 만난 김통정'이었다.

4. 도약의 김통정, 빌리 엘리어트
- 사회적 편견에 맞선 예술의 꿈

스티븐 달드리 감독의 영화 〈빌리 엘리어트〉(2000, 주연 제이미 벨)는 영국 사회의 기억에 오래 남은 청소년 성장 영화다. 개봉 당시 영국 아카데미 작품상, 미국 아카데미 각본상 후보에 오르며 평단의 호평을 받았고 이후 뮤지컬로 재탄생해 전 세계적으로 사랑받았다. 탄광촌 소년의 꿈과 도약을 그린 이 작품은 단지 '발레 소년'의 이야기가 아니라 사회적 통념과 계급적 장벽을 넘어선 성장의 상징으로 자리매김했다.

영화는 영국 북부 탄광촌의 어린 소년 빌리가 자신 안의 열망을 발견하고 그것을 지켜내기까지의 과정을 섬세하게 따라간다.

스티븐 달드리 감독의 영화 〈빌리 엘리어트〉
출처: 네이버

발레를 향한 그의 마음은 우연한 동경에서 시작되지만 곧 깊은 확신으로 바뀐다. 그러나 "남자가 발레를 하냐."는 아버지의 편견 어린 말은 빌리의 앞을 막아선다. "게이들만 발레하는 게 아니에요."라고 단호히 말하며 자신의 길을 밀고 나가는 빌리는 발레를 통해 자신이 누구인지, 무엇을 위해 살아가야 하는지를 몸으로 증명해 나간다. 영화는 억압적인 사회 분위기와 가부장적 가정 구조 속에서도 꺾이지 않고 자기 꿈을 끝까지 붙드는 소년의 성장 서사를 그리며, 타인의 시선이 아닌 자기 내면의 소리에 귀 기울이는 삶이 얼마나 귀한지를 보여준다.

아빠: 발레를 해?
빌리: 발레가 어때서요?
    (생략)
아빠: 발레가 어떠냐고? 여자들에겐 정상이지만 남자들에겐 아니야. 남자라면 축구나 권투나 레슬링을 하는 거야. 발레는 남자가 할 일이 아니야.

빌리: 게이들만 발레하는 게 아니에요, 아빠. 어떤 발레리노들은 운동선수만큼 튼튼해요.

웨인 슬립 아세요? 그 사람도 발레리노였어요.

- 스티븐 달드리 감독, 〈빌리 엘리어트〉 대사 중에서

가장 먼저 마주한 것은 아버지의 반대였다. "발레를 해?", "발레가 어떠냐고? 여자들에겐 정상이지만 남자들에겐 아니야." 아버지는 빌리의 선택을 이해하지 못했다. 그것은 단지 발레에 대한 거부가 아니라 남자는 이래야 한다는 사회적 통념의 반영이었다.

그러나 빌리는 포기하지 않는다. 발레를 좋아한다는 말을 가족에게는 쉽게 꺼내지 못한 채 그는 체육관 한쪽에서 홀로 연습을 이어간다. 그 곁에는 발레 교습을 맡고 있던 윌킨슨 선생이 있었다. 처음에는 장난삼아 흉내 내던 동작이었지만 그녀는 빌리의 몸짓에서 남다른 감각을 발견한다. "빌리, 네 발끝을 봐. 네 몸은 이미 춤을 알고 있어."라며 세심히 이끌어 준 선생의 목소리는 빌리에게 낯설지만 뜨거운 격려였다.

윌킨슨 선생은 가난한 집안 사정을 알면서도 개인 연습을 허락했고 집으로 불러 따로 지도를 이어갔다. 그는 빌리가 감정을 꾹 눌러 담은 채 무대에 서도록 용기를 북돋았고 때로는 눈물 삼키는 소년의 등을 다정히 두드려 주었다. 발레라는 길을 외면하지 않도록 끝까지 곁에서 붙잡아 준 것이다.

어쩌면 빌리가 끝내 포기하지 않을 수 있었던 까닭은 바로 이

한 사람의 지지 덕분인지도 모른다. 세상의 편견과 아버지의 반대가 그의 길을 꺾으려 할 때 윌킨슨 선생이 손을 잡아주었다. 그것은 한 사람의 믿음이 불러낸 동기였고 자신의 길을 끝까지 걸어가게 하는 원천적인 힘이었다.

아버지와 함께 찾아간 입학 시험장에서 빌리는 감정을 제대로 추스르지 못했다. 쏟아지는 질문 앞에서 목소리는 거칠어졌고 손짓은 분노로 흔들렸다. 입학 사정관은 감정조절 능력도 무대 위 발레리노의 중요한 자질이라며 빌리의 태도가 합격에 부정적인 영향을 미칠 수 있음을 내비쳤다. 순간 빌리는 모든 것이 끝났다고 느끼며 고개를 떨군 채 돌아서려 했다. 그러나 그때 한 심사관이 조용히 물었다. "네가 춤을 출 때는 무슨 생각이 드니?"

빌리는 잠시 멈추었다가 걸음을 돌려 다시 심사관 앞에 섰다. 그리고는 숨을 고르고 이렇게 고백한다.

> "춤을 출 때면 마치 전기처럼 몸 전체에 감정이 퍼져요. 나는 사라지고 그냥… 떠오르는 것 같아요."
>
> - 대사 중에서

이 고백은 빌리의 내면을 여는 문이었다. 발레가 그에게 단순한 동작이나 기술이 아니라 살아 있음을 느끼게 하는 절실한 중심임을 증명하는 순간이었다.

이 한마디는 언어로 다 담을 수 없는 내면의 진실을 비춘다. 발레는 빌리에게 자신이 살아 있음을 느끼게 하는 삶의 중심이었다.

춤은 소년에게 필연이었고 생존의 언어였다. 결국 빌리의 주체적 의지는 자연스럽게 그의 면접언어로 흘러나왔다. 감전되듯이 퍼져나가는 발레 앞에서 세상은 그를 '발레리노'의 의지를 끝까지 표출할 수 있도록 길을 터 주었다.

영화의 마지막 장면, 차이코프스키의 '백조의 호수' 선율이 흐르는 가운데 성인이 된 빌리가 백조로 비상한다. 음악이 고조되며 그는 마지막 도약을 한다. 하늘로 치솟는 그 점프는 단순한 춤이 아니라 계급의 벽과 편견, 가난과 남성성의 틀을 모두 깨고 나아가는 인간의 비상 그 자체다. 이때 카메라는 빌리의 몸을 따라 천천히 상승하며, 그가 빛 속으로 사라지는 듯한 장면으로 마무리된다. 그는 더 이상 '가난한 광부의 아들'이 아니라 자기 삶의 예술가로 새롭게 태어난 존재다. 그 장면을 보며 아이들은 잠시 숨을 고르고, 마음껏 뛰어넘고 싶은 꿈을 떠올렸다. 말은 없지만 관객은 안다. 그 도약 속에 빌리의 꿈과 눈물과 기다림이 모두 담겨 있음을. 윌킨슨 선생도 아버지도 형도 그리고 객석 어딘가에 있는 수많은 사람들까지 마음을 모아 뜨거운 박수를 보낸다. 그 장면은 자신을 옭매던 편견과 경계를 넘은 한 사람의 선언처럼 다가온다. 우리는 그 결말을 통해 한 사람의 용기가 공동체의 인식을 흔드는 시작이 될 수 있음을 다시 생각하게 된다.

학생들과 이 중요 장면을 본 뒤 교실은 잠시 고요해졌다. 어떤 아이들은 고개를 끄덕였고 또 다른 아이는 눈을 뗄 수 없었다고 했다. 한 학생은 "나도 언젠가 저렇게 날아보고 싶다."고 말했다. 빌리의 점프는 곧 자기 안의 무게를 뛰어넘는 순간을 상징했고 아이들은 그 상징을 자기 삶으로 옮겨오기 시작했다.

그때 한 학생이 조용히 물었다. "김통정도 끝까지 포기하지 않았죠. 왜 패배하고도 다시 깃발을 들었을까요. 빌리의 점프랑 닮은 데가 있지 않을까요." 교실은 다시 술렁였다. 빌리가 "게이들만 발레하는 게 아니에요."라고 외치며 사회의 고정관념을 깨뜨린 것처럼 김통정도 모두가 끝났다고 말할 때 항몽의 깃발을 놓지 않았다는 연결의 내용이 이어졌다. 빌리에게 무대 위 점프가 자기 존재를 증명…하는 몸짓이었다면 김통정에게 바다를 건너 이어간 투쟁은 끝내 굴복하지 않겠다는 선언이었다.

두 인물은 서로 다른 시대와 공간에서 살았지만 모두 외부의 압력에 맞서면서도 끝내 자기 길을 선택했다. 어떤 학생은 "빌리의 춤과 김통정의 항몽의식은 결국 같은 맥락 아닌가요."라고 말했다. 발레와 항쟁이라는 전혀 다른 행위가 주체적인 삶을 선택한 용기라는 자리에서 만난 것이다.

이처럼 저마다의 감동을 자기 말로 풀어내며 영화와 설화의 장면을 연결하며 자신의 삶으로 끌어왔다. 영화는 그렇게 다시 현실 속 질문으로 이어졌다.

5. 발문을 통한 주체성 탐구
- 김통정 설화와 다매체 텍스트의 비교 독서 수업 사례

다매체 비교 독서는 서로 다른 형식과 시간 속에 놓인 이야기를 함께 읽으며 자기 삶과 겹쳐보는 과정이다. 책뿐만 아니라 영

화나 설화도 함께 읽을 수 있다면 청소년은 그 안에서 더 넓은 시선과 깊은 감정으로 세상을 바라보게 된다. 단편적인 지식을 습득하는 것이 아니라 이야기 속 인물과 감정을 연결하며 자기 삶의 중심을 스스로 정립해 나가는 힘을 키우게 되는 것이다.

이 시기의 아이들은 성장과 갈등을 동시에 겪는다. '나는 누구인가.'라는 질문 앞에 서면서 흔들리기도 하고 때로는 누군가의 선택에 감응하며 자신도 모르게 결심하게 된다. 이럴 때 다매체 비교 독서는 특히 깊은 울림을 준다. 서로 다른 이야기 속 인물들이 각자의 방식으로 삶을 선택해 가는 과정을 통해 학생들은 자기가 어떤 태도로 살아가야 할지를 조용히 되묻게 된다.

김통정 설화와 영화 〈야구 소녀〉, 〈빌리 엘리어트〉는 그런 비교 독서의 좋은 예가 된다. 각기 다른 시대와 배경을 지녔지만 세 이야기에는 공통된 흐름이 있다. 자신이 누구인지, 무엇을 지키고 싶은지를 스스로 결정하는 사람들의 이야기이다. 김통정은 고려 조정의 회유를 거절하고 바다 건너 제주에서 마지막까지 저항을 이어갔다. 주수인은 여자라는 이유로 야구하지 말라는 말에 굴복하지 않고 자기 꿈을 끝까지 붙들었다. 빌리는 남자답지 않다는 시선을 넘어 발레리노가 되기로 결심했고 마침내 무대에서 도약한다. 이들의 삶은 각기 다르지만 방향은 같았다. 타인의 시선보다 자기 내면의 목소리에 귀 기울인 사람들이었다.

이러한 이야기를 함께 읽는 수업에서 중요한 것은 교사의 발문이다. 좋은 질문은 텍스트를 더 깊이 이해하게 하고 아이들 스스로 삶을 성찰하도록 이끌어준다. 다음은 수업에서 활용할 수 있는 독서지도 발문의 예시이다. 팀마다 아이들 수준도 다르고 전체 성향도 다르기 때문에 상황에 맞게 발문을 가감하여 활용하길 권한다. 발문은 ① 생각 열기 → ② 내용 이해 → ③ 주제 이해→ ④ 주제 토의 단계(자기 경험, 사회 관련 내용 등) → ⑤ 창의적 독후활동 단계(에세이 및 다양한 글쓰기) 등으로 나눠 제시하였다.

생각 열기 단계

- 여러분은 "안 된다."는 말을 들어본 적이 있나요? 그때 어떤 기분이 들었나요?
- 지금까지 스스로 선택했던 순간을 떠올려 보세요. 큰일이든 작은 일이든 어떤 선택이었나요?
- '깃발', '너클볼', '도약'이라는 단어를 들었을 때 어떤 이미지가 떠오르나요?
- 누군가 "네 꿈은 현실성이 없어."라고 말한다면, 여러분은 뭐라고 대답하겠습니까?

이 단계는 학생들이 자신의 경험을 떠올리며 수업 주제와 연결되도록 돕는 것이 의도다. 정답을 요구하지 않고 자유롭게 말할 수 있도록 격려하는 것이 중요하며 교사가 먼저 짧은 예시를 제시하면 참여가 쉬워진다. 준비 자료로는 키워드 시각 자료나 간단한 도입 영상을 활용할 수 있다.

내용 이해 단계

- 김통정 장군이 마지막 순간에 남긴 말은 무엇이었나요?
- 영화 〈야구 소녀〉에서 주수인이 끝까지 포기하지 않겠다고 결심한 계기는 무엇이었나요?
- 영화 〈빌리 엘리어트〉에서 빌리가 발레를 놓지 않은 이유는 무엇이었나요?
- 세 인물들이 맞닥뜨린 '벽'은 각각 무엇이었나요?

세 텍스트의 줄거리와 인물 선택 장면을 정확히 이해하는 것이 목표다. 위 제시된 내용 외에도 발문을 제시하여 단순 줄거리 요약에서 끝나지 않도록 왜 그 장면이 중요한지도 함께 묻는 것이 필요하다. 교사는 설화 발췌문, 영화 주요 장면 영상, 줄거리 요약 프린트를 미리 준비한다.

주제 이해 단계

- 세 인물은 모두 반대와 편견을 겪었는데 공통적으로 보여준 태도는 무엇인가요?
- 이들이 보여준 '용기'와 '두려움'은 어떻게 다른 모습으로 드러났나요?
- 김통정의 "내 백성일랑 물이나 먹고 살아라."와 주수인의 "해보지도 않고 포기 안 해요."는 어떤 점에서 닮았나요?

- 빌리의 도약과 김통정의 항몽 의지를 연결해 본다면, '자기 신념의 힘'은 어떻게 설명할 수 있을까요?

세 인물의 공통된 가치, 즉 주체적 삶의 선택을 파악하는 단계다. 학생들이 단순히 "포기하지 않았다."로 끝내지 않고 저항·용기·자기 확신 같은 가치를 구체적으로 짚도록 해야 한다. 교사는 김통정 기록 발췌문과 주요 대사 카드를 준비해 학생들의 이해를 돕는다.

주제 토의 단계(자기 경험 및 사회 관련 내용)

- 최근 뉴스에서 '여성 스포츠 선수들이 겪는 차별' 사례를 보도한 기사를 함께 읽어 봅시다. 주수인이 겪었던 편견과 어떤 점이 닮아 있나요?
- 남성 무용수나 성소수자 예술가가 사회적 편견을 넘어 무대에 선 다큐 영상을 본 뒤, 빌리의 선택과 비교해 보세요. 빌리의 용기를 어떻게 새롭게 이해할 수 있나요?
- 김통정 장군이 끝내 저항한 항몽 정신을 오늘날의 사회운동(예: 청소년 기후행동, 지역 환경 보호 시위)과 비교하면 어떤 메시지를 찾을 수 있을까요?
- 여러분이 언론 기사 속 주인공이라면, '포기하지 않겠다.'는 선택을 어떻게 표현하겠습니까? 설화·영화 속 주인공의 말과 연결해 자신의 언어로 바꿔 보세요.

이 단계의 목표는 텍스트와 오늘날 사회 현상을 연결해 주체적 선택의 의미를 자기 삶 속에서 성찰하는 데 있다. 민감한 사회 이슈는 균형 있게 다루고, 학생 경험과 연결되도록 구체적 질문을 던지는 것이 필요하다. 교사는 기사·영상 자료를 눈높이에 맞게 선별해 제공해야 한다.

창의적 독후활동 단계(에세이 쓰기)

에세이 주제
"끝내 포기하지 않고 자기 길을 선택한다는 것은 내 삶에서 어떤 의미인가"

이 활동은 세 인물의 주제 의식을 자기 삶과 연결해 깊이 있는 글쓰기로 정리하는 것이 목적이다. 짧고 다양한 표현 활동보다 구조적 글쓰기에 집중하도록 하며, 학생 경험이 드러날 때 교사는 평가보다 격려 중심으로 피드백해야 한다.

6. 나는 누구인가, 나는 어떻게 살 것인가
- 설화와 영화로 이어지는 주체적 삶 읽기

우리는 새로워지려 한다. 새로워지기 위해 기어이 모험한다. 모험하기에 더러 아프고 아픔 속에서 다시 선택해야 한다. 선택 앞에서 마음은 자주 흔들리지만 삶은 언제나 그 연속 위에 놓인다. 그래서 매 순간에는 용기가 필요하다. 김통정이 그랬고 주수인과 빌리도 그러했다. 세 인물은 타인의 시선과 시대의 한계를 넘어 자신만의 길을 선택했고 끝내 그 길을 걸었다. 그들의 결정은 거창하지 않았으나 굳건했다. 그 단단함은 지금을 사는 우리에게도 다가와 말을 건넨다.

독서수업 속에서 학생들은 이러한 인물들의 삶을 따라가며 자신이 어떤 삶을 살고 싶은지 묻기 시작했다. 중학교 1학년까지는 막연했던 꿈과 진로에 대한 생각이 이제는 구체적인 선택지로 다가오고 있음을 확인할 수 있었다. 이처럼 독서수업은 각자의 가능성과 진로 방향을 탐색하는 중요한 여정이 되었다.

진로 교육 이론 중 하나인 슈퍼(D. E. Super)의 '자기개념 발달 이론'은 진로 형성을 한순간의 결정이 아니라 자기 이해가 점점 깊어지는 과정으로 본다. 특히 청소년기는 자아정체성을 형성하고 자신의 가치를 자문하게 되는 시기로, 다양한 삶의 모델을 만나는 독서수업을 통해 학생들은 '나는 누구이며 어떤 사람으로 살아갈 것인가.'를 탐색하게 된다. 이 점에서 김통정과 주수인, 빌리의 내면을 따라가며 함께 읽는 수업은 학생들에게 실제적인 자극이 된다.

독서수업은 책을 읽는 시간인 동시에 자신을 들여다보는 시간이다. 학생들은 이야기 속 인물을 따라가며 자기 삶을 성찰하고 교사는 또 하나의 거울이 되어 그 곁을 함께 걷는다. 문학과 영화가 꿈과 진로라는 삶의 결로 이어질 때 독서는 자기 삶을 내면화하는 과정이 된다.

특히 다매체 비교 독서는 학생들에게 새로운 각성을 준다. 하나의 이야기가 다른 이야기와 연결되는 장면을 경험하면서 독자는 타인의 삶을 통해 세상을 배우고 동시에 자신만의 마음의 결을 새롭게 살펴 나간다. 이렇게 독서수업 안에서 만난 주인공들의 정신은 학생의 눈빛 속에, 교사의 발문 속에 그리고 독자의 마음속에 오래도록 머무르며 살아 있는 배움으로 이어진다.

말의 결을 따라 삶을 적는
수필문학의 진정성과 제주어 감각

- 김신자의 제주어 수필집 『그릇제도 매기독닥』과 『보리밥 곤밥 반지기밥』

                        붓 가는 대로 쓰는 것이 수필이라 했다. 그래서 누구나 쉽게 접근할 수 있는 장르처럼 보인다. 그러나 문학성을 지닌 수필을 쓴다는 것은 결코 쉬운 일이 아니다. 허구적 장치를 활용하는 소설이나 시와 달리 수필은 삶의 표면을 정면으로 통과하며 끝내 자기 고백의 투명성을 놓지 말아야 하는 장르이기 때문이다. 문학의 본령이 인간 내면을 비추는 일이라면 수필은 그 거울 가장 가까운 자리에 놓여 빛과 그림자를 함께 반사한다.

    문학평론가 안성수 교수는 "수필 쓰기는 수행이자 깨달음의 언어를 찾아내고 본질과 대화하는 힘을 기르는 방편"이라고 말한 바 있다. 이는 수필이 존재를 사유하며 삶의 진실과 마주하려는 윤리적 실천임을 시사한다. 이러한 관점은 수필을 자기 수행과 존재 인식의 통로로 이끈다.

수필의 소재는 언제나 자기 자신과 맞닿아 있다. 이 사실적인 기반 위에 글을 쌓아 올리기 위해서는 무엇보다 삶을 진솔하게 마주할 수 있는 용기가 필요하다. 흔히 말하는 '붓 가는 대로' 쓰는 수필이라 함은, 그 붓끝에 반드시 진정성의 향기가 스며 있어야 함을 내포한다. 그것은 감정의 표출이나 단순한 고백에 머물지 않는다. 자신을 드러내되 그 드러냄이 내면을 꿰뚫는 사유로 이어지고 그 사유가 다시 자신과의 대화를 거치며 깨달음의 언어를 길어 올릴 때 그리고 그것이 작가만의 시선과 문체의 결을 따라 새롭게 직조될 때 비로소 수필은 문학이 된다.

김신자 시인은 바로 그 진정성의 미학을 지켜내며 제주라는 땅의 말과 생애의 풍경을 자신의 글로 빚어낸다. 그녀의 글은 삶의 피부를 스쳐 지나가는 데 머물지 않고 그 아래 깊은 층위까지 들여다보려는 시선으로 이루어진다. 이를테면 개인에서 공동체로, 부끄러움에서 성장으로, 구어에서 문학으로 이행되는 관통선貫通線을 따라 정서의 결을 조율하며 그녀 특유의 언어적 무게를 창출해낸다.

수필집『그릇제도 매기독닥』과『보리밥 곤밥 반지기밥』은 수필 문학사에서 처음으로 작품 전문을 제주어 원문으로 수록한 사례다. 이때의 제주어는 공동체의 정서와 기억이 스며든 말의 생태이자 삶의 온도를 지닌 언어다. 김신자 시인은 이 언어를 원형 그대로 담아냄으로써 일상의 육성을 문학으로 형상화하고, 사라져가는 말들 속에서 지역 정서의 흔적을 복원하고자 했다. 이처럼 제주어 원문으로 쓰인 그녀의 수필은 곧 제주 정체성을 온전히 품은 언어적 증언으로 자리매김한다. 《제민일보》와 제주특별자치도의회 매거진 《드림제주21》에 장기간 연재된 100여 편의 제주어 수필을 묶은 이 두 권의 책은, 한 시대의 언어와 감정을 고스란히 품고 있는 귀중한 문학적 자산이다.

본 평론에서는 김신자의 제주어 수필집을 관통하는 주제 의식을 네 가지 흐름으로 정리하였다. ① 유년 시절의 '고향땅 밟기'로 회귀하는 기억의 서사, ② 마을과 공동체의 윤리 안에서 길어 올린 말들의 생명력, ③ 웃음과 침묵을 오가며 드러나는 삶의 진실, ④ 현대인의 일상에 스며든 제주어의 감각과 존재성 등 두 권의 수필집에 담긴 개괄적 흐름과 일부 작품을 분석하여 김신자의 수필문학의 가치를 살펴보았다. 그러나 지면 관계상 이번 책 『바람에 발효된 섬의 사유』에는 ①번과 ④번에 해당하는 내용만 실었다. 나머지 내용은 인터넷 신문 미디어제주 '송미아의 독서평론' 코너에서 더 읽어볼 수 있다.

1. 유년 시절의 '고향땅 밟기'로 회귀하는 기억의 서사

어머니는 곧 고향땅이다. 자연 앞에 설 때 우리는 문득 어머니의 품을 떠올린다. 살다 보면 이유 없이 어머니가 그리운 순간이 있다. 가끔 '고향땅 밟기 프로젝트'를 한다며 찾아오는 필자의 자녀들을 보더라도 고향은 그만큼 정서의 스펙트럼이 넓고 인간의 감각과 삶의 기초를 처음 배운 모태적 장소로 작동한다. 그래서일까. 고향과 어머니는 자주 같은 등식으로 치환된다. 말 그대로 어머니라는 단어 대신 고향땅이라 불러도 어색하지 않을 만큼 이 둘은 인간에게 가장 근원적인 품의 이미지로 겹쳐 있다.

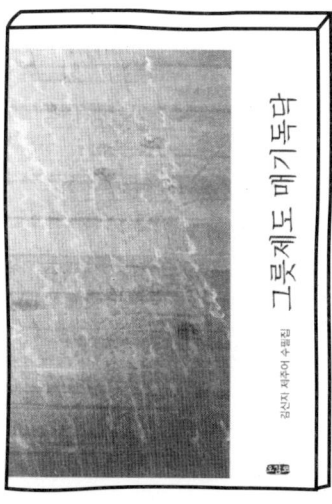

모성의 발현이 각별한 만큼 어머니 혹은 고향을 향한 그리움도 남다르다. 많은 문학작품에 어머니가 자주 등장하는 이유이기도 하다. 어머니의 체온에는 아버지와 가족, 고향까지도 함께 아우르는 정서의 결이 흐른다. 김신자의 수필에서도 그러하다. 그녀가 언어로 다시 불러내는 어머니의 형상은 우리 모두의 기억 속에 겹쳐 있는 고향의 향수와도 같은 존재다. 그리하여 그 추억들은 독자의 가슴에 자연스레 포개지고 '그리움'이라는 이름으로 작품의 이야기들과 공명하게 된다.

그녀의 수필에는 유독 어머니와 아버지 그리고 고향에 대한 그리움을 노래한 글들이 많다.

「무뚱에 앚으난 듯듯ᄒ 벳이 초집에 녹아들언」, 「어머니, 나 신디 웬겨 싱거진 꼿이우다」, 「어멍이 밥 하영 먹으민 천당 간덴」, 「어멍광 ᄒ디 나 들어가는 거무룽ᄒ 세타」, 「니야카만 보민 아부지가 생각나양」, 「이녁 아방 자랑질ᄒ기」, 「춤치로 바당구신 될 뻔 ᄒ 여낫수다」, 「숨빌락 1·2」, 「보제기 아덜 1·2」, 「나의 받아쓰기, 고무신」, 「쿠싱ᄒ 자리젓」, 「족받이 들런 원담이 멜 잡으레」 등에서는 부모의 모습과 고향땅, 친구들, 공동체가 어우러졌던 유년 시절의 풍경이 생생히 되살아난다.

덕분에 독자들은 그리웠던 고향의 땅을 가슴으로 다시 밟으며 저마다의 기억 속으로 나직이 젖어들게 된다. 여기에서는 수필집 『그릇제도 매기독닥』의 「어머니는, 나신디 웬겨 싱거진 꼿이우다」의 내용을 집중적으로 분석해 보고자 한다. 지면상 작품은 일부만 제시하였다.

분석 텍스트
-『그릇제도 매기독닥』의 「어머니는, 나신디 웬겨 싱거진 꼿이우다」

국민흑교 일흑년 어느 날, 담임 선싱님이 '우리가족'을 기려오렌 숙제를 내엿수다. 난양 어둑어둑흔 밧거리서 ᄂ람지 주젱이영 무셍이 뒈우는 우리 아방광, 메날 바당으로 밧디로 ᄒ시반시 집이 부뜨는 새 옷이 걸음반 돌음반 ᄒ멍 뎅기는 우리 어멍을 기련 흑교에 ᄀ젼 가서마씀. 벗덜은 거즘 젊은 어멍광 아방이 ᄒ디 모도락ᄒ게 앚안 낭푼이에 밥 먹으멍 웃는 모십을 기련 와십데다. 아이덜은 나 기림을 봐지난

"야, 느네 어멍 아방은 할망 하르방? 무사 영 머리커럭이 히영ᄒ니? 는, 할망 하르방이영 살앗구나이."

어멍 아방이 잘도 늙엇젠 내무리는 소리 ᄒ멍 눈알로 보쿠데, 아모 말도 안헷주만 나 ᄆ심은 문데겨져서마씀. 뒷녁날 흑교에 간 보난 벗덜이 기린 기림이 교실 뒷티 벡멘에 부쩐 싯고, 나 기림은 막 ᄐ나게

한가운디 삐까뻔쩍ᄒ 종이에 딱 부쩌젼 신거라마씀. 그 기림 알더렌 담임 선싱님의 니귀반뜩ᄒ 글씨가 ᄌ아젼 이십데다.

"잘도 행복ᄒ 가족이여이."

제우 ᄒ 곡지 말이랏주마는, 그 일흑년 짜리가 오십이 넘은 중년이 뒈여도 느량 ᄄᄄᄒ 저슬로 남안 싯주마씀. (생략)

밥풀로 데작데작 부찌멍 줌상ᄒ게 ᄌ아논 활ᄌ ᄉ이로 어징간ᄒ 우리어멍 성질머리가 나옵디다게. 그땐 넘이 놈 부치롭덴 생각만 들어신디, 요지금 생각ᄒ민 우리 어멍이 보통어멍은 아니라난 거 닮아양. 가방끈은 쫄르주마는 야학으로 배완 ᄒ글도 ᄆ 알곡 일본말도 ᄆ 알아노난 이녁 ᄒ고정ᄒ 말은 펜지에 춤불라가멍 니 잡듯이 ᄌ근ᄌ근 ᄌ아놔십데다.

"도독놈아, 보거라. 이 늙은 할망 돈을 ᄀ경갈 생각이 ᄋ디서 낫느냐. 너놈의 행실이 아주 나쁘다. 나가 널 똑기 잡앙으네 동네사름덜 보는 앞에서 멍석물이 ᄒ구정ᄒ다만 이번만은 용서ᄒ여줄테니 낼쎄 망정ᄒ 중 알아라." (생략)

"점점이라가난 또릿또릿ᄒ던 총기도 하영 웃어지고양. 애기추룩 누웡 이신 우리 어멍 봐가민 눈물만 잘잘 나옵네다게. 게도, 지나가 부는 게 인생이고 사름덜신딘 ᄆ 메인 목심이라 생각뒈여져마씀. 놈신디 부치롭지도 안ᄒ곡 당당ᄒ 여성상을 뒈물림ᄒ여준 우리 어멍은 나신디 ᄒ나뿐인 꼿이우다. 나신더레 쿰 지듯 웬겨 싱거진 꼿마씀⋯⋯"

(본문 중 마지막 장면)

- 『그릇제도 메기독닥』의 「어머니는, 나신디 웬겨 싱거진 꼿이우다」 부분

'서사적 자아'로서의 나

　김신자 시인의 수필「어머니는, 나신디 웬겨 싱거진 꽃이우다」는 반복적으로 등장하는 '궤짝'과 '문짝'의 장면을 축으로 삼아 과거와 현재를 교차시키는 회상적 서사를 직조한다. 이 구조는 폴 리쾨르가『타자로서 자기 자신』에서 제시한 '서사적 자아'의 개념에 밀접하게 맞닿아 있다. 리쾨르에 따르면 자아란 고정된 실체가 아니라 시간 속에서 다양한 이야기로 구성되며 기억과 대상, 사물과의 관계 안에서 끊임없이 재해석되는 존재라고 강조한다. 이 수필의 화자는 바로 이러한 리쾨르의 관점을 따라 과거의 나와 현재의 나, 그리고 어머니라는 관계적 존재와의 교차를 통해 자기 서사를 갱신해간다. 이때 어머니는 화자의 정체성을 비추는 중요한 관계적 존재로, 화자의 서사적 자아를 구성하는 정동情動적 기억이자 내면적 거울로 작용한다.
　주요 장면은 다음 플롯으로 압축할 수 있다. 초등학교 1학년 시절 '우리 가족'을 그려오는 숙제 이야기→ 어린 시절 집안 벽장 속에서 마주했던 궤짝의 풍경→ 팔십이 넘은 어머니가 쓰러진 날 해녀증을 찾으러 갔다가 마주한 궤짝과 궤짝 문에 적힌 이름 석 자→ 어느 일요일에 찾아간 집에서 마주한 도둑에게 쓴 손글씨 편지→ 애기처럼 누워 있는 나신디 하나뿐인 꽃.
　이 장면 중에서도 필자는 화자의 삶에 깊은 흔적을 남긴 두 장면, 즉 '우리 가족 그리기' 숙제와 문짝에 붙은 손글씨 편지를 중심으로 기억의 결을 조명하고자 한다. 첫 번째 장면은 외부의 시선을 통해 자존감을 되찾는 서사적 자아의 출발점이며, 두 번째 장면은 어머니의 언어가 삶의 윤리로 전환되는 구체적 기록이다. 이 둘은 화자의 정체성과 감정의 골격을 형성하며, 수필 전반에 흐르는 모성과 존재, 그리고 말의 무게를 입체적으로 드러낸다.

반세기를 살아낼 수 있었던 선생님의 한마디

국민학교 1학년 시절 담임선생님이 '우리 가족'을 그려오는 숙제를 내준다. 화자는 어둑한 밧거리에서 농사짓는 아버지와 함께 바다와 밭을 오가며 바삐 살아가는 어머니의 모습을 떠올리며 그림을 그린다. 하지만 학교에 가 보니 친구들은 대부분 젊은 부모와 아이들이 둘러앉아 웃으며 밥 먹는 장면을 그려 왔다. 화자는 그 틈에서 주눅이 든다. 아이들은 "야, 느네 어멍 아방은 할망 하르방? 무사 영 머리커럭이 히영ᄒ니? 는, 할망 하르방이영 살앐구나이." 하며 놀렸고 그 말은 화자의 마음에 깊은 상처를 남긴다.

그런데 다음 날 교실 벽면에 붙은 그림들 가운데 화자의 그림만 반짝이는 종이에 따로 붙어 있었다. 그 아래에는 담임선생님의 글씨로 "잘도 행복ᄒ 가족이여이."라는 문장이 적혀 있었다. 짧은 그 한마디는 1학년이었던 화자의 마음속 깊은 곳에 오래 남았고 오십이 넘은 지금까지도 따뜻한 위로로 기억된다.

화자의 담임은 아이를 있는 그대로 바라보고 품어주는 사람이었다. 어린 마음에 움트던 부끄러움을 따뜻한 한 줄의 말로 껴안아주며 한 존재를 긍정해주는 교육의 본질을 보여준다. 그렇다.

"잘도 행복힌 가족이여이."라는 말은 이 수필 전체의 정서를 단단히 지탱하는 중심축이다. 그 짧은 한마디가 화자의 어린 가슴에 깊이 스며들었던 것처럼 독자에게도 천천히 스며든다. 그 말은 삶의 어두운 골목마다 되새김질하는 숨결이 되었고 화자의 자존감을 지키는 내면의 지지대가 되었다. 이처럼 누군가에게 무심히 건넨 한 문장이 평생을 살아낼 힘이 되기도 한다. 그것이야말로 교육자의 언어다. 지식을 전하기에 앞서 한 존재를 있는 그대로 바라보는 눈길 그리고 그 눈길에서 전해진 한 문장. 그 말은 시간이 흘러도 지워지지 않고 마음 가장 깊은 곳에서 오래도록 빛으로 남는다.

문짝에 새겨진 자존의 언어에서 시작된 문학

한편 팔십이 훨씬 넘은 어머니를 찾아간 어느 공휴일, 화자는 마당에서 ᄀ렛방석을 깔고 앉아 있는 어머니를 발견한다. 구들장 벽에는 희끗희끗한 종이들이 다닥다닥 붙어 있었다. "아이고, 어머니. 거느리왕상ᄒ게 저 문에 족아는 편진 무신 거우꽈게. 동네 사름덜이라도 지나가당 보민 즈식덜 무신 구체우꽈게. 따따부따ᄒ지 말앙 제게 떼붑서." 당혹스러운 화자는 동네 사람들 보기에 민망하다며 얼른 종이를 떼자고 한다. 그러나 어머니는 질세라 사연을 이어간다. 돈 십만 원을 가져간 도둑에 대한 원망, 그 억울함을 스스로 써 붙인 손글씨로라도 풀지 않으면 안 되었던 사연을 털어놓는다. 화자와 어머니의 실랑이는 점점 생생한 대화로 이어진다. 말끝마다 핏대를 세우는 것 같지만 이상하리만치 그 장면은 정겹다. 그 안에는 세월을 함께 버텨낸 모녀의 질긴 정이 배어 오히려 모녀지간의 아옹다옹의 꽃으로 비쳐진다.

　김 시인의 어머니는 필자의 할머니와도 비슷한 세대의 여성이다. 그 손으로 꾹꾹 눌러 쓴 편지가 아직 문짝에 붙어 있다는 사실만으로도 한 세대의 마음과 시간이 응축된 언어의 잔향처럼 다가왔다.

　"도독놈아, 보거라. 이 늙은 할망 돈을 ㄱ정갈 생각이 으디서 낫느냐. 너놈의 행실이 아주 나쁘다. 나가 널 똑기 잡앙으네 동네사름덜 보는 앞에서 멍석물이 ㅎ구정ㅎ다만 이번만은 용서ㅎ여줄테니 낼쎄망정ㅎ 줄 알아라."

　화자의 어머니가 남긴 엉성한 맞춤법의 편지가 어찌 이토록 깊은 울림을 남길 수 있을까. 그것은 점점 사라져가는 서간문의 온기 때문일까. 아니면 부끄러울 수도 있는 상황을 오히려 용기 있게 드러낸 진솔함에서 비롯된 감동이 아닐까.

　삐뚤삐뚤, 암호문자처럼 해독하기 어려운 언문체였지만 그 말투에는 읽는 이조차 기를 펴지 못할 기세가 서려 있었다고 수필은 전한다. 글을 배울 기회조차 드물었던 시절, 엉성한 맞춤법은 중요하지 않았다. 떨리는 손으로 꾹꾹 눌러 쓴 그 편지는 화자의 어머니가 언어를 통해 세계를 붙들고자 했던 작은 선언이었다. 이처럼 김 시인의 글에는 어머니의 숨결이 고스란히 배어 있다. 억지로 다듬지 않고 삶의 결을 따라 쓰인 문장들이 독자의 마음을 따뜻하게 데운다.

　어쩌면 그녀의 문학은 문짝에 쓴 편지에서 시작된 것인지도 모르겠다. 삶의 끝자락에서도 말을 남기려 했던 어머니의 마음, 그 떨리는 손끝의 기록이 오늘의 김 시인을 문장으로 이끈 힘이 아니었을까. 그 마음은 시간 속에 사라지지 않고 글이 되어 우리 곁으로 왔다.

어머니라는 이름의 정서적 뿌리

김신자 시인의 문장 "발악발악 대들당 보민 절부암 어느 구석이서 돔박꽃썹이 후두둑 털어지던 가난이라는 밤"은 감정이 고조된 순간, 오히려 가장 조용하고 섬세한 이미지인 '돔박꽃잎이 후두둑 털어지는' 장면과 병치하며 깊은 여운을 남긴다. 격한 내면의 분출과 꽃잎이 떨어지는 장면이 나란히 놓임으로써 고통의 순간은 한층 절제된 감성으로 전환된다.

이러한 표현은 감정의 이탈을 통한 시적 전환의 한 예라 할 수 있다. 격정적인 감정을 직접 드러내는 대신, 자연의 사소한 움직임에 감정을 투사함으로써 오히려 감정은 더욱 응축되고 깊은 시적 밀도를 획득한다. 이는 섬세한 시적 감수성을 지닌 문학적 자아, 즉 김 시인이기에 가능한 문장 구성이다.

삶의 격랑을 곧바로 말하지 않고 자연의 장면 속에 감정을 겹쳐 놓음으로써 수필은 존재의 결을 비추는 시적 문장으로 변모한다. 이러한 문장에는 김신자 문학이 지닌 내면적 서정과 감각, 그리고 말보다 깊은 침묵의 미학이 고스란히 응축되어 있다. 이 침묵의 언어는 독자의 마음속에 조용히 스며들며 오래도록 머무는 문학적 울림으로 남는다.

이 수필의 마지막 장면이다. 총명하던 기운이 점점 희미해지고 아이처럼 누워 있는 어머니를 바라보면 눈물이 절로 난다. 그래도 삶이란 결국 지나가며 부는 바람 같은 것이고, 사람들은 저마다 맡겨진 목숨을 안고 살아가는 존재라는 생각이 든다고 화자는 말한다. 자신의 어머니는 남부끄럽지 않게 살아낸 당당한 여성으로서 온몸으로 그 삶을 자식에게 물려준 단 하나뿐인 존재였다. 그 존재만으로도 화자의 마음에 깊이 남아 있는 어머니다.

이제는 말없이 눈만 깜빡이는 아흔의 어머니를 바라보며 점점 흐려지는 총기와 노쇠한 몸짓에 눈물이 고인다. 그러나 그것이 삶이고 맡겨진 목숨처럼 마음대로 할 수 없는 존재의 길이라 화자는 스스로를 다독인다. 당당한 여성상을 대물림해준 어머니는 세상에 단 하나뿐인 꽃이자 자신에게는 끝내 '싱거진 꽃'이다.

어머니와 자아를 잇는 서사적 응시

결국 이 수필에서 화자는 두 장면을 통해 삶의 가장 내밀한 순간들을 비춰본다. 초등학교 시절 담임선생님의 "잘도 행복흔 가족이여이."라는 말 한마디는 존재를 있는 그대로 받아들여주는 시선이었고, 말없이 움츠러들던 아이에게 자존의 뿌리를 심어준 시작이었다. 그리고 세월이 흘러 어머니가 문짝에 남긴 손글씨 편지는 화자의 내면 깊숙이 파고들어 삶의 윤리와 언어의 기원을 다시 깨닫게 하는 결정적 장면이었다. 한 사람의 언어는 그 사람의 삶을 반영한다. 김신자 시인의 수필은 그렇게 말과 삶이 하나로 이어지는 자리에서 자아를 서사로 끌어올린다.

어머니의 언어 그리고 선생님의 말 한마디는 화자의 내면에 오래도록 머물며 자신을 붙드는 말이 되었고 그것은 훗날 문학이 될 수 있었던 정서적 뿌리가 되었음을 이 수필은 보여준다. 리쾨르가 말한 서사적 자아란 고정된 실체가 아니라 기억을 이야기로 엮으며 타자와의 관계 속에서 끊임없이 다시 쓰이는 자아다. 화자는 어머니와의 관계를 통해 자신의 존재를 성찰하고 그 감정과 사유를 언어로 끌어 올리며 삶을 하나의 이야기로 구성해낸다.

그리고 그 서사의 끝에서 자아인 '나'는 어머니에게 '싱거진 꽃'이라며 스스로를 불러본다. 어머니라는 관계적 존재를 통해 새롭게 구성된 자아의 정체성을 확인하고자 하는 내면의 감응이며 말과 감정이 교차하는 자각의 순간이다. 어머니는 결국 자아의 기원이자 거울이 되고 '나'는 그 거울 앞에 선 존재로서 끝없이 성찰하는 이야기, 곧 서사적 자아를 완성해가고 있는 것이다.

2. 현대인의 일상에 스며든 제주어 수필

김신자의 수필에서는 오늘을 살아가는 우리의 일상 한복판에 제주어가 스며 있다. 정리와 소비, 갈등과 성찰 같은 도시적 삶의 문제들이 그녀의 손끝에서 제주어 말씨로 번역될 때 그 언어는 더 이상 지역어가 아니라 내면의 떨림과 윤리 존재의 방식이 된다. 이 수필들은 그 언어의 숨결을 따라 현대인의 내면과 관계 그리고 기억의 풍경을 제주어의 결로 다정히 어루만진다. 특히 주목할 만한 것은 그녀의 제주어 수필이 지금 여기 현재성에 바탕을 두고 있다는 것이다. 「미니멀 라이프」, 「층간소음도 생각ᄒ기 나름이우다」, 「수저론」, 「체얌으로 팔아본 당근마켓의 온도」, 「관계를 맺는다는 것」 등 도시의 생활과 심리적 거리, 소비 감각, 갈등을 제주어라는 따뜻한 언어로 풀어내고 있다.

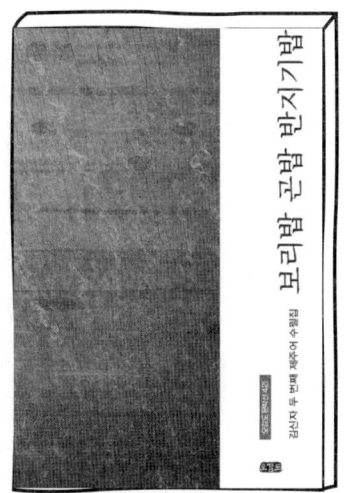

김신자 시인의 수필에는 유년기부터 청소년기, 성년기에 이르는 삶의 조각들이 고르게 스며 있다. 그중에서도 「관계를 맺는다는 것」은 청소년기 이후의 독자들이 깊이 감상할 수 있는 작품이다. 이 글은 관계 맺기에 대한 섬세한 성찰의 언어이며 특히 제주어라는 말씨에 깃든 정서의 떨림과 관조의 시선은 '관계 맺기'라는 주제를 말과 삶의 결 속에서 되새기게 만든다. 그런 점에서 이 수필은 세대 간의 경계를 유연하게 넘나들며 함께 읽고 사유할 수 있는 제주어 수필문학의 현재성을 품고 있다.

여기에서는 「관계를 맺는다는 것」의 수필 전문을 중심으로 김신자 수필문학의 문학성과 언어미학을 집중 조명하고자 한다. 특히 관계와 정서 그리고 제주어라는 언어의 촉감이 어떠한 방식으로 서로 조응하며 문학적 사유로 확장되는지를 살펴봄으로써 이 작품이 지닌 정서적 울림과 존재론적 깊이를 함께 성찰해보고자 한다.

분석 텍스트

- 김신자, 『보리밥 곤밥 반지기밥』, 「관계를 맺는다는 것」

'난 그때 아무것도 이해홀 중 몰란게. 말이 아니라 행동을 방 판단헤사 헤신디, 그 꼿은 날 향기롭게 ᄒ고, 빗나게 헤서. 절대 도망가지 말아사 헷던 건디, 알아츨려먹어사 ᄒ여신디. 꼿덜은 넘이 모순적이라. 경ᄒ주만 난 너미 두련 그 꼿을 ᄉ랑홀 중 몰라서.'

(어린 왕자 중에서)

(생략)

거실 혼 구석텡이, 족은 산삼 고무낭은 나광 ᄒ디 지낸 게 어느똥안 이 헷수로 16년이 지낫다. 물만 주민 무정ᄒ게 잘 자란다. 왕초보가 헤마다 가지치기를 잘 못ᄒ난산지 ᄒ 펜더레 휘어지곡 ᄌ가젱이덜이 들쭉날쭉이라도 ᄒ건 살아보젠 ᄌ뿔리덜을 베꼇더레 벋으멍 고맙게도 잘 커주엇다. 그나마 너미 ᄒ펜착더레만 벋언 더 지레가 크지 안ᄒ게끔 가젱일 줄라줄 적마다 나 ᄆ심은 잘도 아팟다. 고무낭이난 가젱일 줄라가민 히양ᄒ 고무 진액이 나오는디 춤말 히양ᄒ 피가 흘르는 거 닮앙 ᄃ슬이 돋은다. 고무진액도 하영 나온다.

낭을 집 안이서 잘 키우젱ᄒ민 벳도 들어사 ᄒ고, 물도 잘 맞촹 줘사 ᄒ다. 또시 트멍트멍 창문도 ᄋ앙 ᄇ름도 맞촤줘사 ᄒ는디 공들이는 게 경 쉽들 안ᄒ다.

집안에 감옥살이추룩 딱 가두와정으네 오전에만 드는 벳을 맞으멍, 좁짝ᄒ 화분이서 뿔리를 ᄂ리는 게 얼메나 ᄀᄀᄒ 일인가.

생각ᄒ민 야네덜토 주연 잘못 만난 고생헴구나 ᄒ는 생각이 든다. 경헤도 나신딘 느량 행복을 주고 활력을 준다. 살아가는 게 버치고 느랏ᄒ여져가민 야네덜은 나 ᄆ심을 아는 고라 어느똥안이 꽃도 피우곡, 지레도 막 커 가멍 저울에 돌아볼 수 엇인 천금ᄀᆮ은 ᄉ랑을 벤ᄒᆷ엇이 나신디 준다.

그추룩 우리집 거실 ᄀ득 푸리롱ᄒ게 소곤닥거린다.

- 『보리밥 곤밥 반지기밥』,「관계를 맺는다는 것」부분

관계를 따라 움직이는 플롯 전개와 시점의 리듬

김신자 수필「관계를 맺는다는 것」은 한 인물이 식물과 관계를 맺어가는 확장적 과정의 서사적 플롯을 따르고 있다. 이 과정은 시점의 리듬과 정서의 밀도를 통해 타자와 공존하는 삶의 가능성을 천천히 펼쳐 보인다. 수필은『어린 왕자』의 인용을 출발점 삼아, 고무나무와 함께 살아온 시간을 조용히 되짚으며 관계를 맺는다는 것의 내면적 구조를 보여주고 있다. 플롯 구성과 주요 내용을 분석해 본다.

관계의 본질 - 느끼고 감당하는 일

→『어린 왕자』속 장미꽃의 말을 인용하며 화자는 말이 아닌 행동으로 관계를 이해해야 함을 강조한다. 이해보다 감응이 먼저이고 그 감응은 책임과 기다림을 동반한다.

처음의 무지 - 이름도 모르는 존재들
→ 거실 한쪽, 이름조차 몰랐던 화초들과 마주한 화자는 점차 하나하나 이름을 부르며 식물들을 알아가기 시작한다. 관계의 시작은 이름 짓기이며 이는 존재를 향한 첫 인식의 행위다.

시간과 돌봄 - 길들여지는 마음
→ 물을 주고 가지를 치며 화자는 자신이 돌보고 있다고 생각했지만 실은 자신이 길들여지고 있음을 깨닫는다. 반복되는 돌봄은 신뢰를 쌓아가며 관계의 감각을 정교하게 해준다.

생명 감응 - 고무진액과 마음의 통증
→ 고무낭의 가지를 자를 때 흘러나온 진액을 '하얀 피'로 비유하며 화자는 식물의 상처를 자신의 아픔처럼 느낀다. 이 감응의 순간은 초점화자의 자리를 드러낸다.

이름의 변화 - '야네덜'이 되는 존재
→ 처음엔 '그것'이었던 고무낭이 이제는 '야네덜'이라 불린다. 이는 식물과 인간의 경계를 허물며 상호주체적 인식으로 나아간 전환의 순간이다.

삶의 윤리로 확장된 관계
→ 고무낭이 놓인 거실은 일상의 공간을 넘어 관계의 리듬이 살아 숨 쉬는 감정의 무대가 된다. 식물을 돌보는 행위는 타자를 돌

보는 마음의 훈련이자 윤리의 감각을 키워내는 문학적 실천으로 이어진다.

이 수필은 타자와 함께 살아가는 삶의 가능성을 따뜻하게 품어낸다. 감응하는 눈과 성찰하는 말, 두 개의 시선이 한 인물 안에 공존하면서 관계 맺기의 윤리가 시점의 리듬을 따라 서서히 드러난다. 화자인 '나'는 현재 고무낭을 바라보는 존재이자 그 식물과 16년을 함께 살아낸 기억의 주체이다. 초점화자는 감각과 정서로 반응하고 서술자는 그 반응을 언어로 가다듬으며 삶의 의미를 되새긴다.

예컨대 고무낭의 가지를 자를 때 "ᄆ심은 잘도 아팟다."는 고백은 감정의 직접적인 표출이자 초점화자의 자리다. 하지만 "히양ᄒ 피가 흐르는 거 닮앙"이라는 묘사는 감각이 사유로 승화되는 순간이다. 이렇게 감응과 성찰이 밀고 당기며 교차하는 흐름은, 관계라는 것이 단일한 시선이 아니라 겹쳐지는 시선들 속에서 성립된다는 점을 보여준다.

수필 서두에 삽입된 『어린 왕자』의 장미꽃과의 대화는 이러한 시점 구조를 확장한다. "도망가지 말아야 했던 건데, 알아츨려먹어사 ᄒ여신디."라는 문장은 관계의 책임과 오해 그리고 감정의 누적을 되짚게 하며 고무낭과의 서사를 우화적 시선으로 비춘다. 외부 텍스트와 내부 경험이 이중액자처럼 포개지는 이 구조는 단일한 체험을 보편적 관계의 성찰로 확장한다.

고무낭과 함께 살아낸 시간의 물활론적 상상력과 상호주체성

　이 수필의 주체적 상징물 '고무낭'은 이름도 모르고 무심히 바라보던 대상이었다. 시간이 흐르며 그 존재는 점차 '그것'에서 '너', 그리고 마침내 '야네덜'로 호명되기에 이른다. 이 호명의 변화는 존재에 대한 인식의 변화를 보여주며 타자화의 진전을 보여주는 과정이다. 작가는 고무낭을 향한 관찰의 시선 속에서 서로 소통하는 내면적 관계를 맺는다. 이후 고무낭은 "나의 마음을 아는 고라", "삶의 빛을 환하게 밝혀주는 존재"로 격상된다.

　예컨대 "가젱일 졸라줄 적마다 나 무심은 잘도 아팟다", "히양흔 고무 진액이 나오는디, 독 슬이 돋은다"는 표현은 고무낭의 상처를 자신의 아픔으로 받아들이는 화자의 내면 반응을 섬세하게 보여주는 대목이다. 또한 대상을 인격화의 주체로 받아들이는 물활론적 상상력의 발현 지점이다. 이처럼 작가는 사물에 감정을 투사하는 데 그치지 않고 식물과 반복된 교류 속에서 생명적 공명을 나눈다. 여기서 '야네덜'이라는 호명은 상징적 정점이라 볼 수 있다. 사람을 지칭하는 말을 식물로 적용함으로써 그녀는 인간과 식물의 경계를 허무는 상호주체적 인식의 전이를 완성한다.

　이 과정은 다음과 같은 단계로 요약할 수 있다.

　관찰의 시선 → 이름 부여 → 반복적 돌봄 → 감정의 교류 → 주체 인식의 전이 → '야네덜'이라는 인격화 → 존재의 공존과 회복.

　이러한 관계 맺기 플롯은 수필 전체의 서사적 골격을 이룬다. 특히 도입부에 인용된 『어린 왕자』의 문장은 이 구조를 단단히 받처준다. "절대 도망가지 말아야 했던 존재"라는 말은 고무낭이 화자에게 내면의 약속이자 책임의 주체로 다가온다는 점을 암시하며 사랑 속에서 길들여지는 존재 간의 윤리를 담고 있다.

결국 고무낭이 '야네덜'로 불리는 순간, 그 호명은 존중과 동행의 언어가 된다. 타자는 내가 스스로를 되돌아보게 만드는 존재이며 관계를 통해 내 삶의 윤리를 함께 짓는 동반자가 된다. 고무낭을 향한 마음의 결은 차곡차곡 감응을 축적해가며, 관계 안에서 움트는 윤리적 감수성을 작가는 정겹고 서정적인 입말로 풀어낸다.

제주어 입말의 감각

수필의 언어는 단지 전달의 수단이 아니라 정서를 감각화하는 장치로 기능한다. 특히 제주어의 입말은 관계의 결을 섬세하게 드러내는 동시에 내면의 리듬을 실어 나른다. "ᄆ음광 시간이 그디에 오고셍이 기대영 앚아가난", "피 닮앙 독 슬이 돋은다"와 같은 표현은 제주어 특유의 어조와 억양, 속도감으로 감정의 미묘한 떨림을 표현해낸다.

"삶이 버치고 느랏ᄒ여져가민 야네덜은 나 ᄆ심을 아는 고라"라는 문장은 속도, 정서, 관계가 동시에 발현되는 언어적 정점이다. 제주어는 이처럼 말하는 이와 듣는 이 사이의 거리를 조절하며 존재의 상태 자체를 언어로 품는다. 김신자의 수필은 지역어가 문학적 정서와 철학을 어떻게 담아내는지를 증명하는 실천적 예이다.

고무낭과 함께 빚어낸 관계의 서사

고무낭이 놓인 거실 한편, 그곳은 관계가 자라고 기억이 누적되는 말하자면 하나의 서사적 공간이다. 아침 햇살이 들고 바람이 스며들고 물을 주는 손길이 오가는 반복 속에서 이 공간은 어느새 삶의 리듬과 마음의 결이 쌓여가는 장소가 된다. 바흐친의 개념을 빌리자면 이 수필은 시간과 공간이 인물의 존재와 내적인 정서에 얽히는 크로노토프로 구성되어 있다. 거실이라는 장소는 고무낭과 '나'의 관계가 성장하는 시간이 누적된 무대이며 동시에 그 시간이 감지되는 공간이기도 하다.

특히 이 공간은 반복되는 행위 속에서 변화하고 확장된다. 매일 물 주기와 가지치기, 창문을 열고 바람을 맞히는 일상적 동작은 단조롭지만 그 안에 '관계의 리듬'이 자리한다. 수필 속 화자는 이 리듬을 따라가며 관계의 의미를 새롭게 발견한다. 고무낭의 가지가 자랄 때마다 그리고 그 가지를 자를 때마다 새롭게 느껴지는 마음의 떨림은 단지 생물학적 성장의 기록이 아니다. 함께 보낸 시간이 응축되어 빚어낸 정서의 결정체다. 공간은 그 정서를 품고 마침내 감각화된다. 좁은 화분 안에 뿌리를 내리는 식물의 생애는 거실의 일상을 하나의 생명 이야기로 바꾸어놓으며 관계 맺기의 감응을 독자의 내면에 심어준다.

이 수필의 시공간 구조는 외부 텍스트인『어린 왕자』와의 만남을 통해 이중구조로 확장된다. 어린 왕자와 장미꽃의 관계는 반복과 예측 그리고 그로 인한 설렘으로 채워져 있다. 이는 고무낭과의 삶과 정확히 겹쳐진다. "느가 오후 니시에 온뎅ᄒ민, 난 시시부떠 행복헤지기 시작ᄒ을거여"라는 문장은, 관계를 이루는 시간의 정서적 축적을 보여주는 문장이며 수필의 공간에 다시금 내면의 시간을 불어넣는다. 외부 우화와 내부 경험이 겹치는 이 이중액자 구조는 거실 한편의 장면을 우주적 관계의 서사로 확장하는 문학적 장치가 된다.

결국 고무낭과 함께한 거실은 내면의 울림이 바깥세상과 교감하는 감정의 장이며, 반복된 돌봄이 서사로 누적되어 관계의 지층을 형성하는 생명적 배경이 된다. 작가는 이 평범한 공간을 우주로 확장하며 한 구석의 생명 안에 얼마나 많은 시간과 이야기가 깃들 수 있는지를 펼쳐 보인다.

제주어로 건네는 관계의 미학

고무낭이 놓인 그 공간은 마음이 바깥세상과 조심스럽게 닿는 통로이며 일상과 내면이 엮이는 감정의 마루다. 물을 주고 가지를 자르며 반복되는 하루가 쌓여간다. 마음의 결과 시간이 차곡차곡 쌓이며 그 공간은 이야기를 품는다. 관계는 하루하루 쌓인 정성과 돌봄 속에서 서서히 발효되는 마음의 과정이다.

이 글은 마음을 건네는 언어의 방식과, 관계가 어떻게 생성되고 지속되는지를 정서의 결로 되묻는다. 생명을 향한 감응과 타자를 이해하려는 마음이 서사 속에 잔잔히 흐르며, 제주어 입말의 결은 그 정서를 더욱 또렷하게 드러낸다.

「관계를 맺는다는 것」은 마음이 언어를 통해 천천히 건너가는 장면이며, 고무낭 곁에 머문다는 것은 타자를 향한 조심스러운 다가섬이자 내면을 들여다보는 순간이다. 우리는 이 수필을 따라 읽으며 관계 맺기란 결국 느린 시간 속에서 서로를 알아가는 길임을 깨닫게 된다. 그리고 그 길 위에 살아 있는 '제주어'가 놓인다는 사실을 느끼게 된다.

이 글이 빛나는 이유는 삶의 작은 움직임을 놓치지 않고 그 안에서 마음과 관계의 본질을 차분히 되돌아볼 수 있도록 사유의 길을 열어주기 때문이다. 아울러 일상의 언저리에서 시작된 이야기가 서서히 존재의 윤리로 스며들며 수필 미학의 정수를 보여준다.

3. 지역문학 복원을 위한 김신자의 제주어 수필

김신자 시인의 수필은 삶의 언저리에서 되살려낸 장면들을 언어의 진정성으로 비추며 잊히는 것을 기억하고 사라지는 것들 속에서 삶의 윤리를 복원하는 문학적 실천을 감행한다. 제주어로 짜인 문장 안에는 정서와 경험, 유머와 회한, 침묵과 깨달음이 겹겹이 배어 있다. 감정을 절제하면서도 진솔한 울림을 지닌 그 문장은 반전과 은유적인 익살과 풍자를 넘나드는 말맛을 통해 일상의 언어를 문학의 숨결로 끌어올린다. 그 중심에는 제주어가 있다. 제주어는 그녀의 글에서 삶의 리듬을 품은 감각의 통로이자 공동체의 기억과 윤리를 환기하는 문학적 매개체로 기능한다.

2001년《제주시조》지상 백일장에 당선된 이후 2004년《열린시학》으로 등단한 작가는 제주대학교 국어교육과 박사과정 수료 후, 제주어 감정 표현 유형 등 방언 연구에 몰두하며 학문과 문학의 접점을 넓혀왔다. 특히 제주어를 기반으로 시와 수필 양 장르에서 독자적인 작품세계를 일군 그녀는 시집『당산봉 꽃몸살』, 『난바르』, 『용수리, 슬지 않는 산호초 기억 같은』, 『봄비에 썼던 문장은 돌아오지 않는다』 등으로 시적 세계를 확장해왔다. 제주어 원문으로 쓰인 수필집『그릇제도 매기독닥』, 『보리밥 곤밥 반지기밥』은 제주어 문학사에서 수필문학의 새로운 지평을 여는 귀한 작품집이다. 아울러 최근 출간한 제주어 동시집『잘도 아꼽다이』는 어린이 문학에서도 제주어의 생명력을 생생히 전달한 작품으로 주목을 끌고 있다.

　수필집『그릇제도 매기독닥』과『보리밥 곤밥 반지기밥』은 제주어 수필문학의 본령을 정립한 중요한 이정표다. 유년의 고향 땅을 되짚는 기억의 서사, 공동체의 정서를 품은 말들, 웃음과 회한이 교차하는 일상의 진실 그리고 현대인의 내면을 감싸는 감각적인 제주어 표현들은 모두 김신자 시인 특유의 문학적 지형을 이룬다. 이 수필집들은 그녀의 삶이라는 '플롯' 속에서 다시 다른 플롯들을 꺼내어 펼치며 다채로운 인생사를 드러내고 독자에게 문학 읽기의 깊은 재미를 선사한다. 또한 현실적인 수필 작법 안에서도 액자식 구성, 과거와 현재의 교차적 구조, 기억의 층위가 포개지는 시간 배열, 세태를 관조하는 시선 등 다양한 서사 장치들이 정밀하게 짜여 있다. 이러한 구성을 통해 그녀의 수필은 일상을 넘어 존재와 윤리를 탐색하는 문학적 서사로 확장된다.

이번 평론을 준비하며 두 가지 아쉬움이 남았다. 첫째, 수록하고자 했던 보석 같은 작품들을 지면의 제약으로 모두 담아내지 못한 점이다. 둘째, 수필이 전면 제주어 원문으로 구성되어 있다는 점이다. 이는 제주어를 모어母語로 사용하지 않는 세대나 외부 독자층에게는 이해와 접근에 일정한 제약이 따를 수 있다. 일부 핵심 어휘에는 각주가 달려 있으나 전체 맥락을 온전히 해석하기에는 한계가 존재한다. 향후에는 표준어 번역본을 병기하거나 별도로 출간하여 김신자 시인의 위트 있는 감각과 유려한 문체 그리고 제주의 정서가 보다 넓은 독자층과도 폭넓게 소통될 수 있기를 기대한다.

김신자 시인은 시와 수필을 넘나들며 꾸준한 창작 활동을 이어온 동시에, 제주대학교 국어교육과 박사과정을 수료하고 제주 지역의 감정어와 언어 생태를 연구해온 학문적 실천가이기도 하다. 대학 강단과 다양한 교육 현장에서 제주어 강의를 지속하며 제주어 보존과 세대 간 언어 감각의 전승을 위해 힘써왔다. 막내딸로 자라 한 세대를 건너뛴 감각으로 제주어를 체화한 그녀는 이중 감각을 지닌 존재다. 그녀에게 제주어는 단지 기억이나 정서를 넘어 삶을 이루는 본원적 언어다. 문학은 그 언어의 자연성과 생명력을 가장 깊이 발현하는 형식이 된다.

아울러 김신자 시인의 수필이 특별한 이유는 제주어를 단순한 '재현'의 대상으로 삼지 않고 그 말에 스며든 세계관과 존재 방식을 온몸으로 살아낸 삶의 언어로 되살려내기 때문이다. 그녀의 문학은 말을 살리고 그 말은 다시 삶을 품으며 제주어 문학을 현재

속으로 불러오고 널리 알리는 역할을 한다. 이는 지역어가 지닌 문학적 가능성과 내면의 깊이를 증명하는 문학적 실천이자 제주문학사에 길이 남을 소중한 성취이며 기록으로 평가할 수 있다.

평화를 향한
녹색 쾌락주의자

- 임종길의 자연 관찰 그림일기 『오늘 뭐했지?』

그는 늘 녹색을 바라본다. 화가이자 환경운동가인 임종길 작가. 꽃 한 송이와 나무 한 그루, 작은 연못의 물결과 그 곁을 찾아든 제비 두 마리까지 모든 생명은 녹색의 길 위에 놓여 있다.

『오늘 뭐했지?』의 글과 그림은 맑고 깊은 울림을 전한다. 작은 화면에 담긴 수채 세밀화는 섬세하면서도 온기를 머금은 선으로 독자의 마음에 닿는다. 따스한 필체와 절제된 색채감이 더해진 그림일기는 우리에게 친근하게 다가온다. 그 안에는 정원에서 묻어난 땀방울과 계절을 응시한 눈길이 고요히 배어 있다.

'녹색손'이라는 닉네임처럼 나무와 꽃의 정원, 화실과 연못 그리고 그가 펼치는 녹색운동은 모두 하나의 길로 이어진다. 그의 기록은 자기 정원에만 머물지 않는다. 제주의 숲과 들, 생활사의 풍경과 시대의 문화까지 품어내어 삶의 지평을 넓힌다. 그 길은 결국 인간과 자연이 함께 걷는 평화의 길이다. 그래서 그는 '행복'이라는 낱말을 '평화'로 바꿔 쓴다.

이렇듯 임종길 작가가 2년 동안 정리한 200여 편의 그림일기는 일상의 기록을 넘어 생태적 사유를 일깨운다. 독자들은 이 한 권 속에서 개인의 삶을 넘어 우리가 추구해야 할 생태적 삶의 방식과 시대적 환경윤리를 함께 감지하게 된다. 생태학이 말하는 '관계의 그물망' 속에서 일상의 관찰과 삶을 그림일기로 이어가는 행위는 인간과 자연의 접점을 지켜내는 실천적 의미의 현장으로 독자를 안내한다.

덧붙이자면 이 그림일기에 실린 그림들은 본래 다양한 색채로 채색된 작품들이지만 본 평론집은 흑백 인쇄로 출간되어 무채색의 아쉬움이 남는다. 그림의 원래 색감은 『오늘 뭐했지?』 그림일기 책이나 인터넷 신문 미디어제주 '송미아의 독서평론' 코너, 임종길 작가의 인스타 혹은 페이스북에서 그림일기(@lim-jonggil)를 통해 확인할 수 있으니 참고해 주시길 바란다.

1. 봄빛으로 적어낸 생명의 일기

임종길 작가의 그림일기에는 봄의 왈츠가 흐른다. 잎맥 하나에 번지는 연둣빛, 얼음을 뚫고 피어나는 작은 꽃송이, 산등성이를 따라 퍼져나가는 초록의 물결은 요한 스트라우스가 연주하는 첫 음표들이다. 그래서 임종길 작가는 시인이 되고 화가가 되며 삶의 기록자가 된다.

봄 단풍의 왈츠 - 이름을 부른다는 것

봄빛으로 물든 산의 수채화는 울긋불긋한 색감에서 짙은 녹색까지 결을 겹겹이 품어낸다. 마치 악보 위에 번지는 선율처럼 화면을 감싼다. 붓끝이 스며든 자국은 번짐과 겹침 속에서 산의 살아 숨 쉬는 리듬을 전한다. 무엇보다 시의 필체 위에 곁들여진 작은 산의 모습은 오히려 큰 상상력을 불러일으킨다. 단출한 능선이 남긴 여백은 시선을 넓혀 주고 독자는 그 빈자리에 봄 단풍의 다채로운 빛을 떠올리며 긴 여운을 붙잡게 된다.

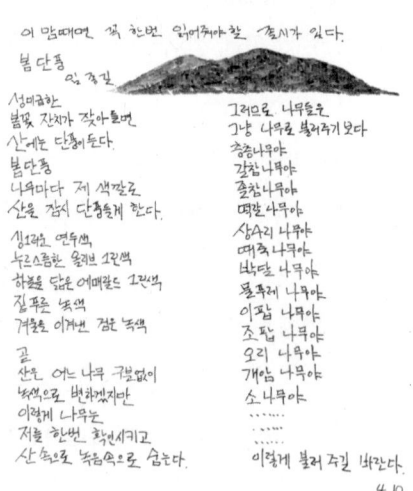

이와 어우러진 시 「봄 단풍」은 봄의 색을 단풍에 대입하며 계절의 역설을 왈츠처럼 노래한다. 나무마다 다른 색을 뿜어내는 봄의 풍경은 시인의 언어 속에서 참나무, 감나무, 졸참나무 같은 고유한 이름으로 쪼르르 불려 나온다. 그것은 마치 봄이 되면 잊지 않고 불러야 할 그리운 사람들의 이름을 하나하나 떠올리는 일과도 같다. 이름을 불러주는 행위는 존재를 확인하는 일이자 자연을 하나의 얼굴과 목소리를 지닌 생명으로 마주하는 길이 된다. 그렇게 불린 나무는 더 이상 배경이 아니라 관계 속의 주체가 된다. 결국 임종길 작가가 노래하는 봄은 삶과 자연이 함께 추는 왈츠로 화사한 합창처럼 독자의 마음속에 울려 퍼진다.

향기의 시학 - 이래도 꽃향기에 무심할래?

　봄이면 누구나 시인이 되고 싶어 한다. 봄의 냄새와 빛깔, 감촉을 저 혼자만 품기에는 너무 아깝기 때문이다. 작가는 주차장 옆 라일락 꽃을 보며 떠올린 시詩를 '짧은 글'이라 불렀다. 그러나 필자에게 봄꽃의 향기가 전해 준 이 짧은 글은 결코 가볍지 않다. 특히 "이래도 꽃향기에 무심할래?"라는 물음은 가슴 깊이 스며들어 쉽게 지워지지 않는 심상의 잔향으로 남는다. 만약 제목을 붙인다면 필자는 주저 없이 이 문장을 택할 것이다.
　그림일기 속 짧은 기록을 따라가다 보면 시선은 어느새 독자의 마음과 포개진다. 이 시의 숨결은 눈으로 보는 빛이 아니라 코끝을 스쳐가는 향기에서 시작된다. 산수유의 맑은 향기와 조팝나무,

 배꽃의 번짐 속에서 봄이 열리고 라일락과 목련, 산딸나무와 인동꽃이 차례로 이어지며 계절은 무르익는다. 향기는 잠시 머물다 사라지지만 그 순간이야말로 가장 뚜렷하다. 목련이 뚝뚝 떨어지고 인동꽃 향기가 지쳐 스러질 즈음 우리는 생의 덧없음을 맡으며 지나온 시간을 다시 떠올린다.

 마지막 물음 "이래도 꽃향기에 무심할래?"는 따스한 일깨움으로 다가온다. 향기를 맡는 일은 스쳐가는 순간 속에서 삶의 깊이를 자각하는 일이다. 꿀벌만이 알아본다는 회양목의 향기처럼 꽃과 곤충과 사람은 서로를 불러내며 이어진다. 향기는 보이지 않는 다리로 인간과 자연을 묶는 은밀한 고백이 아닐까. 잠시 피었다가 사라지는 향기처럼 하루 또한 덧없지만 그 흔적이 모여 계절이 되고 생이 된다.

봄의 주인공 - 나무들의 합창

봄 한가운데 서 있는 주인공은 누구일까. 아내일까, 임종길 작가일까. 삽과 잎사귀를 든 작은 인물 속에서 우리는 작가와 동시에 그의 곁을 지켜온 아내를 본다. 아마도 그 둘이 하나로 합쳐져 봄의 주인공으로 당당히 서 있는 존재일 것이다. 빽빽이 적힌 나무의 이름들이 합창처럼 울려 퍼지는 순간, 그 주인공은 더 이상 특정한 한 사람이 아니라 나무와 더불어 살아온 삶 그 자체가 된다. 무엇보다 여기 적힌 나무들은 손수 심고 가꾸며 살아온 생명의 발자취라는 점에서 살아 있는 기록으로 다가온다.

그리고 이 한 장의 그림과 글은 봄의 울림, 나아가 생명의 울림으로 번져나간다. 씨앗 하나, 나무 한 그루에서 시작된 시간이 숲으로 확장되듯 그의 삶 또한 자연과 더불어 깊어져 왔다. 그래서 이 장면은 개인의 소박한 취향을 넘어 환경을 존중하고 자연과 공존하려는 철학의 표징이 된다. 독자는 임종길 작가의 손끝에서 흙내와 봄빛이 퍼져 나가는 것을 감지하며 생태적 삶의 울림이 곧 인간다운 삶의 본질임을 새삼 깨닫게 된다.

담연澹然한 하루의 기록 - 잔소리와 고등어 반찬

아침에 잔소리를 듣고 집을 나선 임종길 작가. 편치 않은 발걸음은 절물휴양림으로 향했다. 복수초와 오름이 어우러진 길을 걸으며 그는 스스로에게 여백의 시간을 선물한다. 집으로 돌아와 아내가 구워낸 고등어 반찬을 함께 나누어 먹었다는 소박한 기록 속에서 삶의 향기가 묻어난다. 담연澹然하다. 왜 잔소리를 들었는지, 어떻게 마음을 가다듬었는지는 드러내지 않았지만 그가 마음을 다스리는 방식을 우리는 이미 짐작할 수 있다.

글씨와 그림 속 복수초와 바람꽃은 막 얼음을 뚫고 나온 듯 또렷하다. 선명한 노란빛의 복수초와 그 아래 소박한 흰색의 변산바람꽃이 나란히 놓여 봄의 첫 울림을 전한다. 땅 위에 번진 연둣빛은 긴 겨울을 밀어내며 새 계절의 문턱이 가까워졌음을 알린다. 위로 펼쳐진 산줄기에는 하나하나 이름이 적혀 있어 살아 있는 제주의 오름들이 저마다의 존재를 드러내는 듯하다. 이 한 장면은 글

  과 그림이 어우러져 걷는 숨결과 자연의 결을 고스란히 담아낸 산책길의 풍경처럼 다가온다. 담백하면서도 깊은 울림을 지녔다.

  글 속에서 작가는 천문대를 지나며 오름과 능선의 이름을 불러본다. 그것은 생명과 연결된 고유한 호명이었다. 길의 끝에서 집으로 돌아오니 기다리고 있는 것은 아내와 함께 나눈 고등어 구이 한 점, 소박한 저녁상이었다. 복수초의 따스한 노란빛과 고등어의 맛, 그리고 나란히 앉아 웃는 두 사람의 모습이 겹쳐지며 이 글과 그림은 소소한 일상 속에서 더불어 물드는 서정을 전한다.

2. 모든 생명의 권리 존중

스쳐 지나칠 법한 작은 생명이 눈앞에 놓일 때 우리는 비로소 그와 연결된 자신을 발견한다. 작가는 이 장면을 통해 우리의 눈길이 머물러야 할 자리가 어디인지를 은근히 일러준다. 생태적 시선은 바로 이런 데서 출발한다. 인간의 관점에 종속되지 않고 작은 생명 하나에도 고유한 가치와 목소리가 있음을 인정하는 태도다. 이는 생태학과 환경운동가들이 오래도록 강조해 온 '모든 생명은 동등한 권리를 지닌다.'는 사유와 맞닿아 있다. 벽 모퉁이의 무당벌레, 돌틈에 깔린 도롱뇽 한 마리가 결코 사소하지 않은 이유는 그 존재 자체가 생태계의 순환을 이어가는 고리이기 때문이다. 임종길 작가의 그림과 글은 이 작은 것들을 눈여겨보게 한다.

돌을 덮는 손길 - 도롱뇽의 비밀

돌 밑에서 마주친 도롱뇽. 그 생명은 마치 땅속의 비밀처럼 몸을 숨기고 있었다. 감국 뿌리 사이에서 그 생명을 본 순간, 놀람과 동시에 돌을 다시 내려놓는 손길은 본능처럼 다가왔다. 그것은 멸종위기종이라는 단어를 떠올리지 않더라도 작은 생명을 그 자리 그대로 존중하고자 하는 마음의 반사였다. 그 짧은 순간은 생태학에서 말하는 지표종의 진실을 전한다. 도롱뇽 한 마리를 마주했다는 것이 그가 몸담은 숲과 물과 흙이 여전히 살아 있다는 증거이기 때문이다.

도롱뇽을 바라보는 순간, 문득 떠오른 기억이 있다. 인터넷 신문 〈제주의 소리〉에 도롱뇽 관찰일기를 연재하며 멸종위기종 보호에 앞장섰던 故 고봉선 시인의 고성리 현장이다. 그는 도롱뇽을 지키기 위해 마을의 물줄기와 숲을 기록했고 그 목소리는 결국 환경부의 보호 표지판을 세우는 데까지 이끌어냈다. 한 시인의 꾸준한 관찰과 기록이 생명을 살리고 한 지역의 환경을 지켜내려 했던 것이다. 지금 눈앞에서 만난 작은 도롱뇽 역시 그 흐름 속에서 이어진 생명의 증언처럼 다가왔다.

　그림 속 도롱뇽은 짙은 청록빛으로 살아 있으며 뿌리와 흙의 망 속에 품에 안기듯 자리한다. 돌 하나를 다시 덮어 주는 선택이 생태계의 균형을 회복하는 첫걸음이 되듯, 일기의 서술은 자연과 인

간이 서로의 자리를 지켜 줄 때 비로소 생명이 이어진다는 사실을 잔잔히 전한다.

작은 연못의 합창 - 놀러오는 손님

개인의 집에 연못이 있다는 사실만으로도 마음이 설레는데 여기에는 그의 오랜 시간이 깃들어 있다. 장기간 미술교사로 재직하며 학교에 꽃과 나무를 가꾸고 연못을 만들던 경험이 고스란히 이어져 지금 그의 집 연못은 물빛과 풀잎, 곤충과 새가 어우러진 하나의 생태적 울림을 만들어낸다. 손끝으로 그려낸 스케치와 곁들여진 기록은 자연이 품은 질서와 순환을 바라보는 사유의 흔적이

다. 물을 채우고 풀을 심고 꽃을 기다리며 이어지는 글의 호흡에는 생명을 돌보려는 마음이 잔잔히 배어 있다.

연못에 찾아든 곤충과 새들, 물속에서 살아가는 작은 생명들은 그 자체로 생태의 교향곡을 이루며 기록자는 그 앞에서 겸허히 배운다. 이 그림일기는 인간이 자연을 소유하거나 지배하는 자리가 아니라 함께 살아가며 손길을 나누는 동행의 자리를 일깨워준다. 작은 것을 바라보는 시선 속에서 생태적 삶의 깊이는 천천히 그러나 확실히 드러난다.

엊그제 내린 비바람이 연못에 물을 가득 채워 주었다. 지인에게 얻어온 수련 한 뿌리를 심고 물가에는 꽃창포와 부처꽃을 심었다. 얼마 되지 않았는데도 손님들이 하나둘 찾아온다. 박새, 참새, 직박구리, 동박새, 그리고 뜻밖에도 제비까지 날아들었다. 작은 연못이 이렇게 금세 생명으로 가득 차다니, 그 풍경이 그저 아름답다.

제비 둥지의 완성 - 평화의 기쁨

연못에 물이 고이고 풀과 벌레가 찾아들며 작은 생태계가 형성되듯, 제비 또한 그 생태계의 일부로서 집을 짓고 삶을 이어간다. 이는 생태학적 시선에서 말하는 상호 의존적 관계, 곧 한 존재의 터전이 다른 존재의 삶을 품는 방식과 맞닿아 있다. 인간이 만든 연못이 제비와 더불어 살아간다.

그는 제비 둥지를 발견하는 순간 너무 기쁜 나머지 아내를 와

락 끌어안았다. 이 장면은 기쁨의 발현일 뿐 아니라 작은 새의 생태를 몸소 함께하는 몸의 반응이라 본다. 그는 제비의 존재와 관계 맺음으로써 자신의 삶을 더 깊게 느낀다. 연못과 새들이 들려주는 울림과 함께 삶을 길어 올리는 기쁨을 누린다. 그가 말하는 평화의 상태일 것 같다.

3. 생명의 환원으로 이어지는 기록

불현듯, 노벨문학상 수상작 욘 포세의 『아침 그리고 저녁』이 떠오른다. 이 작품은 한 인간의 삶을 아침과 저녁으로 나누어 탄생과 죽음을 거대한 원의 두 지점처럼 보여준다. 욘 포세에게 아침은 단순한 하루의 시작이 아니라 새로운 존재가 이 세상에 들어서는 문턱이며, 저녁은 끝남이 아니라 다시 자연으로 돌아가는 환원還元의 순간이다.

그의 언어는 절제되고 반복적이며 그 리듬 속에서 삶은 선형적인 시간이 아니라 끊임없이 이어지고 되풀이되는 원의 흐름으로 드러난다. 인간은 태어나고 살고 죽지만 그 모든 과정은 개별적 단절이 아니라 하나의 숨결 속에 연결되어 있다. 『아침 그리고 저녁』은 바로 이 존재의 연속성을 관조하는 시적 기록 같은 소설이다. 임종길 작가의 그림과 글 또한 이 상징성과 맞닿아 있다. 무의 스케치에서 아침을 읽고 동물의 뼈에서 저녁을 읽는 일은 결국 인간의 삶 역시 자연의 질서 속에서 순환하고 있음을 보여준다. 땅속의 힘에서 솟아오른 무가 빛을 향해 나아가듯 인간 또한 보이지 않는 깊은 곳에서 삶의 에너지를 받아 태어난다. 그리고 저녁에 이르면 남은 흔적은 다시 자연으로 흡수된다.

아침의 신비 - 무에서 배운 탄생의 울림

임종길 작가의 일기 속 무 한 덩어리도 이와 닮아 있다. 무 아랫부분은 흙에 조금 묻혀 있을 뿐이고 잔뿌리도 많지 않았다. 그런데도 그는 묻는다. "어떻게 이렇게 커다란 덩어리를 만들 수 있었을까?" 눈에 보이지 않았을 뿐 그 생명이 자라기까지는 무수한 존재들의 보살핌이 분명히 있었다. 주변의 기운과 보이지 않는 영양분이 스며들어 무가 무럭무럭 자라난 것처럼 말이다.

탄생의 기쁨은 요란하다. 욘 포세의 『아침 그리고 저녁』에서 묘사된 탄생의 순간은 길고도 적나라했지만 그만큼 깊은 감동을 남겼다. 지금까지도 마음속에 또렷이 울리는 그 장면은 한 생명이 세상에 오는 과정을 떠올리게 한다. 아이가 태어나기까지 엄마 뱃속에서 얼마나 많은 인내와 고통이 있었을까. 또 얼마나 간절한 엄마와 아빠, 할머니와 지인들의 기도가 이어졌을까. 한 생명의 탄생은 수많은 기도와 노력이 모여 이루어진 결실임을 새삼 깨닫게 한다.

임종길 작가는 무 한 덩어리를 바라보며 같은 질문을 던진다. 겉으로 드러난 것은 단순한 뿌리채소일 뿐이지만, 그 뒤에는 눈에 보이지 않는 무수한 생명 활동이 있었다. 보이지 않는 뿌리의 호흡, 흙속의 미생물, 햇빛과 물과 바람이 함께 얽혀 그 생명을 키워냈던 것이다. 우리는 종종 이러한 보이지 않는 작동 원리를 잊고 산다.

"어쩌면 모른다는 것을 인정하지 않는 자들이 지구를 위험에 빠뜨리는 것은 아닐까."라는 임종길 작가의 말을 우리 모두 천천히 곱씹어 봐야 할 것 같다.

그래서 그의 일기는 여운을 남긴다. 아침의 신비, 탄생의 신비 속에서 서로의 삶을 나누고 함께 평화의 상태에 이르기를 바라는 마음이 잔잔히 배어 있기 때문이다.

저녁의 환원 - 자연의 귀결

"나는 사라진다. 저 광활한 우주 속으로." 빼꼼히 반복적으로 이어진 손글씨의 나열은 소박하면서도 인간적인 온기를 품어 독자의 심리를 안정시키고 죽음을 차분히 바라보게 한다. 의식의 흐름을 닮은 이 시각적 장치는 삶이 곧 죽음으로 이어지는 자연의 귀결을 드러낸다. 화면에 나타난 동물의 뼈는 세월이 남긴 종착지를 보여주는 것 같다. 그것은 섬뜩하기보다 몽환적으로 다가온다. 한 세상을 잘 살아내고 자연으로 돌아가는 과정, 곧 환원의 의식처럼 느껴진다. 아침이 탄생과 꿈의 자리라면 저녁은 그 꿈의 소멸과 동시에 자연의 품으로 스며드는 순간이다. 임종길 작가의 그림일기는 죽음을 단절이 아니라 생명의 또 다른 변주로 바라본다. 삶의

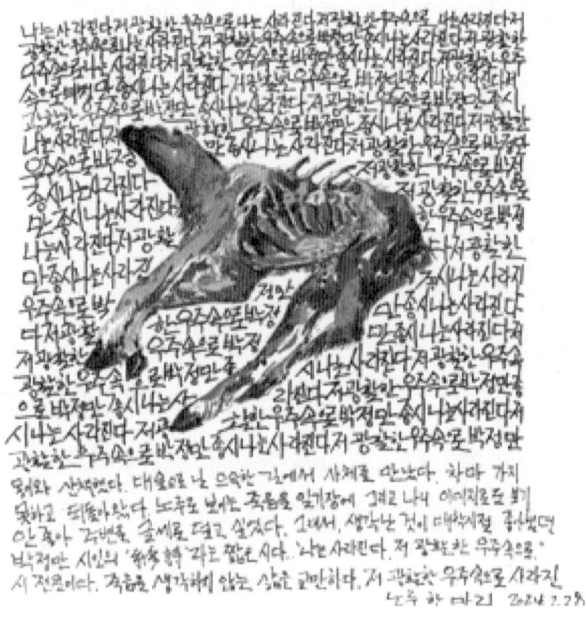

끝은 사라짐이 아니라 다시 자연으로 이어지는 것이다.

일기의 빼곡한 나열과 반복되는 문장은 존재의 심연을 들여다보는 리듬을 만든다. 의식의 흐름처럼 자유롭게 이어지는 언어는 구조적 정돈보다 무의식의 결을 드러낸다. 뼈와 살이 사라지고 남은 흔적 위에 겹쳐진 기록은 개인적 경험을 넘어 보편적 생명의 궤적을 그려낸다. 결국 이 이미지는 '죽음'이라는 저녁을 통해 자연의 영원성과 문학적 언어의 깊이를 연결하는 상징적 기록으로 완성된다.

4. 평화를 향한 시대 읽기

진짜 수업을 향한 갈망 - 교육의 창을 열다

학생 편지는 참 진솔하다. 거침없이 선생님을 비판하고 있다. 그러나 그 속에는 쉽게 설명하기 어려운 울림이 묻어 있다. "주인을 닮은 종"이라는 비유는 번지르르한 겉모습 뒤에 숨어 있는 공허함을 꼬집으며 선생님의 태도를 직설적으로 드러낸다. 그렇다면 학생의 응어리는 무엇일까. 겉으로는 선생님을 향한 날 선 말이지만 어쩌면 자기 자신에게 되돌아오는 답답함일 수도 있다. 혹은 자신이 처한 현실의 막막함을 종소리와 임종길 선생님이라는 구체적 대상으로 옮겨 놓았을지도 모른다.

학생의 글에서 그 속내를 다 읽어낼 수는 없다. 오히려 분명히 알 수 없는 그 여백이 흥미롭다. 혹시 학생은 선생님과 친밀한 관계이기에 이렇게 거침없이 털어놓을 수 있었던 것 아닐까. 종이라는 비유를 빌려 쓴 글과 그것을 받아 다시금 뜨끔했던 마음을 일기에 담아낸 임종길 작가의 기록은 일상 속에서 오가는 솔직한 말과 그 말이 남기는 여운을 잘 보여준다.

필자는 이 글 속에서 '입시미술 같은 틀에 갇힌 수업을 강요하는 사람이 아니라 자기만의 미술세계를 아이들에게 펼쳐 보이려 했던 임종길 선생님'을 본다. 학생은 그 태도를 비판하면서도 동시에 그런 선생님이 필요함을 역설하고 있을지도 모른다. 거친 말투 속에는 '진짜 미술 수업'을 향한 갈망이 배어 있다. 그러나 현실은 치열한 입시 경쟁 속에서 그 갈망을 온전히 누리지 못한 내적 갈등이 표면으로 터져 나온 것일 것이다.

시대의 변화에 발맞춰 교육 제도는 조금씩 개선되고 있지만 여전히 학생들은 감당하기 힘든 프레임 속에서 허덕이고 있다. 입시만을 위한 수업은 이제 내려놓아야 하지 않을까. 10여 년이라는 긴 시간 동안 아이들을 입시의 틀에 가둔다면 그것은 곧 그들의 가능성을 스스로 잃게 만드는 일이 될 것이다. 교육은 학생들의 잠재력을 열어 주고 사고의 시야를 넓혀 주는 소중한 창이 되기를 바란다.

공부는 칼이었다 - 배움과 폭력의 이중성

칼은 뜨끔하다. 무엇이 그토록 칼을 그려 내게 했을까. 그렇다. 지난겨울 이후 우리는 균열된 시대의 나날을 보내야 했다. 어쩌면 이 그림일기는 시대가 개인에게 들이민 폭력의 형상처럼 다가온다. 공부는 본래 자기 성찰과 성장을 위한 길이어야 했다. 그러나 경쟁과 강요 속에서 행해진 공부는 진정한 배움이 아니라 서열과 성적의 틀에 갇혀 버렸다. 그 속에서 학생들은 주체적 의지를 제대로 펼치지 못한 채 주어진 규칙에 순응하는 존재로 길러졌다. 배움은 내면을 단단히 세우는 힘이어야 하지만 때로는 억압과 좌절로 변질되었다.

> 내가 담임을 할 때 공부 잘하는 아이의 학부모는 나를 썩 좋아하지 않았다. 아이들에게 공부는 칼을이라고 말했다. 공부는 칼을 버리는 과정이라 말했다. 훌륭한 요리사에게는 잘드는 칼이 좋지만 강도의 손에든 칼은 무딜수록 좋다고 말했다. 공부는 그런 칼이다. 내 말이 옳았다. 어제는 12·12. 당시 공부 잘하는 사람만 갔던 육사를 나온 '똑똑한' 자가 강도가 되어 나라를 훔치고, 많은 사람을 불행하게 하고, 속 편하게 저세상으로 갔다. 어제, 공부 잘해 서울대 나온, 고생하지 않고, 예의없이 자란 자가 나라를 망치고 있다. 내 생각이 옳았다. 공부는 칼이었다. 2023. 12. 13.

임종길 작가의 말처럼 공부가 타인의 불행을 자초하는 순간, 교육은 본질을 잃고 폭력을 휘두르는 칼이 된다. 실천적 성찰이 결여된 공부는 끝내 무력하다. 이 일기의 시선은 바로 그 모순을 직시한 흔적이며 우리에게 "어떤 공부가 삶을 살리는 공부인가."라는 물음을 다시 던진다.

공부를 통해 얻는 지식은 그것이 삶으로 이어지고 진정한 앎에 다가설 때 비로소 지혜가 된다. 스스로 성찰하며 공동체와 더불어 쓰일 때 지식은 누군가를 살리고 세상을 밝히는 등불이 된다. 그러나 언제나 그런 것은 아니었다. 지식을 쌓았음에도 사익을 좇거나 권력과 결탁해 사회의 균형을 무너뜨린 이들이 있었고 그로 인해 지식은 날 선 칼날처럼 사람을 해치는 도구로 전락하기도 했다. 하지만 또 다른 많은 이들은 그 지식을 바탕으로 성찰과 연대를 실천하며 공동체를 지탱해 왔다. 피 묻은 칼끝은 이러한 양가적 현실 속에서 사회적 프레임 뒤에 감춰진 상처를 드러내며, 시대가 요구한 성공이 얼마나 허망한가를 웅변한다.

붉은 지구 - 책임의 일기

한눈에 들어오는 것은 붉게 달아오른 지구다. 푸른빛을 잃은 행성은 마치 화성처럼 시뻘겋게 물들어 있으며 표면 곳곳에는 갈라진 대륙과 검게 타버린 숲이 드러나 있다. 마른 강줄기와 앙상한 나무들, 황폐해진 땅은 생명의 숨결을 잃은 듯 보인다. 위로는 태양빛이 강렬히 내리쬐며 회복할 틈도 없이 지구 전체를 불덩이로 만든다. 그림 속 고래 한 마리는 물을 잃은 듯 허공에 남겨져 있다. 바다의 상징인 고래는 생명의 환영처럼 보이면서 동시에 사라져 가는 생태계의 목소리를 대신한다.

이 붉은 구체는 단순한 상징이 아니다. 동식물의 흔적과 붉은 빛은 기후 위기의 현실을 날카롭게 증언한다. 그것은 경고이자 절규이며 우리에게 더 이상 미룰 수 없는 물음을 던진다. 작가는 일기에서 "정작 개선할 힘이 있는 자들은 나쁜 상황을 알면서도 느긋하다."고 적었다. 이는 권력과 자원을 쥔 이들의 무심한 태도를 고발하는 동시에, 기후위기의 무게가 사회적 약자에게 더 먼저 더 깊게 드리운다는 불평등의 진실을 드러낸다.

실제로 연구에 따르면 저소득층은 극심한 폭염을 겪을 확률이 상대적으로 높고 상위 계층은 훨씬 낮다. 같은 재난이라도 계층에

오늘 서울에서는 9기 기후정의 행진 행사가 있었다. 절기상 가을바람이 불다는 처서(處暑)가 한참 지났는데 오늘도 제주 날씨는 한여름처럼 뜨거웠다. 기후가 심상치 않다는 사실을 점점 더 많은 사람들이 느끼는 분위기다. 나름 환경문제에 대해 일찍 관심을 두게 된 입장에서도 예상했던 나쁜 상황이 훨씬 더 빠르게 닥쳐오는 느낌이다. 안타까운 것은 상황이 안 좋아져도 먼저 피해를 보는 사람들은 가난하고 힘 없는 사람들이라는 점이다. 그래서 정작 개선할 힘이 있는 자들은 나쁜 상황을 알면서도 느긋하다. 그러니 더 많은 사람들이 행진하고 떠들어대서 적극적으로 해결할 사람에게 권력을 주어야 한다. 그런 의미에서 오늘 행진은 의미가 있었다. 나는 함께하지 못했다. 대신 붉게 달아오른 우리의 집 아픈 지구를 그려보는 시간을 가졌다. 2024.9.7.

따라 체감하는 강도와 피해 규모는 달라진다. 방글라데시와 같은 기후 취약국에서는 해수면 상승과 홍수로 가장 가난한 농민들이 삶의 터전을 먼저 잃고 있으며 선진국보다 훨씬 큰 타격을 감내해야 하는 현실이 드러난다.

따라서 기후위기는 모두에게 닥치지만 그 불평등한 그림자는 사회적 약자와 취약국가의 삶을 가장 먼저 짓누른다. 임종길 작가의 그림과 일기는 바로 이 불편한 진실을 통해 우리에게 묻는다. "우리가 지켜야 할 것은 무엇인가, 어떤 삶을 선택할 것인가." 붉은 지구는 경고의 이미지이자 우리가 반드시 응답해야 할 책임의 일기이다.

5. 결론 - 평화를 향한 녹색 기록의 의미

정감 속의 울림이랄까. 그림일기는 참 진솔했다. 가벼운 듯 결코 가볍지 않은 사유들이 촘촘히 박혀 있었다. 작가의 의도와는 다른 독자 감상의 해설도 가능할 것이다. 필자 또한 그림에 취해 또한 문장에 취해, 정감 어린 글씨에 취해 나름의 주관적 해설을 덧붙였음을 고백한다. 일기를 일기장 속에만 보관하면 개인의 기록에 머무르겠지만 세상으로 던져질 때 그것은 문학작품으로 날개를 단다. 특히 환경운동가이기도 한 임종길 작가의 일기 안에서 마주하는 울림과 성찰의 지점 앞에서 우리는 잠시 걸음을 멈추고 돌아볼 수밖에 없다.

임종길 작가의 그림일기 『오늘 뭐했지?』는 일상 속에서 시대와 생명의 숨결을 함께 품어낸 생태적 사유의 집이다. 봄빛으로 적어낸 생명의 기록에서 시작해 작은 도롱뇽과 연못, 제비 둥지의 장면으로 이어지는 이야기들은 모두 "작은 것에서 비롯된 울림이 어떻게 평화의 지평으로 확장되는가."를 보여준다. 그는 한 송이 꽃, 한 그루 나무, 작은 물웅덩이에 저마다의 이름을 붙이고 불러주며 관계 맺기를 통해 마음의 평화를 찾는다.

아울러 그의 그림일기가 특별한 이유는 독자들에게 성찰의 몫을 남긴다는 점이다. '아침과 저녁'이라는 생명의 원에서 드러나듯 탄생과 죽음을 모두 자연의 순환 속에 놓아 본다는 통찰은 우리에게 깊은 울림을 준다. 무 한 덩어리에서 배운 생명의 신비, 뼈와 흔적으로 남은 저녁의 귀결은 인간의 삶과 죽음 또한 자연과 분리되지 않음을 일깨운다. 생은 찰나적 기쁨의 연속이 아니라 관계와 순환 속에서 이어지는 평화로운 흐름임을 관조하게 한다.

그는 또한 시대적 현실을 외면하지 않는다. 붉게 타오르는 지구의 그림은 기후위기의 불평등한 무게를 정면으로 드러내고 공부를 칼에 비유한 기록은 교육 제도가 안고 있는 구조적 폭력을 되묻게 한다. 그러나 이러한 날카로운 문제의식마저 결국은 "평화를 위한 길"로 모아진다. 생명을 존중하는 감수성과 제도를 넘어서는 교육의 가능성, 그리고 모두가 함께 짊어져야 할 기후 책임은 인간다운 삶을 지탱하는 뿌리가 되기 때문이다.

임종길 작가는 충북대학교 미술교육과를 졸업하고 고등학교 미술 교사로 오랫동안 재직하며 교육과 예술, 환경운동을 함께 실천해왔다. '녹색손'이라는 이름으로 작은 배움터 '도토리 교실'을 운영하며 생명 존중의 가치를 나누었고 『두꺼비 논 이야기』를 집필했으며 『콩알 하나에 무엇이 들었을까?』, 『가랑비 가랑가랑 가랑파 가랑가랑』 등에 그림을 그리며 어린이와 자연을 잇는 작업을 꾸준히 이어왔다. 이러한 경험은 『오늘 뭐했지?』의 그림일기에 고스란히 담겨 있으며 교사이자 예술가, 환경운동가로서의 정체성을 드러낸다.

　결국 임종길 작가의 『오늘 뭐했지?』는 자연과 인간, 개인과 사회, 예술과 삶을 연결하는 '녹색손'의 기록이다. 작가가 말하는 '소소한 쾌락주의자'의 태도는 순간의 향락이 아니라 일상의 작은 평화를 소중히 여기는 생태적 삶의 방식이다. 그의 일기 속에서 우리는 묻는다. 행복이란 무엇인지, 공부란 무엇인지, 평화란 무엇인지. 그리고 그 물음의 끝에서 남는 답은 분명하다. 평화를 향한 녹색의 실천이야말로 가장 오래 지속되는 행복이라는 사실이다.

시와 시조

표선 백사장의 4·3, 진혼과 위무의 시학
- 임채성, 강영미, 김영란, 김연미, 고정국의 시조

멀티페르소나 시대, 제주어 시조의 폭과 깊이
- 김정숙의 제주어 시조집 『섬의 레음은 수평선 아래 있다』

해녀 문학과 제주어 문학의 접점에 펼쳐지는 시조의 미학
- 김신자의 해녀 시편

스며듦의 시학, 생태동시가 빚어낸 자존과 공생
- 박희순 동시, 신기영 그림, 『꼬물꼬물 베렝이』와 『제주 바당』

표선 백사장의 4·3,
진혼과 위무의 시학

- 임채성, 강영미, 김영란, 김연미, 고정국의 시조

　　　　　　　　　　　　표선 백사장. 눈부신 바다였다.
새벽 눈밭에 발자국을 먼저 찍으려 달려갔던 기억은 지금도 빛난
다. 그러나 여고생이 되어 소설책을 함께 나누던 친구가 갑작스레
떠난 뒤, 바다는 돌연 달라졌다. 그의 영혼결혼식을 지켜보아야 했
으며 그날 이후 표선 바다는 더 이상 설렘의 바다가 아니라 상처
의 바다로 남았다. 그렇게 각인된 장소성은 평생 지울 수 없는 흔
적이 되었다. 대학 시절 마주한 현기영의 『순이삼촌』은 어린 시절
의 기억 위에 또 다른 충격을 더했다. 어머니에게서 들었던 이야
기와는 달리 성인이 되어 접한 참상은 훨씬 깊고 무겁게 다가왔다.
내 고향 표선은 그 순간부터 단순한 추억의 장소가 아니라 개인의
상처와 더불어 역사의 상흔까지 함께 감내해야 하는 바다로 자리
잡았다.
　제국주의의 대립 구조와 분단 현실, 단독선거 반대 운동의 맥

락 속에서 제주가 '학살의 섬'으로 낙인찍힌 역사는 단순한 지역적 사건이 아니었다. 그것은 세계사적 격변 속에서 발생한 구조적 비극이었다. 제주에서 시작된 물줄기는 여수와 순천으로 이어졌다. 4·3의 현장은 표선을 비롯한 제주의 곳곳이었으나 그 전후의 물줄기는 여수와 순천을 지나 남도의 골짜기로 번져갔다. 둥푸른 물살은 섬 전체를 휘돌아 나갔고 그 물길은 제주해역을 건너 다시 역사의 증언으로 되돌아왔다.

우리는 흔히 4·3을 형상화할 때 '진혼곡'이라는 말을 많이 쓴다. 그러나 4·3은 진혼곡에만 머물러서는 안 되는 역사이다. 진혼곡이 죽은 이의 넋을 달래는 곡이라면, 남아 있는 자들이 77년 동안 겪어야 했던 상흔 또한 깊다. 그것은 단순히 개인의 상처를 넘어 관계의 불신과 사회적 갈등으로 이어지며 제주 공동체에 지금도 무겁게 작용하고 있다.

이번에 분석할 시편 중 강영미 시인의 두 편의 시는 초점 인물을 통해 그 특징을 드러낸다. 한 편은 총살당한 성할아버지를 기리는 목소리이고 다른 한 편은 아들이 죽창에 찔려 목숨을 잃는 모습을 지켜본 외할머니의 오랜 고통을 담고 있다. 시인은 아버지의 부모와 어머니의 부모, 양쪽에서 모두 4·3의 참상을 마주하며 성장했다. 이처럼 4·3은 단일한 비극을 넘어 다층적인 삶의 흔적을 남긴 사건이다. 그렇기에 4·3의 시는 죽은 자를 위한 진혼곡이면서 동시에, 남은 자들의 삶을 어루만지는 위무곡이어야 한다.

필자는 시집을 읽다가 '한모살', '표선', '표선 백사장', '표선 바다'와 같이 고향 바다의 이름이 등장할 때마다 저도 모르게 가슴이 미어지곤 한다. 특히 고향 표선을 배경으로 한 4·3 작품들을 대하면 화자의 마음과 겹쳐져 그 상처의 기억을 함께하는 동행의 길에 서게 된다.

임채성 시인의 「한모살」은 표선뿐 아니라 수망리와 의귀리까지 품어내며 잊힌 목소리들을 다시 불러냈다. 강영미 시인의 「그 해 겨울의 파혼」과 「아궁이」는 두 초점 인물을 통해 죽은 자와 살아남은 자의 참상을 드러냈다. 임채성의 「표선」에서는 만남과 이별의 대서사가 4·3의 아픔과 겹쳐 진정성 있게 다가왔고, 김영란의 「표선 백사장」은 끝내 작별하지 못한 참상의 고통을 증언했다. 김연미의 「바다와 교신 중」은 제주인들 사이에 남은 불신의 매듭을 교신하며 화해의 손길을 내밀었으며, 고정국의 「한라산 뻐꾸기」는 갈등을 넘어 상생의 시적 언어로 형상화했다.

이 시편들 앞에서 표선은 '백사장'이라는 보편적 이름보다 피와 눈물이 스며든 '한모살'이라는 세 글자로 불릴 수밖에 없었다. 필자에게는 언제나 그리운 표선 백사장이다. 그 한모살의 노래를 울림에 따라 한 편 한 편 읽어가고자 한다.

1. 표선 백사장 모래톱에 묻힌 이름들
   - 임채성의 「한모살」

임채성 시인의 네 번째 시조집 『메께라』는 제주 4·3의 현장을 시조라는 전통 양식 속에 되살려낸다. 타지인이면서도 제주에 깊이 발을 담근 그는 직접 현장을 채록하고 증언을 시적 형상으로 전환함으로써 4·3의 아픔을 개인적 차원에 묶지 않고 공동체적 기억으로 확장한다.

시집 곳곳에는 학살의 흔적, 억울한 죽음, 남겨진 자들의 침묵과 고통이 절제된 언어로 담겨 있으며 이는 제주도의 역사적 비극을 넘어 한국 현대사의 상흔으로 자리 잡게 한다. 이러한 작업은 4·3이 결코 지역적 사건에 국한되지 않고, 큰 물줄기를 타고 흘러 우리 사회 전체가 공유해야 할 역사적 과제임을 실감케 한다.

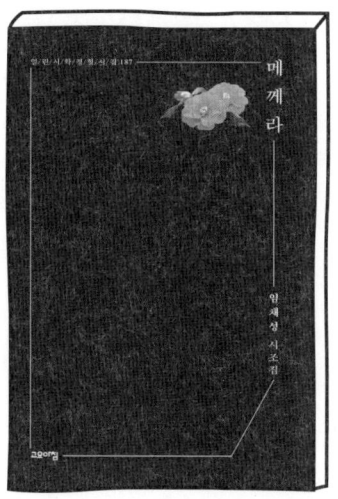

특히 「한모살」과 「표선」은 표선 백사장 '한모살'을 중심으로 4·3의 역사 속 영령들을 위한 진혼과 기억의 울림을 담아낸 작품이다. 여기서 '한'은 넓고 큰 모래밭을 뜻하는 제주어다. 그러나 표선 사람들에게 한모살은 단순한 백사장이 아니라 한恨이 맺힌 자리였다. 이곳은 4·3 당시 표선면과 남원면 주민들이 끌려와 희생된 대표적인 총살장이었으며 가시리·토산리 등 표선면은 물론 의귀리·한남리·수망리 등 남원면 중산간 마을 주민들도 이곳에서 대거 희생되었다. 피신하던 가족 단위가 붙들려 어린이와 노약자까지 희생된 비극 또한 적지 않았다.

누구는 당캐라 하고 / 누군 또 당포라던 // 넓디넓은 백사장에 화약

155

연기 자욱한 날 // 산 넘은 겨울바람은 / 칼끝보다 매서웠네 // 한라산 세명주할망 눈 감지 못한 바다 / 표선리와 가시리에서 토산리 의귀리 한남리 수망리 세화리 성읍리까지 매오름과 달산봉을 타고 내린 눈물들이 웃말개미 천미천 지나 남초곶 해신당으로 휘뚜루 마뚜루 흘러들어 포말로 흩어질 때 / 조간대 갯것들에는 피 냄새가 묻어 있네 // 상군해녀 물질로도 / 건지지 못한 혼불 // 부러진 죽창 위에 지노귀굿 기를 달면 // 까치놀 서녘 하늘이 / 제사상을 진설하네 //

- 임채성, 「한모살」 전문

누구는 당캐라 하고 또 누구는 당포라 부르던 한모살. 표선 백사장이 총살장이 된 이유는 표선리 면사무소에 주둔한 군부대 때문이었다. 면사무소 앞에 임시 유치장이 설치되었고 여기에 끌려온 주민 대부분이 이곳에서 총살당했다. 특히 군인들은 표선리 청년들로 조직한 민보단을 처형 도구로 삼아 이웃을 죽창으로 찌르도록 강요하기도 했다.

민보단원들은 총부리를 들이대는 군인의 강압 속에 같은 주민을 해쳐야 했고 그 과정에서 깊은 정신적 상처를 입었다. 이처럼 한모살의 참상은 결코 표선리만의 비극이 아니었다. 하루아침에 삶터를 잃고 모래톱 위에 쓰러진 피울음은 파도에 씻겨간 듯 보였으나 그날의 기억은 여전히 지워지지 않는 상흔으로 남았다.

임채성 시인은 이 표선의 상흔을 외면하지 않고 시편에 새겨 넣었다. 그는 "한라산 세명주할망 눈 감지 못한 바다"라 노래했다. 그렇다. 신인들 어찌 눈을 감을 수 있었겠는가. 그날의 백사장은 화약 연기로 뒤덮였고 겨울바람은 칼끝보다 매서웠다. 생사여탈권을 쥔 총칼 앞에서 노인과 여성, 아이까지도 예외가 없었다. 억울하게 쓰러져간 시신들은 바닷바람에 흩어졌고, 눈물은 오름을 타고 내려와 다시 한모살로 흘러들 만큼 참혹했다. 이러한 작품 속 내용은 세명주할망조차 눈을 감지 못했다는 구절을 환기하며 비극의 무게가 자연과 신화를 넘어 인간의 기억 속에 얼마나 깊게 각인되었는지를 보여준다.

넓은 바다를 기어 다니는 갱이(게) 한 마리, 돌틈에 피어난 순비기꽃마저도 그날은 핏물에 물들었을 것이다. 상군 해녀들이 목숨을 걸고 수십 길 바닷속으로 내려가도 건져 올릴 수 없었던 영혼들, 그 억울한 넋들은 여전히 표선 바다에 스며 있다. "조간대 갯것들에는 피 냄새가 묻어있네"라는 시구는 학살터의 침묵을 찢고 다시 깨어나는 원혼의 울림을 상징한다. 아울러 실제로 바다 미물들에 흘러들어가는 핏자국을 바라봤던 한 주민은 그뒤 바다 음식을 먹지 못했다는 증언도 있을 만큼 당시 바다가 얼마나 참혹했었는지 보여주는 시구이다.

종장에서 시인은 서녘 하늘에 물든 까치놀빛을 마치 제사상을 차려 올리는 장면처럼 그려낸다. 붉게 번지는 노을빛은 바닷속 이름 없는 죽음을 불러내어 하늘로 맞이한다. 이처럼 임채성의 시는 한모살의 죽음을 단순히 과거의 비극으로 남기지 않는다. 서녘 하늘의 까치놀빛은 하늘과 바다, 죽음과 삶을 이어주는 매개가 되고 그 광경은 오늘 우리의 가슴속에서 다시 살아난다.

2. 진혼과 위무의 시학
  - 강영미의「그 해 겨울의 파흔」,「아궁이」

표선면 세화리 출신, 강영미 시인의 시에는 4·3의 큰 줄기를 응시하게 하는 두 편이 있다.「그 해 겨울의 파흔」은 세화리 청년 16인 가운데 한 사람이었던 할아버지의 죽음을 되새긴 기록이고「아궁이」는 신풍리 마을에서 외아들을 잃은 외할머니가 평생 견뎌야 했던 삶의 자리에서 길어 올린 기억이다.

이 두 편의 시조에는 개인의 상처와 집단의 상흔이 교차한다. 할아버지의 죽음과 외할머니의 상실은 한 가정의 비극을 넘어 4·3이라는 거대한 역사적 파흔 속에 맞물린다. 강영미 시인의 부모 세대는 그 상흔의 직계에서 살아왔고 시는 그 삶의 흔적을 증언처럼 되살린다. 4·3은 이렇게 개별 가정의 서사 속에 얽히고 겹치며 제주 곳곳 세대마다 이어지고 있다.

> 사뿐히 발 디뎌도 자꾸 지워져 갔네 / 한모살 가슴팍에 길게 쓰여진 파흔 // 바다를 밀어내면서 / 그해 겨울을 읽었네 // 팔월 땡볕을 넘겨도 목구멍이 서늘해 / 젊은 사진으로 남은 할아버지 발자국 // 여길까, 저기였을까 / 칠십 칠년 묻은 자리 // 진실을 비켜선 건 바다가 아니었네 / 마주 보지 못한 자의 짜디짠 침묵같은 // 물거품 쓸어버리며 / 다시 쓰고 있었네
>
> - 강영미,「그 해 겨울의 파흔」전문

「그 해 겨울의 파흔」의 화자는 표선 바다 앞에 오래 서지 못한다. 할아버지의 희생을 떠올릴 때마다 가슴이 미어져 와 시선을 둘 수 없기 때문이다. 4·3이 일어나던 겨울, 세화리 청년 16명은 토벌대의 명령에 따라 도시락을 싸 들고 나섰다. 단순한 작전 협조라 여겼으나 곧 표선면사무소에 억류되었고 다음 날 표선 백사장에서 한꺼번에 총살당했다. 스무 살 남짓한 청춘들이었지만 희생의 이유는 끝내 밝혀지지 못한 채 역사의 어둠에 묻혔다. 그 열여섯 청년 가운데 한 사람이 바로 강영미 시인의 할아버지였다.

그러나 이 아픔 역시 공동체가 짊어진 몫임을 자각한다. 모래 위에 발을 디디는 순간, 그는 "한모살 가슴팍에 길게 쓰여진 파흔"을 읽는다. 이는 77년간 응어리로 남아온 자국이며 바람과 파도에 덮였다가도 다시 드러나는 모래의 결처럼 청년들의 삶 또한 지워지지 않는 흔적으로 남아 있다. 그해 겨울의 파흔은 결국 바다가 전하는 증언의 언어가 된다.

"팔월의 뜨거운 볕 속에서도 목구멍은 서늘하다"라는 시구는 시간이 흘러도 현장에 서면 스며드는 한기를 환기한다. 젊은 모습으로만 남아 있는 할아버지의 발자국은 특정할 수 없는 자리 속에 잠겨 있고 넓은 백사장은 그 불확실성을 더욱 부각한다. 바로 그 모호함 속에서 칠십칠 년의 시간이 겹겹이 퇴적되

었음을 화자는 깨닫는다.

"진실을 가린 것은 바다가 아니었다." 파도는 흉터를 덮고 있었을 뿐, 죄를 짊어진 것은 침묵을 강요한 권력과 말하지 못한 우리들이었다. 바다는 오히려 상혼을 되새기며 기억을 되돌려준다. 발자국을 따라 걷는 일은 지워진 자리를 다시 밟는 고통이자 남은 슬픔을 마주하는 일이다.

"마주 보지 못한 자의 짜디짠 침묵같은"이라는 시구는 학살을 저지른 권력에 대한 두려움 속에서 침묵할 수밖에 없었던 공동체의 슬픔을 드러낸다. 어느 누구도 말하지 않았다. 아니, 말할 수 없었다. 누군가는 사라지고 또 누군가는 잡혀갔던 시대. 그 억눌린 침묵은 잊으려 한다고 해서 지워지는 것이 아니었다. 차마 말할 수 없는 고통은 세월 속에 응축되어 제주 공동체의 기억 속에 여전히 살아 있는 상처가 되었다. 그것은 개인의 아픔을 넘어 마을과 섬 전체에 드리워진 어두운 그림자였고 오늘을 살아가는 우리에게 '잊지 말아야 할 기억'으로 다가온다. 그럼에도 화자는 끝내 "물거품을 쓸어버리고 / 다시 쓰고 있었네"라는 종장으로 나아간다. 이는 바다가 흔적을 덮었다가 다시 드러내듯 말하지 못한 아픔을 어루만지려는 태도이며 동시에 16인의 영혼을 진혼하면서 화해의 언어를 모색해야 함을 드러내고 있다. 4·3의 잔재는 「아궁이」에서 더 처절하게 그려진다.

고개 떨군 당신의 빙점을 기억해요 / 아들 잃은 그 밤부터 아침은 오지않아 / 불 앞에 쭈그려 앉아도 숨이 자꾸 식어갔죠 // 한 생 다

사른 날에 머리로 피가 솟은 당신 / 눈물도 재가 되어 전설처럼 굳어
가요 / 끝끝내 못한 말들은 검불처럼 박혔네요 // 할머니 아궁이에서
우린 다시 불씨에요 / 태우고도 얼어붙은 시간 다 분질러 넣어 / 설
설설 끓어오르면 당신 어서 오세요

- 강영미, 「아궁이」 전문

고개를 떨군 채 웅크린 할머니의 모습은 한 집안의 비극을 넘어 세대를 건너 이어진 아픔의 형상이 되었다. 외아들을 총살로 잃은 뒤, 불 앞에 앉아도 숨은 식어갔고 삶은 재처럼 굳어졌다. 그 곁에서 화자의 어머니는 어린 시절을 살아내야 했다.

화자는 외할머니의 절망을 들으며 자랐다. 그 절망은 단순한 개인의 슬픔이 아니라 한 가족과 한 시대가 겪은 집단적 비극의 잔향이었다. 외할머니는 민보단에 징발돼 보초를 서던 중 젊은 아들이 죽창에 쓰러지는 참혹한 장면을 눈앞에서 목격한 뒤 여생을 아궁이 앞에서 가슴을 쓸어내리며 살아야 했다. 어두컴컴한 부엌의 불빛 아래 쪼그리고 앉아 함께 타들어가던 그 모습은 가족의 기억 속에 깊이 각인되었고 화자는 그 이야기를 어머니에게서 전해 들으며 성장했다. 이처럼 화자는 아버지와 어머니의 상흔이 맞닿은 자리에서 4·3의 고통을 온몸으로 체감하게 되었으며 세대를 거쳐 전이된 상흔은 그의 내면에 잠재된 언어가 되어 4·3이 남긴 고통의 유전자를 자신의 몸속에 새기듯 살아왔다.

시조 「아궁이」가 보여주듯 "끝끝내 못한 말들은 검불처럼 박혔던" 시간은 오늘까지도 꺼지지 않은 불씨로 남아 있다. 할머니의

아궁이는 단순한 생활의 공간이 아니라 죽음을 견디고 남은 자들이 다시 불씨를 일으켜야 했던 기억의 자리였다. 그래서 시는 얼어붙은 시간을 부서뜨려 넣고, 다시 끓어오르기를 간절히 기다리는 목소리로 화해와 생명의 기원을 건넨다.

시집 『돌고래가 지난다』에 실린 4·3 시편 「사월 둥지」를 함께 떠올리면 아픔을 넘어서는 또 다른 결을 만난다. 둥지는 새 생명을 품고 날개를 기다리는 자리다. 시인은 그 둥지의 이미지를 통해 4·3의 비극을 고통의 언어로만 남기지 않고 상생과 회복의 언어로 돌려준다.

> 내집 네집 문패 없이 / 낯빛들 환환 사월 // 울타리 걷어내고 / 같이 같이 앉은 꽃들 // 꿀풀꽃 / 둥근 화분에 / 제비꽃이 활짝 펴.
>
> - 강영미, 「사월 둥지」 전문

총살로 한꺼번에 스러진 세화리의 마을은 매년 음력 11월 16일이면 집집마다 제를 올리고 향을 피운다. 그날의 슬픔은 여전히 잔설殘雪처럼 남았으리라. 그러나 시 속에서는 꽃들이 울타리를 넘어 같이 앉아 있는 풍경으로 환치된다. "같이 같이 앉은 꽃들"은 아픔을 지우려는 것이 아니라 꽃으로 전환된 기억 속에서 슬픔을 더욱 선명히 드러내는 동시에 서로를 품으려는 마음이다. 여기서 시인의 평소 품성이 배인 언어들이 살아난다.

무엇이든 따뜻하게 감싸안는 강영미 시인의 어법은 곧 기억과 상처가 언어 속에서 화해하는 자리를 열어준다. 그는 고통에 머무르지 않고 품어냄으로써 의미를 생성하는 방식으로 화해를 요청한다. 그렇다. 제비꽃이 화분 가득 피어나듯 함께 견디고 나누는 삶은 고립된 아픔을 넘어 상생의 길을 틔운다. 그렇게 침묵 속에 갇혀 있던 4·3의 슬픔은 결국 작은 연대의 꽃송이들로 되살아나 우리 곁에서 다시 숨을 쉰다. 마지막 구절 "둥근 화분에 제비꽃이 활짝 펴"는 바로 그 표징이다. 닫히지 않은 상처 위에도 봄은 다시 돌아와 꽃을 피우고 그 꽃은 상생의 가능성을 함께 기대하는 우리들의 자리를 마련한다.

3. 만남과 이별의 한모살
  - 임채성의 「표선」

만남과 이별은 인간 존재의 근원적 조건이다. 우리는 그 속에서 삶의 의미를 찾고 기억과 망각의 경계를 넘나들며 존재의 무게를 감각한다. 제주 4·3은 한 개인의 사랑과 꿈이 집단의 죽음과 상실로 전환되는, 만남과 이별의 역설이 집약된 역사의 현장이다. 임채성 시인은 「표선」에서 이러한 존재의 조건을 만남과 이별로 환치하며 4·3의 아픔을 시적 언어로 승화시켰다.

  1.
  만났네, / 한 여인을 용궁올레 길목에서 // 섶 풀린 물소중이 높하니에 나풀대며 / 볼우물 미소를 캐던 그는 분명 용녀였네 // 곰살궂은 목소리엔 해조음이 묻어났네 / 귓바퀴에 찰박대는 물과 뭍의 이야기들 / 이어도 숨비소리에 내 심장은 뜨거워지고 // 맑디맑은 눈동자엔 수평선이 어리었네 / 깊이 모를 동공 속에 윤슬을 풀어놓고 / 밤에는 별을 끌어와 은하수로 수놓으며 // 먹보말 한 줌에도 배부르던 신접살이 / 초가지붕 낙숫물소리 꽃잠을 깨고 보면 / 수선화 노란 꽃망울 봄을 물고 있었네

2.

　떠났네, / 그해 사월 갈마바람 드세던 날 // 어질머리 물마루에 테왁만 남겨둔 채 / 간다고 아주 가리까, 물어볼 짬도 없이 // 남해용왕 부름 앞에 짧기만 했던 사랑 / 가슴에 구멍 뚫린 검은 돌담 올레 너머 / 세명주 할망당에도 문빗장이 걸렸네 // 햇살 환한 푸른 날도 파랑은 인다기에 / 갈매기 무동을 탄 물밑 소식 행여나 올까 / 망부석 하얀 등대는 그림자가 길어지고 // 억새도 머리 풀고 비손하는 상달이면 / 한모살 백사장에 피 토하며 우는 바다 / 하늘도 노을을 따라 함께 젖고 있었네

- 임채성,「표선」전문

　임채성의「표선」1부를 감상했을 때, 필자는 어느새 맥락에서 벗어난 상상을 불러왔다. 스무 살 꽃다운 나이에 바다 물질을 다니던 어머니의 해조음이 귓가에 울린 것이다. 가쁜 숨결 속에서도 맑은 눈동자를 반짝이던 시절, 어머니는 그 눈빛 속에서 아버지를 만나 별빛을 품고 행복을 꿈꾸셨으리라. 찢어지게 가난한 신혼살림도, 초가지붕을 타고 흐르던 낙숫물 소리도, 꽃망울을 터뜨리던

수선화의 노란 봄빛도 그 시절의 맑음을 머금은 기억으로 되살아난다.

그러나 「표선」 2부를 감상하면 이야기는 달라진다. 바다는 더 이상 사랑과 환희의 삶을 노래하지 않는다. 사월의 거센 바람이 몰아치던 날, 해녀의 삶과 청춘의 꿈은 허망하게 끊어지고 만다. 물 위에는 고향을 지켜주던 테왁만 남아 있고 삶의 주인은 끝내 돌아오지 못했다. 남겨진 것은 사랑하는 이들을 부르지도 못한 채 떠나보내야 했던 상실과 허무였다. 검은 현무암돌담 너머 공동체의 문은 닫히고 제의와 기도의 자리마저 끊어진 풍경은 곧 1948년 4·3 그날 한모살의 수많은 목숨들의 참상이었다.

그때의 바다는 돌아오지 않는 이를 끝없이 기다리던 유가족의 자리였다. 망부석처럼 서 있는 등대는 길어진 그림자로 슬픔을 드리우고 억새는 머리를 풀어헤친 채 제를 올리는 여인의 몸짓처럼 바람에 흔들렸다. 한모살 백사장은 노을조차 함께 울며 하늘마저 붉게 물들었다. 총칼 앞에서 쓰러진 무고한 이들의 넋이 피와 울음으로 젖어 떠돌고 있는 영혼들을 화자는 부르고 있었다.

다시 1부로 돌아가 이 시를 읽으면 용녀는 신화 속 존재나 한 개인의 어머니로 한정되지 않는다. 그는 물질로 생계를 이어가던 해녀이자 억울하게 희생된 제주 여성들의 얼굴을 동시에 품고 있다. 수평선을 가득 담았던 맑은 눈동자는 바다 위에서 청춘을 일구던 삶의 빛이었지만 곧 폭력 앞에 스러져야 했던 희생의 눈빛들과도 겹쳐진다.

따라서 용녀는 곧 제주 공동체를 지탱해온 이들이다. 가난 속에서도 사랑을 꿈꾸던 신혼살림의 장면은 4·3의 총칼 앞에서 단절된 수많은 이들이 '생生'에서의 삶을 환기한다. 이 시를 읽고 있으면 마치 진혼곡을 듣는 듯 감정에 휩싸인다. 피와 울음으로 얼룩진 참상을 다루고 있지만 그것을 단순한 기록이나 증언이 아닌 시의 언어로 형상화했기에 오히려 더 깊은 진정성이 전해진다. 나아가서 시적 화자가 노래하는 큰 줄기의 흐름을 생각해 볼 수 있다.

"만났네"는 4·3 이전의 제주의 삶을, "떠났네"는 4·3 이후의 집단적 비극을 표징한다. 1부와 2부의 환치換置는 단순한 시적 전환이 아니라 개별적 체험과 공동체적 역사, 삶과 죽음의 장면을 서로 맞바꾸어 보여주는 구조적 장치다. 이 환치는 '대화적 긴장'처럼 서로 다른 차원이 충돌하면서도 동시에 공명하는 효과를 낳는다. 즉 개인의 사랑과 공동체의 상실, 생의 환희와 죽음의 비극이 교차하며, 독자는 시적 음향 속에서 역사와 삶의 중층적 의미를 감각하게 된다.

이때 연시조라는 형식은 개별 시조의 닫힌 구조를 넘어 앞뒤의 시편들이 서로 반향하는 '순환적 구조'를 형성한다. 구조적 반복과 대립은 단절된 역사를 하나의 리듬 안에서 관조하게 만들며 이는 곧 집단적 비극을 '기억의 음악'으로 전환하는 시적 힘이라 할 수 있다. 따라서「표선」은 4·3의 참상을 증언하는 동시에 삶과 죽음을 동시에 품어내는 시적 울림으로 승화된다. 연시조의 구조적 장치는 바로 이 지점에서 작품의 문학적 가치를 한층 돋보이게 한다.

4. 작별하지 못한 이름들
- 김영란의 「표선 백사장」

    4·3 항쟁 77주년에 발간한 김영란 시인의 시조집『동백꽃 졌다 하지 마라』는 제주 4·3을 증언하고 기리는 데 초점을 맞춘 작품집으로, 개인적 기억과 공동체적 상처를 시조 형식에 담아 억울하게 스러진 넋들을 불러내고 위무하는 목소리를 전한다. 이 시집은 단순한 비극의 기록을 넘어 기억과 망각 사이에서 역사를 새겨내려는 윤리적 태도를 드러내며 특히 '동백꽃'을 4·3의 죽음을 상징하는 동시에 삶의 연속성을 암시하는 기표로 사용한다. 절제된 언어 속에 응축된 참상은 증언-진혼-위무-화해라는 흐름을 만들어내며 오늘의 독자에게 4·3의 윤리적 기억을 계승할 것을 요청한다.

    짙은 보라색의 표지 위에 흩어진 동백송이는 제주 4·3의 넋을 불러내는 상징으로 다가온다. 차갑게 떨어진 꽃송이는 쓰러진 생명을 증언하며 애도의 목소리를 담아내는 것 같다. 특히 시집에 실린 4·3 시편들은 시인이 오랜 시간 현장을 살피고 증언자들을 만나온 삶의 궤적 속에서 길어 올린 목소리다. 4·3 제의 제물을 맡아 준비하는 자리에서 품어온 김영란 시인의 삶이 녹아든 까닭인지 시편

들은 더욱 생생하게 다가온다.

  이 시편들 가운데「표선 백사장」을 읽으며 내내 가슴을 후벼 팠던 것은 'P읍'이라는 낱말이 불러낸 아픔이었다. 그 단어는 곧 나의 개인적 기억을 건드리며 그리운 '표선 백사장'을 떠올리게 하는 표식이 되었다.

> 바람의 손목을 / 물어뜯고 싶었어 // 명치를 때리며 / 밀려갔다 밀려오는 // 바다의 울음소리는 / 자꾸만 깊어지고 // 꽃다운 목숨들이 아무렇게나 스러지던 / P읍이라고 했었어 피 읍이라 들었지 // 그 밤은 용서하지 마 / 잃어버린 밤들을 // 새하얀 도화지 같은 모래사장 한모살에 / 목 잘린 꽃송이 붉은 넋을 위로하며 / 더 이상 작별하지 못한 이름들을 새겼어
>
>   - 김영란,「표선 백사장」전문

  이 시를 접하는 순간 참혹했던 지난겨울이 떠올랐다. 한강의 노벨문학상 소식을 듣고 들뜬 마음을 가라앉히기도 전에 우리는 계엄이라는 충격적인 현실을 마주해야 했다. 광화문 광장에서 촛불을 가슴에 받치며 떨던 사람들, 직접 참여하지는 못했지만 함께 날밤을 지새우며 간절히 기도했던 기억이 아직도 선명하다. 한강의『작별하지 않는다』속 문장들이 내면을 울리던 그 무렵, 우리는 다시 국가 공권력 앞에서 공포스러운 사태를 겪어야 했다. 그러나 다행히 촛불의 힘으로 그 참사를 이겨내었고 오늘에 이르렀다.

  필자가 한강의『작별하지 않는다』를 읽을 때 처음에는 설마 이

해수욕장이 표선일까, 하는 짐작에 머물렀다. 그러나 곧 필자의 친정 할아버지에게 들었던 학살의 기억과 장면들이 겹쳐 떠오르며 내 고향의 이야기였음을 알게 되었다.

시의 전개를 따라가다 보면 바람은 잡히지 않는 손목처럼 다가오고 바다는 끊임없이 밀려오며 깊은 울음을 토해낸다. "P읍이라 들었어. 피 읍이라 들었지"라는 구절은 단순한 착청이 아니라 언어적 전위를 통해 참상의 실체를 드러내는 시적 전략이다. 표면적으로는 특정 지명을 지시하는 듯 보이지만 청각적 전이를 거치면서 '피血'라는 상징이 전면에 떠오른다. 이때 시인은 단순히 마을의 이름을 부르는 것이 아니라, 그 지명이 피血로 얼룩진 공동체의 역사적 기억을 환기하는 장치가 되도록 만든다.

이로써 P읍은 더 이상 지도 위의 좌표가 아니다. 그것은 피血의 언어로 기록된 집단적 상흔이며 지명 자체가 곧 피의 증언이 된다. 이러한 이중적 의미화는 4·3이라는 참극을 말로 다 표현할 수 없는 절규의 형상으로 불러낸다. 결국 시인은 'P읍'을 '피 읍'으로 전환해 단순한 지명을 역사적·윤리적 상징으로 바꾼다. 그 순간 지명은 단순히 이름이 아닌, 기억과 의미가 응축된 강렬한 이미지로 자리한다.

그 기억은 억눌린 듯 점점 더 깊어져 젊디젊은 목숨들이 무참히 스러져 간 자리를 환기한다. 한강의 『작별하지 않는다』 속 기록처럼 "P읍 국민학교에 한 달간 수용된 뒤 지금은 해수욕장이 된 백사장에서 12월에 군경 가족을 제외한 젖먹이 아이들까지 총살당했다."는 비극이 어렴풋이 되살아난다.

그렇다. 우리는 이 밤을 용서할 수 없다. 모두가 사라진 잃어버린 밤, 그 어둠은 여전히 지워지지 않는다. 김영란 시인은 바로 이 밤의 참상을 품은 영혼들을 달래고자 시적 형상으로 다시 불러낸 듯하다. 그래서 사라진 생명들은 도화지 같은 모래사장 위에 흔적처럼 남아 끝내 사라지지 않는 상흔으로 우리 앞에 서 있다.

모래사장은 처음에는 순결하고 비어 있는 자리, 아직 아무것도 쓰이지 않은 희망의 공간처럼 보인다. 하지만 그 위로 피 흘린 흔적과 잘린 꽃의 이미지가 겹쳐지면서 그 하얀 바탕은 곧바로 얼룩진 증언의 장소로 전환된다. 시 속에서 표현된 "새하얀 도화지 같은 모래사장 한모살"은 곧 "목 잘린 꽃송이"와 "붉은 넋"과 만나며 하양과 붉음, 도화지와 잘린 꽃, 넋과 모래사장이라는 대비를 이룬다.

이처럼 상반된 이미지들이 서로 충돌하며 긴장을 만들어내는 방식은 바흐친이 말한 '대비와 대립의 대화성'과 연결된다. 바흐친에 따르면 언어와 텍스트 속의 의미는 단일하게 고정되지 않고 서로 다른 목소리와 세계관이 충돌하면서 끊임없이 새롭게 생성된다. 즉, 모래사장의 '희망과 순결'이라는 목소리와, 잘린 꽃과 붉은 흔적이 지닌 '죽음과 폭력'의 목소리가 충돌하며 독자는 두 세계를 동시에 마주하게 된다. 이러한 긴장은 단순한 묘사가 아니라 역사적 진실과 감정의 층위를 열어젖히는 다성적 의미 공간을 형성한다.

여기서 강조한 대화성은 단순히 인물 간 대화에 머무르지 않는다. 서로 다른 이미지, 상징, 기억이 겹치고 부딪히면서 의미가 생성되는 과정 전체를 가리킨다. 따라서 이 시의 모래사장은 '비어 있음'과 '피로 얼룩짐'이라는 모순된 목소리가 교차하는 장이며 바로 그 충돌의 자리에서 독자는 역사적 부조리와 사건의 부당함을 더욱 선명하게 읽어낼 수 있다.

결국 김영란의「표선 백사장」은 모래사장이라는 순결한 배경을 피로 얼룩진 증언의 장소로 바꾸어, 무고하게 스러진 생명들의 목소리를 다시 불러낸다. 아울러 그 넋들을 위로하고 있는 시 한 편을 남긴다.

뭇매처럼 / 쏟아지는 / 부신 빛이 아려서 / 지천으로 봄까치꽃 / 온 몸이 다 퍼렇다 // 하늘도 아래로 내려 / 꽃에 입을 맞춘다

- 김영란,「꽃도 아픈 사월에」전문

봄까치꽃의 퍼런 몸빛은 사월의 아픔을 고스란히 품은 넋의 형상처럼 다가온다. 눈부신 빛조차 상처로 스며드는 순간, 하늘이 꽃에 입을 맞추는 장면은 쓰러진 영혼을 어루만지는 치유의 몸짓이 된다. 꽃은 피고 지는 생의 순환 속에서 다시 기억을 불러내며 "꽃에 입을 맞춘다." 그렇다. 다시 불러낸 상처에 입을 맞추며 새로운 숨결이 깃들기를 바라는 화자는, 상처와 아픔을 넘어 삶을 이어가려는 의지를 담담히 드러낸다.

5. 화해를 향한 SOS
- 김연미의「바다와 교신」

김연미의「바다와 교신」은 지난한 표선 바다의 기억을 불러냈

다. 여고 시절 친구가 세상을 떠나기 전 농담처럼 남긴 "내 무덤가에 꽃 한 송이"라는 말은 지금도 아프게 남아 있다. 나는 마음속으로 백사장에 꽃을 놓으며 그 부재를 애도한다. 그래서 이 시가 고맙다. 시詩는 작가의 의도와는 상관없이 불특정 독자들의 마음을 위로하는 힘을 갖는다. 무뎌진 감정과 감추어둔 아픔은 시 속 특정한 좌표들이 열리는 순간 다시 불러내어진다.

> 당신은 늘 반짝이죠 / 눈이 멀 것 같아요 // 당신을 볼 때마다 활성화된 파란 가슴 / 하얗게 웃던 치아가 파도치고 있어요 // 더 깊어졌네요 / 생각이 많은 눈빛 / 살다가 살다보면 문득 궁금해진 좌표 / 편집된 흔적을 찾아오던 길을 되돌아가죠 // 당신이 걷던 쪽으로 배를 띄워볼게요 / 추신된 그리움이 엉거주춤 걸린 오후 / 밀물에 검지를 대고 교신하고 있어요

- 김연미, 「바다와 교신」 전문

「바다와 교신」의 시적 화자가 바라보는 세계는 4·3을 둘러싼 역사적 현실과 맞닿아 있다. 시적 화자가 바라보는 세계는 반짝이는 기억과 동시에 눈이 멀 것 같은 아픔이 겹쳐진 자리다. "활성화된 파란 가슴"은 단순한 개인의 정서가 아니라 4·3의 흔적과 맞닿은 집단적 울림이다. 하얗게 웃던 치아가 파도처럼 밀려오는 장면은 지워진 얼굴과 사라진 흔적을 떠올리게 한다.

    시인의 고향이 토산리인 점을 감안하면 시적 화자는 4·3 전후 토산리의 정황을 떠올리며 이 시를 쓴 것으로 추론해 볼 수 있다.

당시 토산리 청장년들 100여 명이 집단 연행되어 총살당한 사건은 긴 세월 동안 은폐되거나 침묵 속에 묻혀야 했다. 이러한 배경은 눈 위에 붉게 번지는 동백꽃 이미지와 겹쳐지며 비극의 기억을 환기한다.

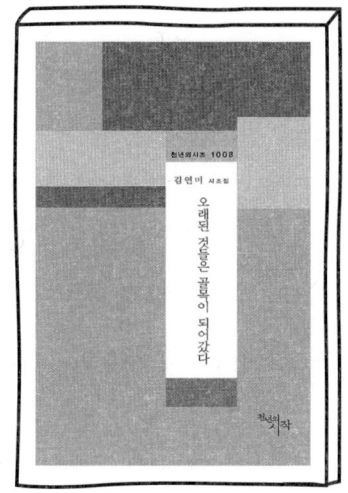

그렇다. 살다 보면 문득 궁금해지는 좌표들이 있다. "편집된 흔적을 찾아오던 길을 되돌아가죠"라는 시구는 반어적으로 노래하고 있다. 그럼에도 불구하고 우리는 그때의 마음으로 돌아가야 한다고, 아니 바로 그 마음 상태로 돌아가자고 시인은 신호를 보내고 있다. "추신된 그리움이 엉거주춤 걸린 오후 / 밀물에 검지를 대고 교신하고 있어요" 편집된 듯 사라진 기록을 찾아 되돌아가는 길은 곧 잊힌 이들의 삶을 더듬는 행위다. 화자는 배를 띄워 잃어버린 방향을 향하고 오후의 그리움 속에서 밀물에 손가락을 대어 교신을 시도하고 있다.

이 모든 장면은 4·3 당시 총살당한 사람들과 흔적조차 지워진 역사적 현실을 직접 언급하지 않고도 배경으로 드러낸다. 바다와의 교신은 사라진 존재와 이어지려는 절박한 마음이자 침묵 속에서도 응답을 기다리는 또 하나의 증언이 된다.

무엇보다 김연미 시인의 독창성은 언어의 결에서 드러난다. 그의 시조에는 교신, 활성화, 좌표, 편집, 추신 같은 단어들이 불쑥 모습을 드러낸다. 얼핏 차갑고 기호적인 낱말처럼 보이지만 종결어미 '요'와 맞물리며 그 안에서 고유한 울림이 생겨난다.

이러한 색채는 비단 「바다와 교신」에만 머무르지 않는다. 그의 시조집 전반에 흐르는 분위기는 감성 언어와 수학적 언어의 교차점에서 예기치 않은 선율처럼 번져 나가는 것 같다. 이질적인 단어들이 맞부딪히며 빚어내는 긴장은 독자의 감각을 천천히 흔들며 김연미 시인만의 독특한 언어의 결을 만나게 한다. 이 지점은 로만 야콥슨이 『문학 속의 언어학』에서 말한 바 있는 '시적 기능' 개념으로 설명할 수 있다. 언어가 단순히 정보를 전달하는 차원을 넘어 언어 자체의 형식과 결, 낯선 배치가 의미를 만들어내는 순간에 시적 기능이 작동한다. 김연미의 시조에서 감성적 언어와 기호적·수학적 언어가 불현듯 충돌하고 어울리는 장면은 바로 그 시적 기능의 발현으로, 언어가 자기 자신을 드러내며 새로운 미적 질서를 창조하는 자리라 할 수 있다.

「바다와 교신」은 언어가 지닌 긴장과 파열을 통해 우리를 잃어버린 세계의 좌표로 이끌며 아직 해결되지 않은 아픔을 품어 안으며 새로운 화해의 길을 제시하고 있다. 아울러 작년 겨울 싸락눈 휘몰아치던 날, 아파트 앞 동백나무 앞에서 가슴 뭉클하게 다가왔던 김연미 시인의 「당신의 가슴속으로 들어갔습니다」를 떠올리며 그때 함께했던 마음의 떨림을 다시 꺼내 본다.

(생략) // 죽음을 설계하던 결 7호 그물에 갇힌 / 일자형에 왕자王字 형 동굴 그 가슴의 칼자욱들 / 수마포 말울음 소리가 동굴 깊숙이

들렸다 // (생략) // 밀물에도 잠기지 않는 그날의 흔적을 안고 / 괜찮다 괜찮다 하며 일렁이는 바다를 안고 / 당신은 아침을 향해 붉은 얼굴을 들었지 // 까슬한 가슴에도 생명을 키우는 당신 / 어둠보다 먼저 온 노을 한자락 타고 앉은 / 동굴 벽 푸른 고사리 손을 내밀고 있었다

- 김연미, 「당신의 가슴속으로 들어갔습니다」 부분

김연미의 시 「당신의 가슴속으로 들어갔습니다」는 성산일출봉 자락 수마포에 스며든 4·3의 상흔을 형상화한다. 결 7호 그물과 왕자王字 형 동굴의 칼자국은 죽음의 설계를 연상시키고 말울음 같은 수마포의 소리는 동굴 깊숙이 메아리쳐 당시의 참혹함을 불러낸다. 시간의 삼투압으로 절여진 눈물과 물러설 곳 없는 흔적은 바다와 육지 사이에서 무릎 꿇은 존재들의 고통을 전한다. 밀물에도 사라지지 않는 흔적을 끌어안고 "괜찮다"를 되뇌는 목소리는 억울한 죽음을 위무하면서도 아침을 향해 붉은 얼굴을 들던 저항과 생명의 기운을 드러낸다.

절망의 어둠을 뚫고 솟아오르는 "동굴 벽 푸른 고사리"가 "손을 내밀고 있었다"로 치환하는 이 시는 잃어버린 길 위에서 다시 관계와 연대를 회복하자는 화해의 신호이다. "까슬한 가슴에도 생명을 키우는 당신"이라는 시구에서 이제 상처를 감싸안으며 새로운 아침을 함께 맞이하자고 하는 의지를 드러낸다. 이제 우리는 다시 서로의 가슴속으로 들어설 수 있음을 생명의 언어로 전하고 있다.

6. 상생의 소리
- 고정국의 「한라산 뻐꾸기」

고정국 시인은 표선 백사장과 인접한 남원읍 위미에서 4·3 사건 일 년을 앞두고 태어났다. 그 불타는 마을 복판에서 누나의 등에 업혀 바닷가 바위틈에 숨는 등의 순간을 넘기며 생존해왔다. 자칫 젊은 세대들은 4·3과 한국전쟁을 거치면서 지탱해온 1950년대 아픔을 강 건너 불 보듯 할지 모른다. 그래서 고정국 시인은 고향 위미 사투리로 엮어낸 서사시조집 『지만 울단 장쿨래기』에 4·3과 직간접적으로 얽힌 사연들을 적나라하게 펼쳐놓고 있다.

> 흰동산 외하르방 저슬틀엉 외갓집가민 / 낭캉알에 눈이묻엉 눈질 우이 돔박고장 / 돔박꽃 헤카진 질에 피가 벌겅헹 있국
>
> - 고정국, 「흰동산 돔박생이」 전문

이 시는 외할아버지 댁 가던 길에 눈길을 걷다가 그 위에 떨어진 동백꽃을 밟으면 꽃송이가 으깨지고 눈 위에 마치 피가 붉게 번진 것처럼 보이는 장면을 시로 형상화한 것이다. 눈과 꽃, 붉은 피

의 대비 속에서 생명의 덧없음과 역사적 상흔을 함께 환기시킨다.

한편, 「한라산 뻐꾸기」는 4·3의 중심에서 고모부를 잃고 홀로 90 평생을 살다 돌아가신 고모님의 울음소리를 위미마을 자배봉 뻐꾸기 울음소리에 담아내고 있다.

한라산 잡목 숲에 텃새 한 마리 숨어서 산다 / 고 씨 집안 대물림에 늙어서도 목청이 고운/ 4·3때 청상이 됐던 올해 팔순 고모가 산다 // 산이 산을 막고 무심이 무심을 불러 / 해마다 뻐꾸기소리 제삼자처럼 듣고 있지만 / 고모님 원통한 숲엔 오뉴월 서리도 내렸으리 // 한 백년 나앉은 산은 등신처럼 말이 없고 / "꺼꾹 꺼꾹, 꺼어꾹 꺼어꾹" 숨어 우는 우리 고모 / 간곡히 위미사투리로 되레 나를 타이르네.

- 고정국, 「한라산 뻐꾸기」 전문

「한라산 뻐꾸기」는 4·3의 상흔을 가족사와 자연의 이미지 속에 녹여낸 작품이다. 한라산 잡목 숲에 울어대는 뻐꾸기는 단순한 텃새가 아니라 고모의 원통한 생애를 상징하는 존재로 제시된다. "산이 산을 막고 무심이 무심을 부른다"는 시구는 그 자체로 막혀버린 세월과 억눌려 말하지 못한 한을 응축한다. 산이 산을 가로막듯 세월은 고모의 삶을 끊임없이 가로막고 침묵을 강요했다. 그러나 그 무심 속에서도 울림은 사라지지 않았다. 그것은 곧 드러낼 수 없는 울분이었고 외면할 수 없는 기억이다.

일반적으로 뻐꾸기의 표준어 울음소리는 "뻐꾹뻐꾹"이라 표기한다. 그러나 이 작품에선 "꺼꾹, 꺼어꾹" 노래하고 있다. 결국 생의 절반 동안 고향에서의 아픈 삶을 체험한 고정국 시인은 그 뻐꾸기 울음소리에서 '간곡'이라는 형용사를 놓칠 리 없다. 결국 '상생과 화해'의 장을 열어달라는 시대의 간곡한 고모님의 목청을 전하고 있는 것이다.

그리고 표선 백사장을 떠올리면 생각나는 고정국 시인의 시조「스며들기」중 한 수酋를 적어 본다.

> (생략) // 아, 정녕 용서의 뿌리는 하늘 쪽에 있었던 것 / 사뿐히 예를 갖춘 손바닥에 눈 한 송이 / 사르르 마지막 눈물이 사람처럼 따뜻해 // 아픈 자여, 그 곁에서 아프게 했던 자여 / 이제 다 맨발로 내려와 저 눈밭에 함께 서자 /우리의 국경선에도 / 눈이 오고 있으니…
>
> - 고정국,「스며들기」부분

고정국의 시「스며들기」는 4·3의 원한과 상처가 얼마나 깊고 무거운 것인지를 일깨운다. 인간의 힘만으로는 결코 다 감당할 수 없는 고통이지만 시인은 하늘에서 내려오는 눈송이의 이미지를 통해 용서라는 초월적 감각을 불러낸다. 사뿐히 손바닥에 내려앉아 이내 사르르 녹아드는 눈송이는 마지막 눈물이 사람의 온기로 따뜻하게 변하는 순간을 보여준다. 그것은 아픔을 끌어안으며 타인에게 다가서는 화해의 제스처이다.

"아픈 자여, 그 곁에서 아프게 했던 자여 / 이제 다 맨발로 내려와 저 눈밭에 함께 서자"라는 구절은 가해자와 피해자, 죽은 자와 산 자 모두를 한자리에 불러 세운다. 눈밭에 함께 선다는 것은 곧 경계가 허물어지는 자리이자 원망과 분노가 잠시 멈추는 자리다. 함박눈이 내리는 날, 너와 나의 경계선마저 덮어버리는 하얀 설원 위에서 비로소 우리는 같은 인간으로 선다.

용서와 화해, 상생은 결코 연약한 감정이 아니다. 그것은 누군가의 권력이나 힘으로 강요되는 것이 아니라 아픔을 통과한 이들이 스스로 길어 올린 내적 힘이다. 고정국 시인은 바로 이 지점에서 언어를 치유의 도구로 삼는다. 절망과 분노의 언어를 넘어 긍정과 화해의 언어를 도처에서 길어 올려 새로운 시대의 정신으로 삼는다. 그의 시가 절실히 요청하는 것은 눈송이처럼 내려와 스며드는 용서 그리고 함께 서서 살아내는 연대의 힘이다.

7. 화해와 상생의 길로 들어서는 길

4·3의 봉홧불은 제주 현대사를 이해하는 핵심 축이다. 오랫동안 '사건'이라 불리며 왜곡되어 온 역사는, 뒤늦게 '항쟁'이라는 이름을 되찾기까지 수많은 침묵과 시련을 겪어야 했다. 아직도 '4·3'에 대한 정명正名은 완전히 이루어지지 않았지만 많은 제주도민들에게는 여전히 '4·3항쟁'으로 불러야 한다는 인식이 자리하고 있다. 이처럼 이름을 둘러싼 논쟁이 이어지고 있다는 사실은 4·3의 진실 규명과 화해의 과제가 여전히 남아 있음을 말한다.

이제 필요한 것은 우리의 힘이다. 과거의 고통을 기억하되 그것을 화해와 상생으로 전환해야 한다. 이는 특정 세력이나 권력층의 의지로만 이루어질 수 없다. 사회 전체가 긍정적 인식을 공유하고 상호 신뢰를 회복할 때에만 가능하다. 우리는 이미 경제적·문화적 기반 속에서 든든한 국력을 지니고 있다. 그렇기에 오늘날 진보와 보수, 세대와 세대, 지역과 지역처럼 대립을 부추기는 이분법을 넘어설 수 있는 힘을 길러야 한다.

이유를 묻지도 않고 무조건 배척하거나 불신하는 사회 속에서는 아무것도 이룰 수 없다. 이제는 서로에게 손을 내밀 수 있는 용기와 신뢰의 바탕을 마련해야 한다. 그것이 가능할 때 비로소 성숙한 의미의 화해가 다가올 것이다. 필자는 제주도민이 보여준 집단지성의 힘을 믿는다. 억눌린 세월과 참혹한 기억 속에서도 서로를 보듬으며 성숙해졌다. 이제 남은 과제들은 결코 가볍지 않지만 그 무거움마저 함께 짊어질 힘을 이미 길러왔다. 그 길 위에서 우리는 반드시 답을 찾아갈 것이라 본다.

필자의 고향인 표선 바다. 한모살의 모래 위에 쌓여 있던 기억은 곧바로 진혼의 노래로 이어졌고 그 노래는 위무의 울림으로 확장되었다. 고통을 외면하지 않고 서로 끌어안으며 그 속에서 새로운 희망을 길어 올린 언어가 있었기에 오늘 우리는 다시 표선 바다를 바라볼 수 있다. 그 길을 시로 증언해 주신 분들께 머리 숙여 감사드린다.

임채성, 강영미, 김영란의 시는 집단 학살의 흔적과 청춘의 죽음, 끝내 작별하지 못한 이름들을 다시 불러냈다. 파도는 흔적을 덮었다가도 다시 드러냈고 시는 그 자리를 오늘의 언어로 꽃피웠다. 김연미와 고정국의 시는 이 지점에서 화해의 손을 내밀었다. 단절된 기억을 잇는 교신은 상처에서 화해로의 손길이 되었고 간곡한 고향 사투리로 우는 뻐꾸기의 소리는 상생의 메시지를 전한다.

"꺼어꾹 꺼어꾹" 이제는 제발 화해와 상생의 길로 들어서자고.

멀티페르소나 시대,
제주어 시조의 폭과 깊이

- 김정숙의 제주어 시조집 『섬의 레음은 수평선 아래 있다』

만물에 숨결을 불어넣어 전하는 자가 시인이다. 이때 시인은 시적 화자인 자아와 타자(대상)를 어떻게 연결할 것인가. 사색의 과정을 거치며 '자아'에서 '시 세계'로 진입한다. 특히 정형률을 기반으로 하는 시조는 서사와 서정의 절묘한 조합과 형식미 안에서 다양한 시적 환기가 이루어질 때 빛을 발할 수 있는 장르이다.

최근에는 전통적인 정형률을 고수하면서도 일정한 형식을 해체하거나 변형하여 현대적 감각을 가미하려는 작품들을 종종 볼 수 있다. 이는 전통적인 시조에서 현대 문학의 감각을 수용하려는 시조계의 움직임으로 보인다. 이런 흐름 속에서 이번에 펴낸 김정숙의 제주어 시조집은 다각적인 역량을 펼치며 제주어 시조의 폭과 깊이를 한층 더 높이고 있다.

김정숙 시인은 제주어를 몸소 체험한 세대이다. 그러나 자녀 세대로 갈수록 '제주어'는 세계 공용 어인 영어보다 더 어렵게 느껴진 다. 시인은 이러한 점을 고려하여 전체 구성을 기획한 것으로 보인 다. 시조집의 큰 틀에서 보면, ① 전 반적으로 표준어의 내용 속에 제 목이나 소재를 제주어로 활용하는 방식, ② 제주어와 표준어를 병렬 하는 방식, ③ 핵심 제주어와 표준 어의 동음이의어 및 동음을 활용
하는 방식 등 크게 세 가지 유형으로 제주어 접근 방식에 다양한 시조 작법을 취하고 있다.

이는 기존의 제주어 시집과는 다른, 전혀 새로운 구성이라 할 수 있다. 또한 제주어에 대한 별도의 해석이나 각주 처리 없이 구 성한 점도 독특하다. 제주어를 모르는 독자들을 고려했을 때는 다 소 아쉬움이 남을 수도 있다. 그러나 이는 '시조' 작품 안에서 온전 히 시적 감수성을 전달하고자 하는 작가의 깊은 의도가 깔려 있다 고 볼 수 있다.

러시아 형식주의자들은 '낯설게 하기' 기법을 통해 작품의 익숙 한 측면을 변형하거나 강조하여 독자에게 새로운 경험을 제공하 려는 문학적 기법을 추구했다. 이는 일상적인 사물이나 상황을 낯 설게 만들어 독자의 인식과 이해를 새롭게 자극함으로써 고정관 념을 깨뜨리고 새로운 관점으로 인식을 유도하는 것이다. 김정숙 시인의 낯선 소재, 낯선 작법, 낯선 구성력 등 이러한 색다른 시도는 결국 시조집의 작품성을 뚜렷하게 뒷받침하며 새로운 시각을 전해준다.

멀티페르소나 시대, 이번 글에서는 현대 사회에서 자주 언급되는 멀티페르소나의 자아와 타자 간의 관계를 탐구한다. 그리고 제주어 시조가 담고 있는 독특한 시대 인식을 통해 사회적 풍자를 어떻게 드러내는지 살펴보며 전통과 현대의 경계를 넘나드는 제주어 시조의 미학적 가치를 분석하고자 한다. 더불어 '오래된 미래'로서의 제주어 시조가 현대 문학에서 어떤 의미를 지니며 그 폭과 깊이를 어떻게 확장할 수 있는지에 대해 다각적으로 고찰해 볼 예정이다.

1. 시조에서 읽는 현대인의 멀티페르소나

오름 길에서 우연히 만난 꽃이 바람꽃이었다. 김 시인의 시조를 접하고 나서야 이 꽃의 존재를 새롭게 인식하게 되었다. 바람꽃은 그 곁을 스쳐 지나가는 사람들이 각자의 삶의 상황에 따라 다르게 바라보는 대상이다. 연인, 가족, 일에 지친 사람들, 운동하는 사람들 등 다양한 이들이 지나가며 바람꽃은 이들과의 상호작용을 통해 다양한 정체성을 드러낸다. 즉, 바람꽃은 만나는 대상의 상황에 따라 각기 다른 시각과 감정으로 인식된다. 네이버 사전에서 정의하는 멀티페르소나는 '다중적 자아'를 뜻하며 이는 개인이 상황에 맞춰 다양한 정체성을 표현하는 것을 의미한다. 김 시인은 작품「문득 흰 바람이 불었는데」와 「비가 쏟다」에서 이러한 멀티페르소나적 특성을 통해 자아와 타자의 관계를 현대 감각으로 표현하고 있다.

길을 잃어야 한다면 / 딱 여기서 잃고 싶다 // 밟을까 꺾을까 아님 매달릴까 // 꽃샘이 날밤을 새워도 / 어쩌지 못한 민오름 아래 // 이끼 깔고 낙엽은 덮고 한뎃잠을 자다가 // 느, 피면 나도 피고 / 느, 돋으면 나도 돋아 // 눈에 눈 / 잎에 잎 맞추는 / 파르르르 바람꽃

- 「문득 흰 바람이 불었는데」 전문

제목에 사용된 '문득 흰 바람'은 자유로운 사색의 이미지를 풍긴다. 시인은 제주의 자연, 특히 '민오름'이라는 구체적인 장소에서 경험한 감각을 바탕으로 소재를 찾았다. 그곳에서 본 바람꽃이라는 표면적인 소재를 통해 인간의 내적 갈등을 은유적으로 표현하고 있다. "길을 잃어야 한다면 딱 여기서 잃고 싶다"라는 시구는 삶의 한순간에 완전히 몰입하고자 하는 강한 열망을 담고 있다. 이는 선택과 판단의 기로에 서서 "어디로 가야 하나요? 나는 어떻게 해야 하나요?"라는 내면의 질문을 상징한다. "밟을까 꺾을까 아님 매달릴까"는 끊임없는 고민과 갈등을 겪는 사람들의 심리적 고뇌를 보여준다. 이는 바로 우리 모두가 마주하는 모습이기도 하다.

이 시조를 감상하면서 멕시코계 미국인 가수 티시 히노호사의 'Donde Voy'가 연상되었다. 'Donde Voy'는 스페인어로 '어디로 가야 하나요'라는 뜻이며, 노래는 '어디로 가야 하나요? 나는 어디로 가야 하나요 / 희망을 찾아 헤매고 있어'라는 가사로 마무리된

다. 이 노래는 미국과 멕시코 사이에서 자신이 어디에 속해야 할지 고민하는 이민자들의 방황과 멀티페르소나적 자아를 보여준다. 단순한 문화적 갈등을 넘어 언어와 경계를 허물며 인간의 마음을 위로하는 이 노래의 힘은 예술의 본질을 드러낸다. 김 시인의 「문득 흰 바람이 불었는데」역시 이러한 역할을 하고 있다고 본다.

우리의 욕망은 끝이 없다. 남녀노소 불문하고 누구나 욕망을 지니며 이는 인생의 지향점이자 삶의 활력이 된다. 그러나 목표에 도달하지 못하는 현대인의 모습을 시인은 "날밤을 새워도 오르지 못한 민오름 아래"라고 표현한다. 시적 화자는 분주하게 살아가는 이들에게 잠시 쉬어가라고 권한다. "느, 피면 나도 피고 / 느, 돋으면 나도 돋아"라는 구절에서는 제주어 '느'(너)를 사용해 시적 감각을 살려낸다. 네가 피어나면 나도 피어나고, 네가 돋아나면 나도 돋아난다는 뜻으로, 여기서 시적 화자는 '너'를 우선시하며 타자를 존중하는 태도를 보인다. "눈에 눈, 잎에 잎 맞추는" 구절에서는 자아가 타자와의 관계 속에서 다중적인 면모를 수용하려는 긍정적 시선이 엿보인다. 이는 끊임없이 변화하는 멀티페르소나적 존재로서의 삶을 제시한다. 이러한 특성은 작품 「비가 쏟다」에서도 이어진다.

오늘은 비가 쏟다 뒹굴뒹굴 쉬어 / 바다 떠난 발가락들이 여행을 떠나기로 했지 / 짓눌린 발창을 지나 귀마리에 닿았어 // 복숭아뼈대로 세운 귀마리 단숨에 돌아 / 완만한 쥐설 타고 정강이를 내달려 / 접었다 폈다 자유로운 동모리에 내렸다 // 꺾는 것과 접는 건 다르다는 것만 대충 보고 / 룰루랄라 살집 좋다는 잠지페기로 향했다 / 어딘지 익숙한 살맛 엎드린 발가락 품던 맛 // 잠지에서 두던이까진 슬토메기 지대라 / 부드럽고 푸근했지만 빛이 그립기도 해 / 두던이 위로 올라서면 거기서부터 ᄌ둥이야 // 북반구와 남반구를 잇는 적도쯤 될까나 / 앞쪽 적도 밑으로 배또롱이라는 섬이 보여 / 배또롱 깊이를 몰라 외로울 때 보기로 하고 // 적도 둘레는 인류의 고민 같은 거래 / 그래서 사람들은 벨트를 치기도 하고 / ᄌ둥이 근처는 구릉이야 출렁일 때 조심조심 // 구릉지대 올라서면 욥갈리라는 성이 있어 / 열두 쌍의 뼈로 오랜 도시를 마주 품은 / 그 성곽 막 벗어나면 바깥쪽 귀퉁이에 / ᄌ껭이라는 아늑한 쉼터가 자리하지 / 시린 손 갈 데 없는 손 심심한 손들 숨어드는 곳 / 발엔 왜 그런 데가 없는지 모두 부러워하는데 // 복지는 접근 방법이 달라야 한다고 / 결국엔 엄지발꼬레기가 한마디를 내뱉고 / ᄌ껭이 감싸 안으며 예술 같은 벼랑 오르면 // 둑지 혹은 웃둑지라는 전망대가 나오지 / 뒤쪽으론 등떼이라는 가파른 지대인데 / 스스로 제 모습 볼 수 없는 등떼인 할 말이 많고 // 몸이 가진 절벽이자 여백인 등떼이 / 맞대면 따뜻해져 나눠 쓰기 좋은 곳 / 가끔은 쓸쓸하기도 한 풍경 품고 산다는 곳 // 위를 봐 대멩이라는 깊은 숲이 보이지 / 야개기 협곡을 지나야 거기에 닿을 수 있어 / 야개긴 세울 때보다 숙일 때가 신비롭지 // 머리카락 당겨 잡으며 드디어 대멩이 도착 / 늘어선 발꼬레기들이 내려다보며 곰지락댄다 / 맙소사, 이 모든 것을 내가 지고 사는 거야!

- 「비가 쏜다」 전문

작품 「비가 쏟다」는 13수로 이루어진 장편 연시조로, 신체의 부위를 해부하듯 세밀하게 시적으로 배열한다. ① 제주어를 발효시킨 언어유희와 은유, ② 공간의 시학, ③ 낯설게 하기 ④ 자아정체성 성찰 등 독창적인 시적 장치들이 돋보인다. 이는 제주어라는 소재를 오랜 시간 숙성시킨 김 시인만의 시적 감수성과 철학을 담고 있다.

김 시인은 제주어와 표준어의 경계를 허물며 두 언어를 결합한 새로운 어휘들을 통해 신선하고 낯선 감각을 창출한다. 예를 들어, '잠지페기, 두던이, 둑지, 웃둑지'와 같은 표현들은 제주어의 독특한 어감과 느낌을 살려 독자에게 예상치 못한 감각적 경험을 선사한다. 더불어 '욥갈리(옆구리) 성'이라는 표현은 신체 부위를 그리스의 역사적 성곽에 비유하며 "열두 쌍의 뼈로 오랜 도시를 마주 품은"이라는 구절을 통해 내면의 단단한 의지와 성장을 함축적으로 드러낸다. 시인은 제주어의 감각을 통해 신체의 물리적 특징을 정서적 의미로 재구성하며 작품 전반에 풍부한 은유를 펼쳐놓는다. "잠지에서 두던이까진 슬토메기 지대"라는 시구는 에로티시즘을 내포하며 인간의 근원적 욕망과 내면의 복잡성을 표출한다. 또한 "대멩이라는 깊은 숲이 보이지 / 야개기 협곡을 지나야 거기에 닿을 수 있어"라는 구절은 내면의 삶과 관계 형성을 상징하며 자아를 극복하는 과정을 암시한다. 이처럼 김 시인은 제주어를 통해 신체와 공간을 시적으로 재해석하며 독자에게 낯설고 신선한 감각적 경험을 선사하는 탁월한 시적 감수성을 내보인다.

신체의 공간을 이동하며 펼쳐내는 발가락 여행은 '공간의 시학'

측면에서도 해석할 수 있다. 프랑스의 철학자 가스통 바슐라르는 최근에 재발행한 그의 저서 『공간의 시학』에서 집과 같은 내밀한 공간이 단순한 물리적 장소가 아니라 감정과 상상력의 투영체로 작용한다고 했다. '발가락'은 단순한 신체 부위가 아니다. 여기서 신체 부위는 내면적인 세계를 내포하는 메타포로 일상적으로 감지할 수 없는 부분까지도 독자의 상상력을 자극한다. 예를 들어 '욥갈리라는 성'과 '즈껭이라는 아늑한 쉼터'는 신체의 특정 부분을 장소로 은유한다. 또한 독자가 그 공간에 대한 신비성과 따뜻하고 긍정적인 시선의 감각적 경험을 떠올릴 수 있게 한다. 이는 바슐라르가 말하는 '쉼터'와 '은신처'의 개념을 연상시키며 발가락 여행이 단순한 신체 탐색이 아니라 마음속의 다양한 공간을 탐색하는 과정이라고 해석할 수 있다. 이처럼 바슐라르가 집의 공간을 통해 인간의 무의식을 탐구했다면, 김정숙 시인은 신체의 공간을 통해 감정과 철학적 깊이 그리고 다중적 페르소나를 탐구하며 독자들의 성찰을 유도한다.

러시아 형식주의자들이 강조한 '낯설게 하기'는 김 시인의 작품에서 빛난다. "발가락들이 여행을 떠난다"라는 시구는 물활론적 설정으로 신체 부위를 낯설게 해석하는 방식이다. 발가락이 남반구, 섬, 구릉, 적도, 성곽 등 지리적 어휘를 지나며 전 지구적 멀티페르소나를 떠올리게 한다. 중반부에 등장하는 "어딘지 익숙한 살맛 엎드린 발가락 품던 맛"이라는 시구에서는 작가의 따뜻한 관조가 오히려 낯선 감각을 자아낸다. 이는 현대인이 일상 속에서 익숙한 역할을 수행하면서도 느끼는 낯섦을 반영한 것으로 보인다.

마지막 시구 "맙소사, 이 모든 것을 내가 지고 사는 거야!"에서 김정숙 시인은 인간의 다양한 정체성과 내면의 무게를 드러낸다. 특히 "늘어선 발꼬레기들이 내려다보며 곰지락댄다"라는 시구는 복잡한 자아의 갈등과 경험 속에서도 우리를 지탱하는 핵심적 자아의 중요성을 표징한다. 발은 가장 근본적인 자아를 지탱하는 신체 부위로서 다양한 정체성과 역할을 넘어 우리를 단단히 붙들고 있는 자아의 본질적 힘을 상징한다. 이 시는 현대인에게 다양한 페르소나 속에서도 중심을 잃지 않고 살아가야 하는 자아 성찰의 필요성을 제기하며, 낯설고 익숙한 여정을 계속해 나가는 우리에게 중요한 깨달음을 던져준다.

시는 독자의 마음을 어루만져주기에 그 아름다움이 빛난다. 사실 김정숙 시인의 작품 「문득 흰 바람이 불었는데」와 「비가 쏜다」는 별다른 해설 없이도 독자의 마음에 자연스럽게 와닿는 시들이다. 누군가의 삶에 위로를 건넬 수 있다는 것만으로도 이 작품들은 충분히 그 가치를 인정받을 수 있을 것이다. "비가 쏜다!"라는 표현처럼 비 오는 날 멍하니 누워 흰 바람을 느껴보거나 한뎃잠을 자며 자신의 내면을 여행해보라는 메시지를 전하고 있다.

2. 제주어 시조의 역사 인식과 치유

시조가 '시대를 노래한 장르'라는 것은 시조가 단순한 서정적 문학 형식에 그치지 않고 그 시대를 살아간 사람들의 삶과 사회적 상황을 반영하는 문학적 도구라는 의미를 담고 있다. 시조는 각 시대의 정신과 감정을 담아내어 당대와 후대의 독자들에게 시대적 정서를 전달하고 공감하게 하는 역할을 해왔다. 이런 관점에서 봤을 때 김 시인은 4·3을 주제로 한 시조에서 제주민들의 역사적 아픔을 성찰하며 그 비극을 문학적으로 재해석한다.

> 소리를 죽인 꽃잎이 방긋 벌어지는 동안 / 눈꼬리 입고리가 마주 길어지는 동안 / 그 잠깐 부드러운 순도에 얼음벽이 녹는다 // 일천 구백 사십 팔년 사월 이십팔일 한수곶 살얼음 밤을 걸어 내려온 김달삼과 먼 생각 돌고 돌아온 김익렬이 만나서 세기의 담판을 짓는 구억국민학교에서도 달리는 구름 사이 눈 맞추는 별빛처럼 양미간 풀린 빙세기가 지나가고 있었다 미소가 방긋방긋 터지는 것처럼 빙세기도 빙싹 빙싹 얼음에 싹을 낸다 빙싹이 자란다는 걸 섬사람들은 알았지만 // 그렇게 그런 세기 살아낸 사람들이 / 너나없이 빙세기를 가지고 가 버렸다 / 아들 딸 재산 다 놔두고 친절한 미소도 두고
>
> - 「빙세기를 아시나요」 전문

김 시인의 작품 「빙세기를 아시나요」는 제목부터 독자의 호기심을 자극하며 '빙세기'라는 제주어로 살며시 미소 짓는 모습을 표현한다. 이 시조는 4수로 구성되었으며 특히 두 번째 수는 사설시조의 형식을 취해 리듬과 긴장감을 더한다. 작품은 기승전결의 서사적 흐름 속에 서정성이 자연스럽게 깔려 있어 절묘한 조화를 이루고 있다. "소리를 죽인 꽃잎"은 그들의 억압된 감정과 목소리를 내포하며 "꽃잎이 방긋 벌어지는 동안"은 김달삼과 김익렬의 회담

에 잠시나마 기대를 걸었던 제주민들의 심정을 표현하고 있다.

두 번째 수는 사설시조로, 회담을 지켜보는 제주민들의 긴장감을 담아냈다. 사설의 형식은 리듬과 운율을 자유롭게 만들어 이야기를 서서히 끌어가면서도 점진적으로 긴장감을 고조시키고 있다. "미소가 방긋방긋 터지는 것처럼 빙세기도 빙싹 빙싹 얼음에 싹을 낸다"는 표현은 웃음과 얼음 속 새싹의 리듬적 반복을 통해 긴장과 해소의 교차를 표출한다. 이처럼 시인은 언어유희의 감각적인 대비를 통해 고통과 희망이 교차하는 복합적인 감정을 효과적으로 전달한다. "그렇게 그런 세기 살아낸 사람들이 / 너나없이 빙세기를 가지고 가 버렸다"라는 구절은 담판 이후 기대가 무너진 현실을 보여주고 있다.

마지막 수의 "몇 세기 더 살아야 빙세기 돌아오나요?" 여기서 '몇 세기'라는 표현은 그 회복이 매우 어려운 일임을 암시하며 제주민들의 깊은 상처와 고통을 강조한다. '빙세기'는 단순한 미소를 넘어 시간이 흐르며 아픔이 골동품처럼 고착된 현실을 풍자하는 비판적 시각으로 해석될 수 있다. 이는 4·3의 비극을 잊지 않고 기억함으로써 역사의 상처가 반복되지 않기를 바라는 염원을 담고 있다. 제주민의 비극은 「목 놓아 울지 못한 사람들은 말에다 곡을 할까」와 「귀순 뻬라 고장섶 뻬라」에서도 드러난다.

(생략) / 다 죽여 막 억울하고 ᄆ 죽여부난 하도 칭원ᄒ곡 / 살려거든 입 다물고 살구정ᄒ건 속솜ᄒ곡 / 할 수 없이 보내주고 흘수어성 보내주곡 // 껴안아 다독여주며 쿰엉 어릅쓰러주곡 // 진짜 울음에는

눈물방울이 없다 / 목젖 아래서 곡곡하며 길들여질 때 / 예 살던 일 삼 칠 번지 사람이 사라졌다

- 「목 놓아 울지 못한 사람들은 말에다 곡을 할까」 부분

시조에서 반복되는 '곡'은 제주어의 종결어미 '곡'과 죽은 이를 애도하는 '곡哭' 등 동음이다. '곡'의 반복은 울음을 억누르고 참아야 했던 절망적 상황을 강조한다. "목 놓아 울지 못한 사람들은 말에다 곡을 할까"라는 제목은 비극적 현실에 대한 은유적 풍자로 읽을 수 있으며, 표현의 자유마저 억압된 사회에서 슬픔조차도 '곡哭'으로 변해버리는 아이러니를 담고 있다.

4·3 사건은 무려 7여 년간 이어진 한국 현대사의 비극이다. 당시 제주도민들은 극심한 억압과 폭력에 시달리며 많은 희생을 치렀고 살아남은 이들도 극도의 공포와 억압 속에서 숨죽이며 하루하루를 견뎌야 했다. "진짜 울음에는 눈물방울이 없다"는 시구는 이러한 역사적 상황을 함축적으로 표현하고 있다. "눈물방울이 없다"는 것은 단순히 눈물이 마른 상태를 넘어 감정이 메말라 더 이상 슬픔조차 드러낼 수 없는 상태를 의미한다.

심리학에서 말하는 '감정의 메마름'은 극도로 큰 충격을 받은 사람이 감정을 차단하여 무기력해지는 상태를 뜻한다. 이는 고통을 피하기 위한 심리적 방어 기제 중 하나로, 제주민들 역시 억압 속에서 고통을 표출할 최소한의 자유조차 허락되지 않았다. "진짜 울음"은 이러한 감정의 극한을 상징하며 고통을 표현할 수 없는 절망의 절정에 이른 상태를 나타낸다.

특정 주소 '일 삼 칠 번지'가 실명처럼 기록된 구절은, 그곳에 살던 이가 사라졌음을 알리는 단순한 표지가 아니다. 이는 개인의 부재를 넘어 존재 자체와 그 흔적마저 지워지는 집단적 학살의 현실을 함축한다. 곧 '목 놓아 울지 못하는 사람들'이라는 표현처럼, 4·3 당시 애도할 시간조차 허락되지 않았던 상황을 드러낸다. 김정숙 시인은 이 장면을 통해 4·3의 비극적 현실을 선연하게 환기하며 그 앞에서 인간 내면이 맞닥뜨린 슬픔과 침묵의 상태를 통찰하게 한다.

> 살려 주켄 삐라 ᄒ난 / 산에서 ᄂ려왔주기 / 이모니, / 삐라가 무싱 건 줄 암암수과? / 고장섶 삐듯 종이텁 삐난 삐라주기 / ᄑ / 뜰 / ᄑ / 뜰 // ᄒ구뚜루 심어당 주정공장에 갇혀둠서 / 바당더레 / 육지 형무소더레 / ᄁ서가명 / 몬… 삐연 // 산목련 봄이면 봄마다 / 소지 소지 뿌리네
>
> - 「귀순 삐라 고장섶 삐라」 전문

작품 「귀순 삐라 고장섶 삐라」는 제주어로 '흩뿌려라'를 의미하는 "삐라"와 4·3 사건 당시 이념의 상징이었던 '삐라'라는 동음이의어를 결합하여 시적 이미지를 형상화한 작품이다. 8·15 해방 이후 삐라는 좌우익 간의 심리전에서 주요한 무기로 사용되었다. "살려 주켄 삐라 ᄒ난 / 산에서 ᄂ려왔주기"라는 시구를 통해 희생자들이 산에서 내려와 삐라로 인해 다시 생존을 위협받았음을 추론할 수 있다. 이처럼 삐라는 '소리 없는 총성'이라 할 만큼 수많은 사람

들이 고문을 당하거나 생명을 위협받는 이념적 도구였고 시인은 이를 시적으로 형상화하였다.

이 작품에서는 시어의 독특한 배행이 눈에 들어온다. "프 뜰 프 뜰"은 벚꽃잎이 하늘에서 유유히 떨어지는 모습을 나타내는 의태어이다. 이번 시조에서 한 글자씩 각 행에 배열된 시어는 형식과 내용을 유기적으로 연결하여 의미를 부여하려는 문학적 접근으로 해석된다. 독자의 머릿속은 마치 꽃잎이 흩날리는 평화로운 장면을 상상하게 하며 동시에 삐라의 처절한 고통과 대립하게 한다. 평화와 고통. 여기서 시인은 시어의 중의적인 대입을 통해 당시 처절한 상황을 더욱 부각한다.

종장 "산목련 봄이면 봄마다 / 소지 소지 뿌리네"는 서정적이면서도 비극적인 역사적 기억을 함께 담아내고 있다. 아울러 상생의 가능성도 내포하고 있다. '산목련'은 표면적으로는 봄에 피어나는 생명력의 상징이지만, 4·3 희생자들의 영혼과도 연결된다. 산목련이 매년 꽃을 피우듯 그들의 고통과 아픔도 반복적으로 되살아난다는 의미를 내포한다. "소지 소지 뿌리네"라는 표현은 삐라처럼 흩어져 희생자들의 상처와 아픔이 여전히 잊히지 않고 지속된다는 점에서 역사적 고통이 계속되고 있음을 보여준다. 이처럼 시인은 희생자들의 아픔을 기억하고 애도하는 동시에 자연의 순환과 재생을 통해 화해의 길을 모색하고 있다.

3. 풍자적 시선으로 본 자연과 사회

문학에서 풍자는 사회적 모순과 부조리를 날카롭게 비판하는 효과적인 도구로 작용해 왔다. 특히 시조와 같은 전통적 형식을 통해 사회를 바라보는 풍자적 시선은 독자에게 깊은 성찰을 유도하며 비판적 메시지를 더욱 선명하게 전달한다. 김 시인의 작품 「개예감」과 「눈빛 바코드」는 현대 사회의 발전 속에서 전통과 자연이 상업적 논리에 종속되는 현상을 비판하며 그 심오한 의미를 언어적 유머와 날카로운 시각으로 드러낸다.

> 어멍 아방 손심엉 죽움 살굼 죽을락 살락 // 경제개발 국토개발 기술개발 산업개발 개발 개발 한다더니 개복숭아 개머루 개다래 개오동 사라져 가고요 개이득 개꿀 개좋음 개멋짐 개웃김 개찌질 개고생 개환장시대 오나요 // 진짜로 개소리 개뿔 개판 개차반이 그리울지도
> - 「개예감」 전문

"어멍 아방 손심엉 죽움 살굼 죽을락 살락"이라는 시구는 어린 시절의 운동회 장면을 생생하게 떠올리게 한다. 부모님의 손을 잡고 죽을힘을 다해 달렸던 추억을 환기하는 동시에 가족과 함께 살아가며 고군분투하는 우리의 여정을 돌아보게 된다. "개이득 개꿀 개좋음 개멋짐 개웃김 개찌질 개고생 개환장시대 오나요"는 현대 사회에서 흔히 사용하는 '개' 접두사를 통해, 경제적 이익이나 사회적 성공에 대한 과장된 찬사와 경멸적인 평가를 동시에 표현한

다. 이는 개발과 기술 발전이 가져온 긍정적인 측면인 "개이득, 개꿀, 개좋음" 등의 표현과, 그에 따른 부정적인 결과 "개찌질, 개고생, 개환장"으로 추락하며 냉소로 귀결된다. 끝내 개소리, 개판, 개차반이라는 자조적 언어에 도달하는 과정은 한국 사회가 추구하는 '개발'의 결과가 삶의 질서와 가치의 붕괴로 이어지고 있음을 예고한다.

"개고생 개환장시대 오나요 / 진짜로 개소리 개뿔 개판 개차반이 그리울지도"는 시의 전반부에서 이어진 과감한 부정의 언어 표현이 절정을 이루며 이 시대의 혼란스러움을 더욱 강조한다. 그러나 이러한 강렬한 표현들 뒤에 배치된 "그리울지도"라는 시구는 시적 서사에 묘한 서정성을 입힌다. 이는 개발되어 가는 현재 상황이 어쩌면 과거의 고생과 힘겨웠던 순간들이 그리워질 만큼 더 악화할 수 있다는 역설적 인식을 담고 있다. 아울러 김 시인의 정서를 함축적으로 표현함으로써 경제와 기술 발전 속에서 사라져가는 가치와 전통에 대한 회한을 풍자하며 문학적으로 승화시키고 있다.

> 한라산 천백도로 폭설이 그린 바코드 // 눈빛들을 찍는다 적외선이 읽힌다 // 사냥꾼 사농바치는 잠시 품절입니다 / 전설의 사냥개 늬눈이반둥겡이 단종입니다 / 사슴 지달이 삵, 재고 잡히지 않습니다 / 꿩 노루는 상설 이벤트용입니다 / 들개 멧돼지는 남은 수량한정 원플러스 원 // 눈 위에 찍힌 환호성 한도초과입니다

-「눈빛 바코드」전문

'바코드'는 오늘날 상품뿐만 아니라 도서관의 책 대출 인증, 각종 티켓 인증 등 다양한 분야에서 우리의 일상에 깊이 스며들어 있다. 김 시인은 상업과 소비의 대표적인 도구인 '바코드'를 자연을 상징하는 '눈빛'과 결합해 시어로 사용했다. 이러한 표현을 통해 자연의 풍경이 소비의 기호로 변화하는 낯선 모습에서 독자는 복합적인 감정을 느끼게 된다. 사농바치(사냥꾼)는 자연과 함께 생계를 이어온 인간의 오래된 직업이지만 '품절'이라는 표현은 더 이상 자연과 조화를 이루지 못하고 자연을 착취하는 방향으로 나아가는 인간의 현실을 암시한다. "전설의 사냥개 늬눈이반둥겡이 단종입니다"는 자연에 대한 존중이 사라지고 상업적 논리가 그 자리를 대신하고 있음을 비유적으로 드러낸다.

지달이 삵, 꿩, 노루 등은 자연의 중요한 존재이지만 '재고 없음'이나 '이벤트용'으로 묘사되며 자연이 인간의 오락과 소비를 위한 도구로 전락하는 모습을 풍자한다. "들개 멧돼지는 원플러스 원"이라는 표현은 자연이 상업적 자원으로 소모되는 현실을 직설적으로 드러낸다. 이처럼 상업 용어와 자연을 결합한 기묘한 표현은 소비주의가 자연의 본질을 왜곡하는 모습을 지적하며 시적 화자는 이미 깊이 스며든 현대 사회의 현실을 냉소적으로 바라본다.

김 시인의 시조 「개예감」과 「눈빛 바코드」는 풍자적 시선을 통해 현대 사회에서 자연과 전통이 상업적 논리에 의해 변형되고 소외되는 모습을 신랄하게 비판하고 있다. 자연의 순수한 가치는 점점 기술과 개발의 압박 속에서 상업화되고 있지만 김 시인의 독창적인 언어 선택과 유머는 그 과정에서 잃어버린 것들에 대한 애도와 경고의 메시지를 전달하는 강력한 인상을 남긴다.

4. 오래된 미래의 '제주어' 시조

오래된 미래는 과거의 유산이 단순히 소멸되지 않고 새로운 시대 속에서 지속적으로 그 가치를 발휘하는 것을 의미한다. 김 시인은 제주어를 '오래된 미래'로 독자 가슴에 스며들게 하며 시조를 통해 그 가치를 보존하고자 한다. 그는 제주어가 소멸 위기에 처한 현실을 시적으로 승화시키며 제주어와 표준어의 공존을 꿈꾼다. 우리의 일상에서 점점 사라져가는 제주어, 그러나 그 문화적 가치와 언어적 독창성을 알리고자 하는 김 시인의 의지는 아래 작품들에 일관되게 드러난다.

왜 이러 예쁜 거냐 / 서 오누이 하는 짓이 // 엄지 검지 중지까지 합세해서 주바 먹고 / 다섯 손가락 다 펴서 한 웅큼 줴어 먹고 / 밥 밥 해도 밥은 국물 있어야 좀앙 먹고 / 입맛 없을 땐 마농지 자리젓 주창 먹고 / 짠짠한 간장된장 양념해서 톡톡 주가 먹고 / 숟가락 들고 다니며 이것 저것 거려 먹고 / 짜고 달고 쓰고 신 건 물 담가 울려 먹고 / 먹음직한 건 입대서 덥석 그차 먹고 / 맛 좋은 국물은 사발째 호륵 드르싸고 / 풋콩 삶아주면 콩깍지 베르싸 먹고 // 어머니 눈엔 꿀 뚝뚝 / 다디달던 그 시간

- 「먹는 동사」 전문

단순한 질문 형식인 "왜 이리 예쁜 거냐 / 서 오누이 하는 짓이" 속에는 오누이의 행동 하나하나가 얼마나 사랑스럽고 소중한지를 담아내고 있다. 둘째 수에서는 '예쁜' 오누이의 먹는 동작들이 제주어로 생동감 넘치게, 마치 사설처럼 흐름을 끊지 않고 자연스럽게 표현된다. '줴어 먹고', 'ᄌᆞ창 먹고', '톡톡 ᄌᆞ가 먹고'와 같은 표현들은 제주어 특유의 생생한 감각을 전달한다. 이는 단순한 먹는 동작을 넘어서 각각의 동사가 감각과 행동의 차이를 정교하게 그려내며 독자가 그 장면들을 눈앞에서 보는 듯 상상하게 한다.

이처럼 다양한 동사의 사용은 시적 리듬을 활기 있게 만들어내며 반복되는 구조 속에서 제주어만의 독특한 맛을 더해준다. "짜고 달고 쓰고 신 건 물 담가 울려 먹고", "입대서 덥석 그차 먹고"와 같은 구절은 각각의 맛이 입안에서 퍼지는 순간을 공감각적으로 전해주며 독자들에게 음식의 풍미와 함께 마음에 닿는 따뜻함을 전해준다. 시인은 단순히 음식을 먹는 장면을 그려내는 것에 그치지 않고 다양한 맛과 감정을 연결하여 독자들을 시조 속으로 빨려들게 한다.

마지막 부분의 "어머니 눈엔 꿀 뚝뚝 / 다디달던 그 시간"이라는 구절은 따뜻한 식사 시간의 소중함을 상징적으로 표현하고 있다. 이 순간들은 단순한 음식이 아닌 가족의 사랑과 추억을 담은 삶의 의미를 포착하고 있으며 그 시간이 시적 언어를 통해 다정하게 재구성된다. 시적 화자는 아이들의 사랑스럽고 소중한 행동을 바라보며 그 순간을 영원히 간직하려는 어머니의 마음을 드러낸다.

> 한 소쿠리의 글을 먹으며 봄 한철을 살았다 / 혀를 감싸 안는 자모음 유전자들이 / 나라는 행성 속으로 허겁지겁 들어왔다 // (중략) // 나물은 고전이었다 / 볼록렌즈가 쌉싸롬했다
>
> - 「문자 돋아나는 봄」 부분

이 시조에서 "문자 돋아나는 봄"이라는 제목은 생명력이 깃든 언어의 이미지를 통해 시적 상상력을 확장하는 중요한 역할을 한다. 시의 첫 구절인 "혀를 감싸안는 자모음 유전자들이 나라는 행성 속으로 허겁지겁 들어왔다"는 언어의 유기적 성격을 강조하면서 언어가 인간의 삶과 사고에 깊이 스며들어 있음을 시적으로 형상화한다.

아울러 과학적 이미지와 결합한 언어의 묘사는 시조에 새로운 감각적 차원을 부여한다. "혀를 감싸안는 자모음 유전자들"과 같은 표현은 언어의 유전적 특성을 생물학적으로 해석하며 언어가 단순히 과거에 머무는 것이 아니라 시간과 함께 진화하고 있음을 시적으로 드러낸다. 이로써 시조는 전통과 현대, 자연과 과학이 조화를 이루는 공간이 되어 독자들에게 새로운 시각을 열어주는 역할을 한다.

종장의 "나물은 고전이었다"와 "볼록렌즈가 쌉싸롬했다"는 구절은 자연과 전통이 변치 않는 가치를 지닌다는 점을 시적으로 강조한다. 봄나물의 쌉싸름한 맛을 고전 읽기와 연결하며 그 경험이 혀끝에 오래 남는 여운과 같음을 드러냈다. 또한 볼록렌즈가 시야를 모으고 확대하는 도구이듯 고전은 우리에게 새로운 시각을 선물하는 상징으로 자리한다. 이처럼 시인은 감각적인 묘사를 통해

언어와 자연이 새롭게 해석될 수 있음을 보여준다. 이는 독자들에게 낯설지만 신선한 시선을 제공하며 시조가 고정된 형식이 아니라 유연하고 변화무쌍한 장르임을 일깨워준다.

가나다라 매어 놓으면 / 말 다시 돌아올까 // 가불지 말게 대 끊기지 않게 공들인 말 / (생략) / 파니 파니 이랑 이랑 같은 말다른 소리 나는 말 / 하간디 방방곡곡에 널브러져 사라지는 말 // 구글은 알고 있을까 집 나간 말의 궤적을

- 「말 잃고 사전 고친들」 부분

끊임없이 새로운 작법을 시도하는 김정숙 시인. 이 시조는 한글 자음의 순서와 제주말의 유희적 표현을 활용하여 언어의 상실에 대한 성찰을 드러낸다. 첫 수 "가나다라 매어 놓으면 말 다시 돌아올까"라는 질문으로 시작해, 두 번째 수에서는 '가불지 말게', '나영 느영', '다 믄딱', '라랄라' 등 한글 자음의 첫음절을 변주하며 제주의 다양한 모습과 정서를 풍부하게 풀어낸다. 아울러 마지막 수에서는 "구글은 알고 있을까 / 집 나간 말의 궤적을"이라는 시구는 디지털 시대에 제주어가 소멸하는 현실에 대한 우려를 담고 있다. 이 표현은 기술이 언어의 본질적 가치를 완벽히 담아낼 수 없음을 암시하며 제주어가 단순한 소통 수단이 아니라 정체성과 정서를 담은 공동체의 정체성에 중요한 매개체임을 강조한다.

게난 눈진벵인 진눈깨비옌 ᄒ고 / 쇠나기 ᄒ주제 ᄒ민 소나기 ᄒ차

례엔 ᄒ고 / 놀 불민 태풍이엔 ᄒ고 / ᄀ랑비 ᄀ란 가랑비엔 // 말로 할 땐 끄덕 끄덕 귀가 알아 듣는데 / 글로 써서 읽으라 하면 입이 버벅 버벅 거려 / 그렇게 붉은 입술이 식어가는 거구나

- 「말과의 이별 방식」 전문

   이별이라는 단어는 어디를 대입해도 아픔을 느끼는 언어이다. 제주말과의 이별을 예고하는 이 시조는 자연의 소재를 통해 언어의 상실이 불가피하게 다가오고 있음을 암시한다. "게난 눈진벵인 진눈깨비엔 ᄒ고 / 쇠나기 ᄒ주제 ᄒ민 소나기 ᄒ차례엔 ᄒ고" 왼쪽에 제주어, 오른쪽에 표준어를 병렬로 배치하여 제주어를 모르는 독자들에게 자연스럽게 그 의미를 전달하면서 제주어의 독특한 음운과 어감을 생생하게 느끼게 한다. 아울러 제주어는 단순한 방언이 아니라 그 지역의 자연과 생활을 담아내는 언어임을 체감하게 한다.

   "말로 할 땐 끄덕 끄덕 귀가 알아 듣는데 / 글로 써서 읽으라 하면 입이 버벅 버벅 거려"는 제주어를 이해는 하지만 표현하지 못하는 현실을 그대로 보여준다. "그렇게 붉은 입술이 식어가는 거구나"는 제주어가 우리의 일상에서 서서히 사라져 가고 있음을 서정적으로 표현한 강렬한 시구다. 이는 언어가 단순히 소멸하는 것이 아니라 말과 표현의 생명력이 점차 식어가고 언어적 감각과 정체성마저 잃어버리는 과정을 표징하고 있다.

   결국 김 시인의 시조들은 제주어에 깃든 삶의 가치를 문학적으로 되살리고 있는 거다. 「문자 돋아나는 봄」과 「먹는 동사」와 같은

작품에서는 음식과 일상의 사소한 동작을 통해 제주어가 가진 독특한 생명력을 드러낸다. 「말과의 이별 방식」과 「말 잃고 사전 고친들」에서는 사라져가는 제주어의 소멸 위기를 일깨우며 제주어가 지닌 고유한 정서가 담긴 '오래된 미래'로서의 삶의 흔적이 후대에도 이어질 수 있길 바라는 마음이 내포되었다.

5. 제주어 시조의 전망과 제안

김정숙의 제주어 시조집은 마치 근현대사의 대하소설을 읽는 듯하다. 시인은 시간과 공간을 넘나들며 과거를 거울삼아 현대인의 삶을 성찰하게 하고 미래의 방향을 제시한다. 이런 점에서 김 시인은 제주어에 표준어를 겹쳐 얹으며 소통을 도모한다. 제주어는 어린 시절의 자아와 부끄러운 역사를 불러내며 이는 표준어로 획일화되어 가는 오늘날의 현실 속에서 역사의식과 자아 정체성을 잃어가는 현대인을 향한 질책이기도 하다. 그러나 김정숙 시인은 질책에 머무르지 않고 제주어와 표준어의 절묘한 결합을 통해 과거와 현재를 문학적으로 연결하는 역할을 해냈다.

2009년《매일신문》신춘문예로 등단한 제주 출신 김정숙 시인은 『나도 바람꽃』, 『나뭇잎 비문』, 제주어 시조집 『섬의 레음은 수평선 아래 있다』를 펴내며 자연과 문화, 전통과 현대를 아우르는 독창적인 시 세계를 창조했다. 그녀는 자연의 소리를 제주어의 리듬에 담아내는 동시에 첨단 도구와 현대인의 분열된 자아를 하나의 시적 공간에 포착한다. 또한 신체를 작은 우주로 형상화하며 다중적 자아를 지닌 현대인의 페르소나를 깊이 성찰하게 한다.

김 시인의 제주어에 대한 애정과 집념은 '오래된 미래'로서의 제주어를 현재와 미래를 잇는 살아 있는 언어로 승화시키는 데 있다. 이러한 문학적 성취는 소멸 위기에 처한 제주어에 대한 독자의 관심을 불러일으키며 제주어 인식 변화를 이끄는 중요한 전환점이 될 것이다. 제주어의 가치와 보존을 위한 연구와 활동이 활발한 가운데 시조집 『섬의 레음은 수평선 아래 있다』는 제주의 정체성을 담아 다양한 연령층의 독자들에게 감동을 줄 수 있는 작품이다.

따라서 독자층 확장을 위한 몇 가지 방안을 제안한다. 먼저 초등 고학년을 대상으로 학교나 도서관 등 기관에서 독서 토론 활동을 권장한다. 이 시조집에는 초등 고학년도 감상할 수 있는 작품이 일부 수록되어 있다. 특히 놀이 문화를 주제로 한 활동을 통해 학생들이 과거와 현재의 제주 문화를 비교해 볼 수 있다. 예를 들어 「놀이계보」와 「할아버지 판결문」을 통해 과거의 놀이 문화를 배우고 현대의 놀이와 비교하는 활동을 통해 제주의 문화에 대한 이해를 시적 감수성으로 깊이 이끌어 낼 수 있다. 또한 「섬의 레음은 수평선 아래 있다」의 단시조 시리즈를 활용하여 학생들이 제주의 정서를 제주어와 함께 직접 체험하고 느껴보는 활동을 마련할 수 있다.

중·고등학생을 위한 정체성 성찰 활동과 사회 인식을 위한 독서 활동 등의 비교과 특별 활동을 제안한다. 사춘기에 접어드는 중·고등학생은 자기 정체성을 확립하는 중요한 시기이므로 시조 및 문학 작품을 통해 정체성 성찰과 진로 탐색의 기회를 제공하는 것이 필요하다. 「문득 흰 바람이 불었는데」와 「비가 쏟다」는 청소년들이 멀티페르소나라는 주제를 통해 자신의 정체성을 탐구하고 깊이 생각해 볼 수 있는 기회를 제공한다. 또한 「꼬꼬댁 꼬꼬댁 꼬꼬정책」, 「개예감」, 「눈빛 바코드」, 「빙세기를 아시나요」 등은 사회적 인식과 관련된 주제를 다룸으로써 학생들이 환경·교육·역사 등 제주 사회의 문제를 토론하며 자신의 가치관을 형성할 수 있는 계기를 마련해 줄 것이다. 다만 청소년들이 이 시조집을 접할 때는 학년에 적합한 작품을 선정하고, 수업을 이끌기 위한 발문과 독서 지도안이 미리 준비되어야 한다.

김정숙 시인의 시조집은 청소년과 성인이 모두 공감할 수 있는 다양한 작품들로 구성되어 있다. 전통적인 시조 형식에 현대적인 감각을 결합한 문학적 깊이를 통해 시조 작법의 미래 지향적 방향을 제시하며 시조의 현대 감각을 펼치는 중요한 밑거름이 된다.

잊혀 가는 언어를 다시 피워낸 시조 문학의 정원사 김정숙. 시인은 행간마다 제주어의 생명력을 섬세하게 가꾸어 나간다. 디지털 시대 속에서 점차 사라져 가는 제주어를 시적 리듬으로 따뜻하게 되살려낸『섬의 레음은 수평선 아래 있다』는 제주어 시조의 새로운 진화를 보여준다. 이는 제주어와 제주의 정서를 알리는 문학적 자산으로 높이 평가받을 만하다. 김정숙의 시조는 제주어의 미래를 밝은 지평으로 이끌며 독자들에게 긴 울림을 남긴다.

해녀 문학과 제주어 문학의 접점에 펼쳐지는 시조의 미학

- 김신자의 해녀 시편

해녀는 가까우면서도 낯선 존재였다. 내가 태어난 뒤 어머니는 주로 밭일에 매달리셨고 해녀복을 입는 일은 미역허채 같은 공동체 작업에서만 가끔 볼 수 있었다. 그러나 그보다 훨씬 전 어머니는 생계를 위해 낯선 원정 물질에 나섰던 시절을 자장가처럼 들려주시곤 했다. 스무 살, 갓 성인에 오른 풋풋한 나이에 고무 해녀복도 없이 소중이를 입고 바다에 들었다. 고향을 등지고 열 길 물속에서 눈을 떴던 그 삶은 얼마나 고단했을까. 파도 소리를 열어둔 듯 목숨줄 같은 숨비소리를 토해내셨을 어머니. 그 아득한 숨비소리가 오늘따라 잔물결처럼 밀려와 가슴 깊은 곳에서 일렁인다.

시의 이미지는 이처럼 한 결을 따라 각자의 육하원칙 속 상념을 불러낸다. 그 다의성은 독자의 마음속에 오래 잠든 기억의 문을 살며시 두드린다. 아마도 나는 그 문 앞에서 김신자 시인이 들려주는 숨비소리에 기대어 별나라의 어머니를 다시 불러내고 있었는지도 모른다. 문화기억 이론가 얀 아스만이 말했듯 기억은 개별의 경험을 넘어 집단의 서사 속에서 되살아난다. 김신자 시인의 시집 『난바르』를 비롯한 여러 시편은 오래된 숨비소리처럼 들려오며 제주어의 짠맛과 바다의 거친 리듬을 겹쳐놓는다. 그 시어들은 생계
를 짊어지고 살아낸 제주 어머니들의 삶을 다시 불러낸다. 시 속의 어머니는 시인의 어머니이자 나의 어머니이며 동시에 제주의 수많은 어머니들과 겹겹이 포개진다. 닮은 듯 다른 얼굴로 그들은 언제나 제주 바다의 무한한 품에서 우리를 지켜낸다. 김 시인의 많은 시편에서 어머니는 반복적으로 호명되며 그 기표記標는 곧 제주인의 정서이자 어머니의 전형이 된다. 이는 제주 해녀를 상징하는 존재로 확장되고 나아가 제주의 문화와 역사를 품어내는 기의記意로 자리 잡는다.

    제주는 육지와 떨어진 절해고도라는 지리적 환경에 놓여 있었다. 중앙으로부터의 소외와 전쟁, 유배와 학살, 고립된 생계와 유랑까지. 그 모든 겹겹의 아픔을 껴안으며 이 섬은 버텨왔고 그 시간 위를 묵묵히 지나올 수 있도록 힘을 낸 이들이 바로 제주 여성들이며 해녀들이었다. 거센 바닷바람과 맞서야 했고 침묵과 연대를 만들어가며 공동체를 지탱해왔던 이들이다. 제주의 역사는 그 여성들의 강인한 삶의 자세 위에서 오늘에 이르렀다고 해도 지나침이 없으리라.

바닷바람에 실려온 숨비소리, 젖은 해녀복에서 풍기던 바다 냄새 그리고 그 옷을 벗던 어머니의 손끝은 생생한 풍경화 한 폭이 되어 제주의 해녀상을 독자들 가슴에 또렷이 그려보게 한다. 이 평론은 김신자 시인의 제주어 시조집 『난바르』, 『당산봉 꽃몸살』, 『용수리 슬지 않는 산호초 기억 같은』, 『봄비에 썼던 문장은 돌아오지 않는다』 등에 수록된 시편들 가운데, 시집 구분 없이 해녀를 중심 소재로 한 작품들을 중심으로 읽어나간다. 이러한 분석을 통해 해녀 문학과 제주어 문학이 만나는 접점에서의 시적 감수성과 존재 인식의 층위, 그리고 그 문학적 가치를 조명하고자 한다.

1. 해녀 문학
- 서정에서 서사로

제주 바다는 어머니들의 숨결이 스며 있는 삶의 자리다. 물질을 나가며 바다에 몸을 던진 해녀들은 바람과 물살을 견디며 온몸으로 생을 일구었다. 그 시간은 말로 다 새기기 어려운 고통의 반복이었다. 김신자의 시는 해녀 어머니들의 그 삶을 천천히 따라가며 제주 해녀의 맨살에 피어난 시와 해녀의 목숨과도 같은 끈, 삶을 지탱한 아든노(테왁의 테두리에 망사리 그물을 고정시키는 줄)에 대한 기억 그리고 언어적 헌사를 차분히 새겨나간다.

제주 해녀의 맨살에 피어난 시

일찍이 어머니가 헛물에 날 ᄃ려간 건 / ᄇᄇᄒ 푸린 바당 보라는 게 아니랏다 / 허탕 친 물질이라도 꼿 핀다 이거엿다 // 가난은 무사 저영 쓸쓸ᄒ 맨솔산디 / 물숨의 기억덜이 까치발로 감장돌고 / 돌그락 수제 놓는 소리 허공을 ᄂ려온다 // 물굿소리 스며든 가찹고 야픈 물창 / 어머니 술꼿을 보단 놀렌 그 눈알보말 / 둥굴고 모진 가난을 멧 바쿠나 굴려실까 // 영ᄒ 삶 기영이라도 어떵어떵 살아보젠 / 일찍이 어머니가 헛물에 날 ᄃ려간 건 / ᄉ락눈 ᄉᄒ지는 날 술꼿을 보라 이거엿다
— 「술에 핀 꼿」 전문

그렇다. 시인의 어머니가 부득불 어린 화자를 바다로 데려간 것은 단지 '푸른 바다'를 보라는 뜻이 아니었다. 여기서 푸른 바다는 단순한 자연 풍경이 아니다. 살다가 눈물이 날 때, 힘들어질 때, 한 줄기 푸른빛을 찾아가는 정서적 품이다. 그러나 어머니가 마주하라 했던 것은 그런 위무慰撫의 바다가 아니라 생계의 바다였다. 정서적 바다가 아니라 어머니의 살꽃이 피어난 바다, 헛물일지언정 그 바다를 몸에 익혀주고자 했던 것이다. 그렇게라도 살아야 이 가난을

이겨낼 수 있음을 어린 화자에게 보여주고자 했던 것이다.

"가난은 무사 저영 쓸쓸혼 맨술산디." 가난은 왜 이토록 쓸쓸한 맨살이어야 했는가. 가난에 대입된 '맨살'이라는 단어가 왜 이렇게 아프게 다가올까. 그래서 시는 사람을 울리고 저 멀리 잠들어 있던 기억을 하나둘 깨워놓는 것일까. 겨울 추위의 맨살, 바다의 맨살, 텅 빈 그릇과 가난. 그 시절 가난하지 않은 이가 어디 있었겠는가마는, 저마다의 부엌과 바다에서 느꼈던 가난이 이 한 단어 속에 응축된 듯하다. 시인의 구사력 속으로 빨려 들어가게 된다.

어머니의 맨살에 피어난 꽃 앞에서 고등조차 눈을 동그랗게 뜨고 놀랐던 것처럼 화자는 어머니의 진실 앞에서 어린아이다운 숨을 고른다. 그럼에도 어머니는 어린 화자에게 사는 법을 건넨다. 둥글고 모진 가난을 몇 번이고 항굽사며 꺼내온 삶이다. 여기서 '항굽사다'는 '물구나무서다', '곤두서다'의 표면적 의미와 함께 끝까지 굽히지 않고 묵묵히 견뎌낸 해녀들의 생명력과 의지를 상징한다. 이처럼 제주어는 단어 하나에도 육체의 기억과 삶의 온도가 녹아 있어 언어가 곧 삶의 방식이 된다.

시인이 말한 '살꽃'은 단지 고통의 표상이 아니다. 소쉬르가 말한 시니피앙能記, 즉 의미의 흔들리는 형식으로서의 언어처럼 이 꽃은 삶의 결을 새기는 기호로 읽힌다. 그것은 고정된 의미에 머물지 않고 시인의 체험과 독자의 인식 속에서 끊임없이 새롭게 떠오르는 상징이다. 어머니가 일찍이 화자를 헛물에 데려간 까닭은 "스락눈 숟아지는 날 술꽃을 보라 이거엿다"는 시구가 말해준다. 싸락눈 쏟아지던 날 어머니가 보여준 살꽃은 시인의 아픔이자 어머니의 삶의 무늬이다. 시인의 기억 속에서 그날의 살꽃은 더 이상 상처가 아니라 희망으로 거듭나는 제주 바다의 순비기꽃으로 해석해도 좋을 것이다.

더 나아가 살꽃은 제주 여성의 강인함을 상징하는 시니피앙能記이다. 이때 '살꽃'이 지시하는 구체적 의미, 즉 시니피에所記는 단일하지 않다. 처음에는 해녀 노동의 상처와 고통을 가리키지만 시인의 기억과 독자의 해석이 더해지면서 그것은 희망, 생존의 의지, 언어와 공동체의 회복력으로 확장된다. 이렇게 시니피앙과 시니피에의 관계는 고정되지 않고 유동하며 '살꽃'은 의미의 층위를 오가며 변주된다. 한때 '헛물'이라 여겨졌던 삶의 자리는 이렇게 확장된 의미의 자리로 전환되고 그 꽃은 얼어붙은 계절에도 피어났던 제주어의 꽃으로 살아남는다. 그 살꽃의 힘으로 다시 제주를 살게 했으리라. 이처럼 시는 말없이 깊은 이야기들을 건네며 시간이 지나도 그날의 바다를 기억한다고 속삭인다. 제주 해녀의 맨몸에 피었던 그 작고 단단한 꽃에서 제주 바다의 순비기꽃으로.

해녀의 끈, 삶을 지탱한 아든노

웃날 들르는 날세 점지ᄒ는 일이랏다 / 쎈 절에 버인 헐리 ᄒ밧디레 모다놘 / 아든노, 어머니 인생 가닥가닥 엮인다 // 아든노, 어머니 인생 가닥가닥 묶은다 / 매 순간 사는 일이 ᄆ작 짓는 일이라민 / 어머닌, 생의 어디 어디 맞ᄆ작 지서시코 // ᄒ세월 좀녜의 삶 명줄로 윢아가명 / 올올이 몸을 풀명 촛농에 감겨오는 / 풀어도 풀지 못ᄒ는 우

리 어멍 돌멩 목심

— 「아든노」 전문

「아든노」는 해녀 어머니의 생을 이어주는 끈이다. 파도에 베인 상처를 한곳에 모아 묶듯, '아든노'는 어머니가 살아온 세월을 한 올 한 올 엮고 묶어온 삶의 결을 드러낸다. "웃날 들르는 날세 점 지흐는 일이랏다"는 첫 행은 해녀들이 바람과 날씨를 가늠하며 바다로 들어섰던 촉각의 감각, 생존의 직관을 환기한다.

아든노는 원래 테왁의 망사리에 달린 그물을 어음에 단단히 묶어주는 줄이다. 그러나 김신자 시인은 이 도구적 끈을 넘어서 어머니의 인생을 다잡아주던 존재의 끈으로 그려낸다. 시에서 아든노는 물질의 무게보다 더 무거운 생의 무게를 감당해온 삶의 매듭이며 어머니의 손에 새겨진 지문 같은 기록이자 목숨 같은 삶의 끈으로 확장하여 해석할 수 있다.

시적 화자는 그 끈을 따라 어머니가 어떻게 살아왔는지를 천천히 짚어간다. "아든노 어머니 인생 가닥가닥 엮인다 / 아든노 어머니 인생 가닥가닥 묶는다"의 반복은 단순한 배열을 넘어 손끝에 쌓인 기억의 결을 되새기게 한다. 반복 구조는 시의 호흡을 늦추어 마치 손끝으로 하나하나 매듭을 짓고 있는 듯하다.

여기서 '엮인다'는 흩어진 조각들을 이어 하나의 직물을 짜듯 기억과 경험을 관계 속에서 연결하는 행위다. 이는 유연성과 개방성을 품은 삶의 직조를 떠올리게 한다. 반면 '묶는다'는 이미 이어진 것을 단단히 고정하는 동작으로 관계를 지켜내는 결속의 의지와 생존의 무게를 함축한다. 같은 손작업의 이미지지만 엮기는 연결과 확장을, 묶기는 고정과 완결을 드러내며 어머니의 인생을 입체적으로 보여준다.

김현은 『문학과 자기의식』에서 "반복은 같은 말 속에서 다른 의미가 태어나는 과정"이라고 설명한 바 있다. 즉, 반복은 단순히 동일한 언어의 되풀이에 그치지 않는다. 동일한 구조나 형식이 되풀이되는 과정 속에서 의미가 점차 축적되고 변주되며 새로운 의미의 층위를 형성하는 문학적 장치로 작동한다.

이 시에서 반복은 동일한 구조 속에서 어휘를 조금씩 바꾸는 방식으로 작동한다. '엮는다'에서 '묶는다'로의 전환은 표면적으로는 비슷한 동작의 반복이지만 의미 차원에서는 어머니의 삶을 바라보는 두 가지 상이한 시선을 드러낸다. '엮는다'는 진행형적이고 유연한 생애의 과정을 보여주는 반면, '묶는다'는 완결성과 단단함을 암시한다. 따라서 반복은 단순히 리듬을 만드는 장치가 아니라 같은 구조 속에서 다른 의미의 층위를 드러내며 독자로 하여금 어머니의 삶을 유연성과 결속력이라는 이중의 감각으로 체험하게 한다.

이처럼 김현이 강조한 반복의 미학은, 언어가 되풀이될수록 그 자체로 차이를 생산하며 새로운 의미망을 형성한다는 점에 있다. 다시 말해 반복은 동일성 속에서 차이를 낳고 그 차이가 시적 경험의 깊이를 확장한다는 것이다.

"매 순간 사는 일이 ᄆ작 짓는 일이라민 / 어머닌 생의 어디 어디 맞ᄆ작 지서시코"라는 구절은 매듭의 은유를 생의 본질로 확장한다. 살아간다는 일은 날마다 고단한 매듭을 짓는 일이라는 깨달음이자 그 매듭들이 곧 사랑과 생존의 흔적임을 되묻는 고백이다. 반복은 이렇게 의미를 심화시키며 독자가 어머니의 삶을 느리게 더듬도록 시적 호흡을 이끈다.

매듭은 해녀 공동체의 시간성을 드러낸다. 해녀의 삶은 하루하루의 물질로 이어지는 노동의 연속이지만 그 속에는 세대를 건너 전승된 기억과 기술, 그리고 연대의 정서가 켜켜이 쌓여 있다. 바다와 마을, 어머니와 딸로 이어지는 관계망 속에서 매듭은 단절이 아니라 전승의 매개로 기능한다. 풀리지 않는 매듭은 해녀 공동체가 겪어온 지난한 세월의 응축이며 바닷속 숨비소리처럼 세월을 넘어 오늘에도 살아 있는 시간의 매듭이다. 그 끈은 여전히 화자의 손끝에서 엮이고 묶이며 지금 이 순간에도 제주 해녀의 지난한 삶을 어루만지고 있다.

2. 해녀의 숨결로 배웅하는 바당

문득 하얀 소중이를 입고 테왁을 든 어머니가 그리워진다. 제주 해녀의 몸에는 저도 모르게 왈락 쏟아지는 삶의 애환이 서려 있다. 그 바닷길에 쌓인 시간과 손끝에 맺힌 삶의 흔적이 불현듯 내 곁으로 살아난다. 밭일에 매여 가끔씩만 보여주던 해녀의 걸음이었지만 그 안에는 해녀공동체와 함께 버텨온 하루하루가 배어 있었다. 그 삶을, 어머니의 숨비소리를 꺼내주는 김신자 시인의 시조 「물마중」과 「호오이!」, 「왈락」은 더욱 그리움을 깊게 한다. 말보다 오래 남는 숨결처럼 세 편의 시는 정면으로 드러내기보다 감싸 안으며 어머니의 시간을 비춘다.

사설시조의 물결, 어머니를 향한 말 없는 배웅

  칮어진 고무신이 오널의 기분이우다 // 생의 출구를 촛단 생의 입구가 뒈어버렷주 물마중 갈적인 똑 두린 리아카를 끌고 가주 모서리가 모서리를 밀어낼 때 방향은 일러분 지 오래, 뒹굴고 구겨지는 농롯길에 덜커덩덜커덩 혼차서 끗엉 가는 건 츰말 위염ᄒ엿주 바당이 쎄여져시민 헷수다 ᄒ디 놀아줄 벗도 웃이 바당에 내몰아 데껴지난 습관추룩 돌으멍 돌음박질 ᄒ는 동안 난쟁이덜이 벨추룩 고장을 피우는 밭에염은 누겐가의 희망이 누겐가의 절망으로 뒈어갓고, 봄은 서툰 호맹이로 메역을 ᄌ물단 나신디 말을 걸엇주 // 어머니, 물에 들지 맙서게 / 물마중이 실퍼양

- 「물마중」 전문

  이 시 「물마중」은 해녀였던 어머니를 떠올리며 그 삶을 곁에서 지켜보던 딸의 마음을 따라가게 한다. 바다로 나가 물질을 하고 돌아오던 어머니를 마중 나가던 기억은 어느 한때의 장면이 아니라 그 삶 전체를 곁에서 바라보며 천천히 배워온 자식의 오래된 마음이다.
  시의 첫머리 "칮어진 고무신이 오널의 기분이우다"는 구절은 하루의 마음을 찢어진 고무신 한 켤레에 비춘다. 낡고 해진 신발처럼 오늘의 삶도 어디 하나 온전하지 않은 채 시작된다. 이후 중장

에서는 사설시조의 형식이 드러난다. 길게 이어지는 회상과 열거, 반복의 구조 속에 어린 시절의 기억들이 느릿느릿 쌓여간다. "덜커덩덜커덩 혼차서 끗엉 가는 건 춤말 위염ᄒ엿주 바당이"라는 구절처럼, 어머니를 따라 걷던 농로에서 느낀 두려움과 고단함이 그대로 되살아난다. 냉이꽃이 피던 밭둑, 호멩이로 미역을 자르던 손길, 뒷걸음질치듯 흘러가던 날들이 희망과 절망 사이에서 교차하며 되뇌어진다.

사설시조의 종장은 짧게 절정을 이룬다. "어머니, 물에 들지 맙서게 / 물마중이 실퍼양." '물마중'은 본래 해녀들이 바다에서 소라와 전복을 캐고 힘겹게 돌아올 때, 망사리를 끌어 함께 들어주던 일을 뜻한다. 이제는 더 이상 바다에 나가지 않았으면 좋겠다는 솔직하고 애절한 이 말은, 살아내느라 애써온 어머니의 삶을 이젠 내려놓게 하고 싶은 간절한 딸의 마음이다. 한때는 어머니의 귀가를 기다리며 달려가던 물마중이, 이제는 그만 멈추기를 바라는 기도로 바뀌어 있다. 그 말에는 오랜 세월을 견뎌온 고단함을 보듬고 이제는 쉼이 찾아들기를 바라는 자식의 애틋한 사랑이 담겨 있다.

특히 이 종장은 사설시조 특유의 완결 구조 속에서 정서적 긴장을 응축하며 시적 클라이맥스를 이룬다. 사설시조는 초·중장에서 장황하고 구체적인 서사나 회상을 펼친 뒤, 종장에서 짧고 단단한 정서적 전환을 통해 전체 정황을 요약하거나 감정을 집약하는 형식을 가진다. 이는 마치 긴 숨을 고르다 마지막에 응축된 한마디를 토해내듯, 시의 정수精髓가 응집된 문학적 지점이라 할 수 있다. 김신자의 「물마중」 역시 초장과 중장에서 어머니와 딸이 공유한 시간을 천천히 열거하며 정서를 누적하고 종장에서 그 감정의 밀도를 극적으로 압축하여 시의 정념을 형상화한다. 이러한 형식미는 단순한 리듬이나 구조적 미학을 넘어 삶을 마주하는 태도와 감정을 가장 절실하게 드러내는 언어적 순간으로 기능한다. 결국 이 한 줄의 말은 시 전편의 감정을 하나의 결로 묶으며 독자의 내면에 오래도록 여운을 남긴다.

육성 없는 육성, 호오이! - 해녀의 생을 부르는 말

> 간절ᄒ 소리덜만 가는 디 이실 거여 / 봄부떠 저슬ᄭ지 나가명 들어오명 / 캉캄ᄒ 청력에서도 절추룩 일어사는 / 그 소리 이해ᄒ젱 ᄒ민 바당을 알아사 뒈 // 수웨기 몰려드난 소리 났저, 엥 ᄒ명 / 그추룩 게 베또롱ᄒ게 말ᄒ영은 안 뒌다 // 열다ᄉᆞ 초용부떠 어머니가 내난 소리 / 멧십 년 지나도록 밧거리 테왁에 남안 / 어떻든 살아사 ᄒ다, 간절ᄒ게 호오이!
>
> — 「호오이!」 전문

「호오이!」에서 들려오는 "간절ᄒ 소리덜만 가는 디 이실 거여"는 단순히 작업의 장소를 지시하는 말이 아니다. 이 표현은 제주 인들이 오래도록 그리워하고 닿고자 해온, 간절한 '디(장소)'를 향한 염원의 발화다. 청력이 흐려진 몸이라도 바당(바다)을 안다면 간절한 마음으로 터뜨릴 수 있는 생의 언어가 바로 그곳에서 울려 퍼진다. "열다ᄉᆞ 초용부떠 어머니가 내난 소리"라는 시구처럼, 해녀

았던 어머니가 열다섯 살부터 내뱉어온 숨비소리는 단지 물질의 신호가 아니라 살아내야 했던 한 존재의 깊은 숨결이며 제주 여성의 육성 없는 육성이었다.

필자는 "간절ᄒᆞ 소리덜만 가는 디 이실 거여"라는 첫 시구 앞에서 한동안 멈춰 선다. 간절한 소리덜만 가는 곳, 그곳은 어디일까. '이실 거여-있을 것이다'라는 믿음이 배어 있는 이 말은 제주인들이 마음속에 그려온 섬의 형상일지도 모른다. 간절함을 들어줄 것 같은 섬, 간절함을 기도하게 되는 섬. 발길은 닿지 않지만 마음속에는 분명 존재하는 섬이다. 시적 화자는 독자들을 그곳으로 부른다. 현실과 비현실, 언어와 침묵 사이에서 떠오르는 상상의 섬, 염원의 섬. 제주 해녀의 노래마다 스며 있는 그 섬은 어쩌면 이어도일 것이다.

이어도는 제주인들의 집단 무의식 속에서 자라난 공간이자 절박한 숨비소리가 끝내 머무는 마지막 장소다. "간절ᄒᆞ게 호오이!"라는 외침은 어머니가 남긴 생의 흔적처럼 테왁에 스며들어 자식의 기억 속에 오래 남는다. 그것은 어떻게든 살아야 한다는 삶의 끈을 붙들게 하는 힘이 된다. '호오이'는 한 개인의 생을 이어온 절실한 언어이자 제주 여성들의 존재를 지탱해온 공동체적 염원이 응축된 기원의 소리다. "이어둥 이어둥 허다 이어둥 허민 내 눈물 난다"라는 옛 민요 가락이 서늘한 음조를 타고 흘러와 '호오이' 시조 위에 포개진다.

왈락, 침묵의 창을 여는 말

  습도에 칙칙ᄒ고 ᄀ쁜 숨 차올르민 // 살아온 생애가 느량 경ᄒ듯
애써 태연ᄒ 건지도 몰르겟다 / 어머니는 갈 때가 은제산지 몰를 뿐,
우리는 5개월 질민 일 / 년을 ᄌ딜 것이렌 생각헷다 빙완 안은 건조
헷다/ 물른 수건 ᄈᆯ앙 옷걸이에 걸 적마다 나 심ᄒ 비염은 콧물로 훌
쩍거렷다 / 어떵ᄒ당 눈물이 그랑그랑 매돌리젱 ᄒ민 어머니는 "아
이고, 무사 영 날이 왈락 더우니?" / (중략) / 왈락 덥덴 ᄒ명 창문을
을아 놓는디, 오꼿 그 트멍으로 // ᄊ락눈, 눈물 반 섞연 왈락ᄒ게 ᄂ
렷다

-「왈락」 부분

  「왈락」의 시공간은 고요한 방 안에 놓인다. 병원 안 공기는 늘
차고 건조했다. 습도는 낮았고 공기엔 말려버린 생의 흔적이 먼지
처럼 흩어져 있었다. 시의 도입부 "습도에 질척이고 가쁜 숨 차오
르면"은 바로 그 생의 마감선에 가까운 숨결로 포착이 된다. 어머
니는 오랜 시간 병상에 누워 계셨고 자식들은 어머니의 시간이 얼
마 남지 않았음을 짐작하면서도 입을 다문 채 하루하루를 견뎠다.
"어머니는 갈 때가 언제인지 모를 뿐"이라는 구절처럼 죽음은 예
고 없이 다가오고 있지만 누구도 감히 먼저 말을 꺼내지 않았다.
  말라붙은 수건을 손에 쥐고 세탁기를 돌리는 일상이 반복되던
날들, 비염 탓인지 마음 탓인지 콧물은 자꾸만 흘렀다. 화자는 "어
쩌다 눈물이 그렁그렁 매달리려 하면"이라는 고백 속에서 이미 참

을 수 없는 감정을 마주하고 있었다. 그럴 때마다 어머니는 애써 태연하게 말했다.

어머니의 말 한마디, 창문을 여는 몸짓 하나에도 자식들은 숨죽인 울음을 머금는다. "모두들 목구멍에다 잔뜩 울음을 올려놓고도 내뱉지는 않았다." 시 속 화자만이 아니라 시를 읽는 독자 역시 그 순간 함께 속울음을 삼킨다. '속울음'은 소리 없는 울음이다. 그 울음은 바깥으로 터뜨릴 수 없을 만큼 깊고 그만큼 더 처절하다. 김신자는 사설시조의 느슨한 호흡 구조 안에 바로 그 말없이 울어야만 하는 사람들의 울음을 숨겨놓는다.

그리고 마침내 그날도 어머니는 창문을 열었다. "아직은 초겨울이잖아. 첫눈도 안 왔는데"라고 말하며 스스로를 달래던 화자는 열린 창문 틈 사이로 떨어진 싸락눈을 마주한다. "싸락눈, 눈물 반 섞여 왈락허게 내렸다." 이 시구는 시 전체의 정조가 터져 나오는 결절점이다. 싸락눈은 겨울의 전령이지만 이 시에서 그것은 눈물이 섞인 비명처럼 방 안으로 쏟아진다. 싸락눈이 아니라 '왈락허게' 내린 것은 바로 쌓이지 못하고 사라질 운명의 눈꽃, 말없이 떨어진 울음이었다.

이 장면은 어머니의 죽음이 드러나지 않고도 제주 해녀들의 생을 마감하는 순간이 어떻게 정제된 언어로 드러날 수 있는지를 보여준다. 어머니는 말하지 않고 자식은 소리 내지 않는다. 하지만 그 침묵 속에서 모든 것이 흐른다. 싸락눈은 단지 자연의 현상이 아니라 삶의 끝에서 울음을 대신해 내리는 감정의 사물화된 풍경이다.

「왈락」은 사설시조의 형식적 자유를 적극적으로 활용해 감정을 점층적으로 끌어올린다. 정형률에서 벗어난 길고 느린 호흡 속에서 감정은 서서히 차오르고 시의 리듬은 어머니의 숨처럼 화자의 심장처럼 잔잔히 떨린다. 제주어 특유의 입말은 그 감정에 온기를 불어넣는다. "쏘락눈"이나 "무사 영 날이 왈락 더우니?" 같은 표현은 감정을 직접 설명하지 않으면서도 그 너머의 마음을 환히 드러내는 시적 장치다. 이 서정의 단계는 곧 서사로 이어지며 제주 해녀의 삶을 기록하는 하나의 문학적 통로가 된다.

3. 해녀 공동체의 정서와 문화적 기억

거친 숨을 삼키며 바다로 들어서는 이들이 있다. 바위처럼 단단한 몸으로 물질을 이어온 그들은 말없이 세월을 견뎌냈다. 해녀라 불리는 이 여성들의 삶은 단지 생계를 위한 노동이 아니라 서로의 숨결이 얽힌 연대의 역사였다. 제주 바다는 이들에게 쉼 없는 일터였고 때로는 삶을 시험하는 무대였다.

큰 눈이 붸려보는 시상은 뿌영ᄒ다 // 발 디딜 트멍 웃다 시상은 수심이 넘이 짚언 발이 닿질 안ᄒ다 태안 만리포 바당은 개똥밧디 드는 사름도 뇌선을 먹은다 칠성판을 짊어지고 오널도 얼메나 저싱질을 들엇닥낫닥 헤시코 불어터진 이녁의 삶은 바당신더레 작살 저냥ᄒ고 구려의 전ᄉ답다 호멩이 ᄒ나 빗창 ᄒ나 본조갱이 ᄒ나 짊어진 결의도 ᄒ나 시상 이치를 몰란 그건가 물때를 잘못 만나신가 ᄒ 생을 항

곱사명 구짝 살아가는 큰언니의 삶 // 나신딘 어느 노정에서나 눈발 긇은 거랏다

- 「난바르」 전문

제봉틀도 신경통 알르는 생이여 / 바농귀 소곱 ᄒ루가 ᄀ로질른 바당에 / 큰언니, 일금 삼천 원 쿰을 풀듯 누빔질ᄒ다 // 시 술베기 바당이도 낌새는 이섯다 / 항구로 빠져나온 어머니를 심으멍 / 재가ᄒ 충무 바당이 흥젱이ᄒ던 해조음 // 살아서 반쯤 바당에 태왁을 띄우고 / 죽어서 또한 반쯤 섬 멧 개를 띄우고 / 항구는 숨비소리를 비멩으로 띄왐신가 // ᄇ름이 덜캉대는 갱년의 바당 ᄀ디 / 나 늘렛내 세운다, 장작불 꺼진 자리 / 불턱은 어머니 등을 흠불로 안 뻬운다

- 「어머니의 불턱」 전문

「난바르」와 「어머니의 불턱」은 바다를 떠도는 삶과 공동체적 연대를 품은 시편이다. 「난바르」에서는 마을을 떠나 여러 섬을 돌면서 숙식하며 물질하는 해녀 공동체의 고단한 일상과 큰언니의 삶을 중심으로, 불확실한 세상과 생의 수심 속에서도 묵묵히 살아가는 해녀의 결기를 그려낸다. 반면 「어머니의 불턱」은 생계를 짊어진 어머니 세대의 세월과 불턱이라는 공간에 새겨진 숨비소리와 노동의 기억, 갱년의 고요한 정조를 포착하며 세대 간의 연속성과 단절을 함께 담아낸다.

두 시는 각기 다른 시공간을 배경으로 하지만 해녀라는 이름 아래 응축된 정서의 무게를 나란히 그려낸다. 「난바르」의 "불어터진

이녁의 삶은 바당신더레 작살 저냥흔 고구려의 전亽답다"는 구절은 유랑과 생존의 경계에 선 해녀의 내면을 단단하게 조명한다. 큰언니는 호멩이 하나 본조갱이 하나 짊어지고 세상을 물구나무로 견뎌온 삶을 살았고 그 눈은 "뿌영ᄒ"게 세상을 바라보면서도 결코 물러서지 않는다. 해녀의 유랑은 생계를 위해 목숨을 내건 개인의 고독만이 아니라 공동체의 길을 앞서 걷는 이의 결단이기도 하다.

한편「어머니의 불턱」은 물질 후 불을 쬐던 불턱이라는 장소에 주목한다. 제주도에서 편찬한『제주여성문화』에 따르면 "불턱은 일종의 탈의실인데 해녀들이 물질을 하면서 옷을 갈아입거나 불을 쬐며 쉬는 곳"이며, "여성들만의 장소로서 불씨와 몸의 온기를 함께 나누던 공동체 공간"으로 기록되어 있다. 여기서 '덕'은 솥덕, 화덕과 같은 '불자리'를 의미하고 불턱은 단지 생리적 회복의 장소가 아니라 정서적 유대와 관계의 온기를 나누던 삶의 중심이었음을 말한다.

"제봉틀도 신경통 알르는 생이여"라는 시작은 큰언니, 어머니 세대의 생애가 육지와 바다를 넘나드는 일상의 고단함으로 얼룩져 있음을 암시한다. 그리고 "불턱은 어머니 등을 홈불로 안 삐운다"는 마지막 구절은, 이제는 텅 비어버린 공동체의 자리를 바라보는 딸의 애틋한 심정이 묻어난다. 불턱은 살아온 시간과 사람의 체온이 얽혀 있던 기억의 장소이며 세대의 간극과 사랑의 여운을 동시에 담고 있다.

이처럼 김신자의「난바르」와「어머니의 불턱」은 해녀 공동체의 고단한 생애와 유대를 시의 언어로 복원해낸다. 시 속에 등장하는 '숨비소리', '태왁', '본조갱이', '불턱' 등과 같은 구체적 행위와 사물 그리고 장소는 단지 배경이나 도구로 머물지 않고 공동체의 세월이 스며든 상징적 매개로 작용한다. 이는 얀 아스만이 『문화적 기억과 초기 문명』(김구원·심재훈 옮김, 푸른역사, 2025)에서 말한 "공동체가 제도와 의례, 사물과 장소, 예술과 언어를 통해 전승하고 재현해온 기억 체계"로서의 문화 기억 개념과 맞닿아 있다. 물질과 유랑, 불턱과 공동체라는 해녀들의 생애는 단지 과거의 일이 아니라 지금도 시를 매개로 다시 호명되며 오늘의 독자에게 감각되고 기억된다. 김신자의 시는 바로 이러한 문화기억의 저장고이다. 이는 제주 해녀들의 정서와 생을 제주인의 모어母語인 제주어로 형상화하여 서정과 서사의 이야기를 다음 세대에게로 건네는 시적 유산이 된다.

4. 제주 해녀의 시학과 제주어 문학을 통한 지역문학의 구축

김신자 시인의 작품에는 언제나 체험에서 끌어올린 감성이 스며 있다. 그 감성은 독자의 마음을 자연스럽게 열게 하고 시와 수필을 오래 곁에 두게 만든다. 필자에게도 그러했다. 30여 년 전 김신자 시인의 「어머니」라는 시낭송 자리에서 처음 마주한 시인의 목소리와 시적 결은 세월이 흘러도 변함없이 이어져 왔다. 그 한 편의 시에 매료되어 지금까지 그의 작품을 읽어온 독자로서, 글을 쓴다는 것은 결국 자신을 드러내고 독자의 마음과 마주하는 일임을 다시금 확인하게 된다.

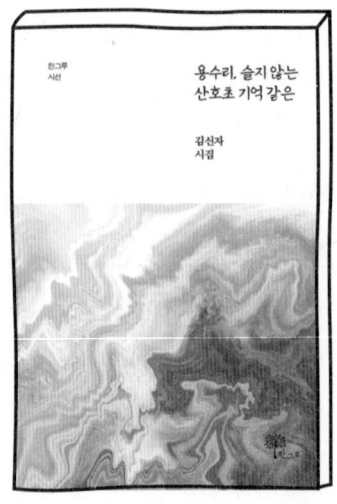

2001년 《제주시조》 지상 백일장에 당선된 이후 2004년 《열린시학》으로 등단한 작가는 제주대학교 국어교육과 박사과정 수료 후, 제주어 감정 표현 유형 등 방언 연구에 몰두하며 학문과 문학의 접점을 넓혀왔다. 특히 제주어를 기반으로 시와 수필 양 장르에서 독자적인 작품세계를 일군 그녀는 시집 『당산봉 꽃몸살』, 『난바르』, 『용수리, 슬지 않는 산호초 기억 같은』, 『봄비에 썼던 문장은 돌아오지 않는다』 등으로 시적 세계를 확장해왔다. 제주어 원문으로 쓰인 수필집 『그릇제도 매기독닥』, 『보리밥 곤밥 반지기밥』은 제주어 문학사에서 수필문학의 새로운 지평을 여는 귀한 작품집이다. 아울러 최근 출간한 제주어 동시집 『잘도 아꼽다이』는 어린이 문학에서도 제주어의 생명력을 생생히 전달한 작품으로 주목을 끌고 있다.

이번 평론 작업에서 느낀 바는, 그 '드러냄'의 진정성에서 비롯되는 울림이다. 그의 시집들에는 늘 어머니의 존재가 자리한다. 그 것은 시인의 어머니이자 우리 모두의 어머니로 다가오며, 해녀이자 제주 여성의 상징으로 삶의 풍경 속에 머문다. 이 다섯 권에 담긴 다양한 작품들 가운데, 지속적으로 형상화해 온 '제주 해녀' 관련 시편들만 따로 모아 한 권의 시집으로 엮고 싶을 만큼 해녀 감수성은 남다르다.

평론 과정에서 도서관 향토자료실의 수많은 해녀 관련 문학작품과 기록들을 접하며 그 속에 김신자 시인의 시집이 놓여 있기를 바라는 마음이 생겼다. 그의 해녀 시편에는 살꽃과 순비기꽃처럼 다정하면서도 질긴 생의 결이 배어 있다. 그것은 단순한 소재를 넘어 제주 해녀라는 존재를 문학의 기
억 속에 단단히 새겨두는 시인의 고유한 역할과 문학적 가치를 증명한다.

제주 해녀는 말보다 숨으로 생을 말해온 존재들이다. 그들의 삶은 깊은 바다로 잠수해 전복과 미역을 채취하는 반복된 노동의 연속이지만 그 안에는 육지와는 다른 생명 윤리와 공동체 감각이 깃들어 있다. 김시인의 해녀 문학은 이러한 존재의 밀도를 제주어로 되살려낸다. 물질에서의 고통과 숨비소리의 절절함, 그리고 해녀 공동체 안에서 길러진 삶의 철학은 시 속에서 서정으로 치환되며 육체의 언어를 감각의 모어母語로 옮기는 시적 전이를 이뤘다. 이처럼 해녀의 일상에서 피어난 '제주어'를 통해 해녀를 한 개인의 어머니만이 아닌 제주 여성 생애사의 상징으로 형상화한다.

제주어는 바다를 바라보며 살아온 사람들의 사고와 정서와 감각의 결을 품은 언어이자 세대를 이어온 기억의 혈맥이다. 김신자 시인은 나이 든 부모 곁에서 평소 쓰던 말맛을 시 속에 불어넣어 살아 있는 제주어의 호흡을 섬세하게 형상화했다. 그의 문학에서 제주어는 삶의 질감을 자연의 리듬에 맞춰 언어화하며, 잊혀가는 지역어의 숨결을 문학으로 되살린다.

김신자 시인의 작품은 제주어와 해녀의 접점에서 지역문학의 새로운 층위를 세운다. 그것은 살아온 생애의 결과 언어에 스민 기억과 윤리적 삶의 태도를 함께 품은 존재의 총체를 드러낸다. 지역문학은 고유한 언어와 시선을 통해 인간과 자연과 공동체를 다시 불러내며 세계와 마주하는 또 하나의 문학적 길을 연다. 그의 작품은 그 가능성을 뚜렷하게 증명한다. 이는 제주어 보존을 넘어 우리가 잃어버린 말과 정체성을 되새기고 다시 세워가는 긴 여정이기도 하다.

스며듦의 시학, 생태동시가 빚어낸
자존과 공생

- 박희순 동시, 신기영 그림, 『꼬물꼬물 베렝이』와 『제주 바당』

스며든다는 것.

스민다. 스며든다. 스르르. 스르르르.

스며든다는 것은 억지로 하지 않아도 어느덧 저절로 이루어지는 일이다. 저도 모르게 하게 되는 것, 나도 모르게 가까워지는 것. 그것이야말로 진정한 '스며듦'이다. 스며든다는 말은 결국 삶을 여는 또 다른 방식이다.

"아무것도 하지 않으면 아무것도 일어나지 않는다."는 어느 책의 문장은 단순한 은유가 아니라 삶의 태도이자 '스며듦'이라는 관점에서도 곱씹어야 할 아포리즘이다. 익숙한 방식대로만 살아가는 것은 때로는 외부의 감각을 닫아버리는 일이 되고 결국 스며듦의 문을 스스로 걸어 잠그는 일이기도 하다.

스며듦은 무위無爲와는 다르다. 무심히 열어놓았을 때 찾아오는 감각의 결, 그곳에서 삶은 새로운 울림을 얻는다. 억지로 하지 않아도 그러나 마음을 열어두었기에 가능한 일. 그때 비로소 우리는 언어와 풍경, 타인의 마음까지도 스스로 안으로 스며들게 할 수 있다.

살다 보면 어느새 스며드는 것들이 참 많다. 그러나 여전히 쉽지 않은 것도 있다. 눈에 잘 띄는 자리, 하고 싶은 일, 모두가 인정하는 영역에는 기꺼이 힘을 기울인다. 반면, 보이지 않는 것, 알아주지 않는 것에는 좀처럼 시선을 주지 않는다. 작고 하찮다 여겨 늘 밟히는 존재들 속에도 삶은 깃들어 있지만 우리는 종종 그것을 감지하지 못한 채 살아간다. 우리 안에 깊이 밴 무관심의 관성 때문이다.

박희순 시인의 생태 동시는 바로 그 관성을 흔들어 깨운다. 아주 작은 곤충부터 바다 깊은 곳의 생명까지, 우리가 쉽게 지나쳐온 존재들을 불러 세우고 그들의 의미에 귀 기울이게 한다. 어떤 생명의 숨결을 감지하고 그 가치를 자각하는 순간, 우리는 비로소 스며들기 위한 노력을 시작할 수 있다. 스며듦이 이루어졌을 때 타자와 자아 사이에는 조용한 순환이 생기고 공존의 감각은 비로소 생명을 발한다. 동심의 문학은 그 순환 속에 '존재의 무게'를 새겨 넣는 일이다.

작디작은 곤충은 꽃가루를 옮기고 땅을 비옥하게 하며 바다의 미세한 생물들은 물살을 따라 산호와 어류의 삶을 이어준다. 눈에 잘 띄지 않는 작은 몸짓들이 모여야 비로소 생태계의 큰 질서가 유지된다. 그러나 우리는 그 사실을 대수롭지 않게 여기거나 무심히 흘려보내곤 한다.

박희순 시인은 작은 존재들에게 다정한 시선을 건네며 동심의 언어로 혐오의 껍질을 조용히 벗기고 그 안에 숨어 있는 생명의 윤리를 드러낸다. 그리고 그 작은 생명 속에서 아이들의 눈동자를 포착한다. 곤충의 속성과 아이들의 내면 깊이 자리한 자존의 결을 겹쳐 읽어내는 일은 단순한 은유를 넘어서는 감각의 깊이를 요구한다. 그것은 아이들과 삶을 함께하며 체득한 감응의 구조이자 타자를 향한 이타적 직관의 발현이다.

동시는 단순히 동심의 언어로 접근하는 장르가 아니다. 먼저 그 세계 속으로 스며들어 감각을 얻을 때 비로소 탄생하는 문학이다. 그렇게 길러진 결은 독자의 마음에도 스며들어 깊은 울림으로 남는다. 이번 생태 동시집에서 화가 신기영의 그림은 그러한 울림을 더욱 확장한다. 동시를 생동감 있게 담아낼 뿐 아니라 컬러링 북 형식으로 구성해 독자가 직접 색을 입히며 작품 속으로 들어가게 한다. 여기에 박희순 시인의 육성 낭송까지 더해져, 독자는 보는 일과 색칠하는 일 그리고 듣는 일을 동시에 경험한다.

이 다각적인 감상의 통로는 독자를 작품과 더 가깝게 이어 주며 생태 동시가 지닌 세계를 온몸으로 받아들이게 한다. 이는 곧 생태 감수성을 일깨우는 가장 가까운 길이 된다. 이렇듯 박희순 시인의 동시는 '스며듦'의 언어로 아이와 자연 그리고 우리를 다시 잇는다. 필자의 독서평론집 『순수로 잇다』에서 『엥기리젠』과 『쪼꼴락허고 아꼬운 생이』를 다룬 바 있는데, 이번 평론에서는 『꼬물꼬물 베렝이』와 『제주 바당』을 함께 조명한다. 네 권의 생태 동시집이 보여주는 문학적 가치와 감각적 성취를 하나의 흐름 속에서 이어가고자 한다.

1. 동심 속에서 발견하는 작은 존재의 울림
- 『꼬물꼬물 베렝이』

혼히 작고 약한 존재들은 눈길 조차 받지 못하거나 가볍게 스쳐 지나가곤 한다. 그러나 박희순 시인의 동시집 『꼬물꼬물 베렝이』는 그 작은 몸에서 뿜어져 나오는 울림으로 우리를 멈춰 세운다. 무당벌레, 매미, 하루살이, 도마뱀, 반딧불이 같은 존재들은 그의 언어 속에서 하찮은 생명이 아니라 세계를 떠받치는 주체로 자리한다.
시인은 작은 생명을 다시 불러내어 그 삶을 새롭게 쓰고 그 안에서 존재의 깊은 의미를 시적으로 형상화한다.

「딩동, 칠성무당베렝이님」에서는 전통 신앙의 심방과 디지털 알림음을 재치 있게 결합해 무당벌레를 공동체의 수호자로 변모시킨다. 「매미」에서는 '쪼끄만 것'이 지구를 흔드는 울림을 낸다는 역설을 통해 작은 존재의 위대함을 드러낸다. 「딱 하루 주어진다면」에서는 하루살이의 짧은 생애가 '사랑과 탄생의 전부'가 될 수 있음을 보여주고 「난 아기 도마뱀」에서는 도마뱀의 놀이와 상상을 통해 '스스로 작게 여기지 말라'는 메시지를 건넨다. 이처럼 시 속의 작은 존재들은 약한 것이 아니라 자기만의 방식으로 세상에 울림을 전하는 존재로 다시 태어난다.

  이 과정에서 제주어의 입말은 특별한 힘을 발휘한다. "들앙 옵서", "홍글엄실 줄이야", "뚝 ᄒ루만 주켄 ᄒ민"과 같은 구수한 표현들은 작은 몸짓 하나에도 생명력을 불어넣는다. 언어의 질감이 곤충과 작은 생물의 세계를 더욱 친근하게 다가오게 하며 시에 내포된 생태감성은 자연스레 독자 마음에 스며든다.

무당벌레 심방이 부르는 전통·디지털 합주

  딩동, 칠성무당벌레님 들어오셨어요 / 딩동, 남생이무당벌레님도 들어오셨어요 // 한라산 산 5번지 꽃봉오리 / 진딧물이 공격하고 있어요, 빨리 와 주셔요 // 알록달록 무당옷 입고 어서 오셔요 / 허리춤에 노란 줍 달고 오셔요

- 「딩동, 칠성무당벌레님」 전문

  딩동, 칠성무당베렝이님 들어와수다 / 딩동, 남생이무당베렝이님도 들어와수다 // 한라산 산 5번지 꼿봉오지 / 진쉬가 공격헴시난 제기 와줍서 // 알록달록 심방옷 입엉 ᄒ저 옵서 / 준등이더레 노린 줍 둘앙 옵서

- 「딩동, 칠성무당베렝이님」 전문

  「딩동, 칠성무당베렝이님」이 지닌 활기는 첫 구절부터 솟구친다. '딩동'이라는 초인종 소리, 거기에 카카오톡 알림 아이콘까지

엎힌 시각적 장치는 아이들의 일상 리듬을 곧장 시 속으로 끌어들인다. 무당벌레를 '심방'이라 부르는 설정은 제주 굿의 이미지를 바로 호출하고 "알록달록 심방옷 입엉 흔저 옵서 / 준등이더레 노린 즙 들앙 옵서" 같은 행에서는 제주어 특유의 언어가 춤을 춘다. 발음만 굴려도 경쾌한 리듬이 입 안에 맴돌고 "노린 즙 달고 오라"는 재치 있는 주문은 아이들 마음속에서 무당벌레가 '비장하게 무장한 수호신'으로 변신하게 만든다.

특별한 지점은 전통 신앙이 품었던 공동체적 안위를 현대 메신저 알림으로 재빠르게 호출해 내는 시적 발상에 있다. 옛 제주 민속에서 심방은 혼란을 잠재우고 안녕을 비는 존재였다. 박희순 시인은 그 역할을 알록달록 무당벌레에게 맡기면서 "한라산 산 5번지 꽃봉오리 / 진딧물이 공격하고 있어요"처럼 구체적이고 유머러스한 상황으로 끌고 온다. 덕분에 토속 신앙의 보호·위안 상징은 사라지지 않고 스마트폰 알림음과 한몸이 되어 살아 움직인다.

수업 시간에 이 동시를 읽은 아이들이 "한라산에도 카톡 돼서 다행"이라며 웃었다는 후기는 이런 상상력이 얼마나 빠르게 아이들 마음에 스며드는지를 잘 보여준다. 짧은 알림음 하나로 전통과 디지털, 자연과 인간이 통째로 연결되는 경험. 시인은 이를 복잡한 설명 없이 리듬과 색채 그리고 사라져 가는 제주어의 맛으로 완성한다.

결국 「딩동, 칠성무당베렝이님」은 제주어의 구수함과 현대 감각, 토속 신앙의 안온함을 한데 묶어 '살아 있는 동시'로 빚어내었다. 아이들은 여기서 낯선 전통을 어렵지 않게 만나고 어른 독자는 디지털 시대에도 꺾이지 않는 동심의 생명력을 확인한다. 활기찬 어조와 자유로운 발상, 그리고 제주 땅이 품어 온 정서가 절묘하게 어우러져 작은 무당벌레 한 마리가 한라산과 카카오톡 사이를 신나게 날아다니는 순간을 재치 있게 완성한다.

매미가 울면 지구도 흔들린다

나무가 / 우는 줄 알았다 // 설마 / 저 작은 것이 // 나무를 / 흔들고 있을 줄이야 // 설마 / 저 작은 것이 // 지구를 / 흔들고 있을 줄이야
- 「매미」 전문

낭이 / 우는 줄 알앗저 // 초마가라 / 저영 쪼끌락헌 것이 // 낭을 / 홍글엄실 줄이야 // 초마가라 / 저영 쪼끌락헌 것이 // 지구를 / 홍글엄실 줄이야
- 「재열」 전문

박희순 시인의 동시 「매미」는 작은 존재가 얼마나 큰 울림을 낼 수 있는지를 깊고도 간명하게 보여준다. 이 짧은 시는 '작다'는 것의 의미를 다시 묻는다. "설마 저 작은 것이 지구를 흔들고 있을 줄이야"라는 반전의 시구는 아이의 동심에서 출발하지만, 그 너머에 어떤 시적 깨달음을 선사한다. '매미↔지구'의 대비는 동시문학의 울림에 큰 파장을 준다.

생태학적으로 보면 작고 미세한 생명일수록 생태계 유지와 순

환에 더 중요한 역할을 한다. 매미는 토양 속에서 오랜 시간을 견디며 생장을 준비하고 마침내 지상에 올라 울음으로 짝을 부르며 생의 절정을 맞는다. 이 울음은 종種의 생존을 위한 필연이자 여름 생태계 리듬의 한 축이다. 인간 중심의 시선에서는 "쪼끄만 것"일 수 있지만 매미는 지구의 소리와 진동을 바꾸는 주체로 기능한다.

시적으로 볼 때 '매미'와 '지구'의 극적인 대비는 동시 특유의 비유와 상상력이 빚어낸 역동적 구조다. 작고 여린 존재가 감히 지구를 흔든다는 설정은 아이들의 상상력에 불을 지피며 세계의 구조에 대한 철학적 질문을 던진다. 이는 "약한 것이 강한 것을 움직일 수 있다."는 역설적 진리로 이어지며 동시 문학이 전할 수 있는 감정의 폭과 인식의 지평을 확장한다.

이 시는 자연 관찰에 머무르지 않고 생명과 존재의 본질을 들여다보게 한다. 어린이 독자에게는 "내 목소리도 중요하다."는 자존감의 씨앗이 되고 어른에게는 "무시했던 작은 존재도 세상을 흔든다."는 윤리적 경계심을 일깨운다. 이렇게 박희순의 동시는 어린이 문학의 경계를 넘어 존재론적 생태학적 감수성을 포용하며 작은 목소리가 더 큰 세상을 울릴 수 있다는 문학적 가능성을 제시한다.

그의 동시의 힘은 이미 국경을 넘어 확인되었다.《창작과비평》2019년 여름호에 실린 이향규의 수업 기록에 따르면 그는 런던한겨레학교에서 최승훈의「고 벌 한 마리가」, 윤동주의「호주머니」, 나태주의「풀꽃」과 함께「매미」를 우리말과 영어로 낭독했고 학생들은 "무릎을 쳤다."고 할 만큼 신선한 충격을 받았다. 시가 품은 울림은 언어를 넘어 시상의 보편성을 건드린 것이다.

프랑스 철학자 가스통 바슐라르는 『공간의 시학』에서 "작디작은 것은 좁은 문을 열어 온 우주를 보여준다."고 말했다. 작은 존재 하나에도 무한한 세계가 담겨 있다는 그의 사유는 매미 한 마리가 울어 숲을 울리고 지구를 뒤흔든다는 이 시의 상상력과 맞닿는다. 아이들은 '작다'가 '약하다'는 뜻이 아니라는 사실을 마음속 깊이 받아들인다. 이처럼 매미의 울림은 나무를 흔들고 나아가 우리 삶의 감수성을 흔든다. 짧지만 깊은 이 시는 그 자체로 하나의 우주이다.

동심으로 꺼내는 존재의 이유

딱 하루만 주어진다면 / 나는 무얼 할까? // 딱 하루만 주어진다면 / 나는 어디로 갈까? // 딱 하루만 주어진다면 / 나는 누구를 만날까? // 엄마 하루살이는 아빠를 만나고 / 아빠 하루살이는 엄마를 만나 // 딱 하루 주어진 그날 / 내가 태어났어. // 나는 엄마 하루살이의 전부야 / 나는 아빠 하루살이의 전부야.

- 「딱 하루 주어진다면」 전문

똑 ᄒ루만 주켄 ᄒ민 / 난 무신거 허코? // 똑 ᄒ루만 주켄 ᄒ민 / 난 어디레 가코? // 똑 ᄒ루만 주켄 ᄒ민 / 난 누겔 만나코? // 어멍 눈에 눈인 아방을 만나곡 / 아방 눈에눈인 어멍를 만난 // 똑 ᄒ루 주어진

그날 / 나가 태어낫주 // 난 어멍 눈에눈이의 몬딱이라 / 난 아방 눈
에눈이의 몬딱이라

— 「똑 ᄒ루 주어진뎬ᄒ민」 전문

"딱 하루만 주어진다면?"으로 시작되는 질문은 삶의 본질에 대한 천진한 탐색처럼 느껴진다. 아이의 목소리로 쓰인 이 물음은 서서히 부모의 이야기로 이어지고 마침내 "딱 하루 주어진 그날 / 내가 태어났어"라는 고백에 이른다. 하루살이처럼 짧은 시간 안에 이루어진 만남이 생명을 탄생시켰다는 이 서술은, 아이가 태어난 순간이 누군가에게는 세상의 전부였다는 것을 담담하게 보여준다.

제주어 「똑 ᄒ루 주어진뎬ᄒ민」은 이 감정을 더욱 따뜻하게 전한다. '어멍 눈에눈인 아방을 만나곡 / 아방 눈에눈인 어멍를 만난'이라는 표현은 '한눈에 반하다'는 뜻의 제주어 '눈에눈이'를 통해 사랑의 순간을 더욱 진하게 그려낸다. 아이가 "몬딱" 곧 부모의 전부라고 말할 때, 그 말에는 크고 요란한 수사가 없다. 대신 제주어 특유의 입말과 정감 어린 말씨가 덧입혀져 그 존재의 무게가 오히려 더 단단하게 전해진다. 제주어는 이 시에서 감정을 과장하지 않으면서도 생생히 드러내는 언어로 작용한다.

이 동시는 하루라는 짧은 시간을 이야기하면서도 시간의 길이보다 그것을 어떻게 채우느냐가 더 중요하다는 사실을 보여준다. 하루살이의 하루는 허망한 소멸이 아니라 사랑이 이루어지는 시간이고 아이는 그 하루의 결실이다. 짧은 생의 밀도를 다정하게 들여다보는 시인의 눈은 우리가 흔히 지나치는 것들 속에 깃든 소중

함을 일깨운다.

박희순 시인의 시는 아이의 시야에만 머물지 않는다. 어른에게도 동심을 통해 삶의 뿌리를 다시 들여다보고 그 안에서 관계의 본질을 되묻는다. 이처럼 아이의 말에서 출발한 시적 질문은 어느새 모든 생의 존재 이유를 담아내는 깊이로 나아간다.

동시에서 길어 올린 자존의 날개

공룡책을 펴놓고 / 공룡 위에 누워본다 // 티라노사우루스도 되어 보고 / 알로사우루스도 되어 본다 // 크르릉 크르릉 공룡인 척 했는데 / 겁도 없이 우루루 몰려와 꼬리를 잡네 // 꽁지 빠지게 도망을 가서는 / 또 공룡 흉내 내어 본다 // 한 번만이라도 / 공룡이 되어서 으스대고 싶다

- 「난 아기 도마뱀」 전문

공룡 책을 페와 놛 / 공룡 우티 누워 본다 // 티라노사우루스도 뒈어 보곡 / 알로사우루스도 뒈어 본다 // 크르릉 크르릉 공룡인 체 헤신디 / 겁도 엇이 우루루 몰려완 꼴리를 심네 // 총지 빠지게 도망 간 / ᄯᅩ시 공룡 숭 털어 본다 // ᄒᆞ번 만이라도 / 공룡이 뒈엉 으스대구정 ᄒᆞ다

- 「난 애기 독다귀」 전문

박희순 시인의 동시 「난 아기 도마뱀」은 조그마한 도마뱀이 공

룡이 되고 싶어 책 위에 몸을 눕히며 시작된다. 티라노사우루스, 알로사우루스가 되어 보겠다며 "크르릉 크르릉" 소리까지 흉내 내는 장면은, 이불을 망토 삼아 히어로 놀이에 빠지는 아이들의 일상과 그대로 포개진다. 친구들이 몰려와 꼬리를 잡자 깜짝 놀라 달아나지만 도마뱀은 곧 다시 책 위로 돌아와 우쭐대기를 멈추지 않는다. 작아 보이는 자신이 잠시라도 크게 느껴지길 바라는 마음, 한 번만이라도 거대한 공룡이 되어 보고 싶다는 열망이 시의 첫머리부터 따뜻하게 묻어난다.

제주어「난 애기 독다귀」에서는 그 유쾌함이 한층 더 짙다. "꼴리를 심네"처럼 꼬리를 잡는 장면이 구수한 입말로 살아나고 "총지 빠지게 도망 간 뜨시 공룡 숭 털어 본다" 같은 표현은 숨이 차도록 뛰어다니면서도 다시 용기를 내는 모습을 생생하게 전한다. 제주어 특유의 리듬이 더해져, 독자는 마치 골목 어귀에서 아이들이 깔깔 웃으며 뛰노는 소리를 곁에서 듣는 듯한 기분에 빠져든다. 지역어가 품은 질감은 도마뱀을 더욱 친근하고 사랑스러운 존재로 빛나게 한다.

시인이 택한 '흉내'라는 장치는 도마뱀이 공룡을 따라 하는 순간에 빛을 발한다. 아이들은 그 모습을 보며 자신도 커다란 존재가 될 수 있다는 가능성을 마음속으로 연습한다. 현실에서는 몸집도 꼬리도 작지만 상상의 무대에서는 누구보다 크고 강하다. 이러한 놀이는 "작아도 괜찮다, 언젠가는 크게 자랄 수 있다."는 믿음을 자연스레 심어 준다. 비록 끝내 진짜 공룡이 되지는 못해도 책 위로 돌아와 으스대는 도마뱀의 끈질김은 새 도전을 앞둔 아이들에게 부드러운 용기를 건넨다. 시인은 바로 그 지점에서 아이들의 마음을 살피며 "언젠가 너도 무대의 주인공이 될 수 있다."는 따뜻한 응원을 전한다.

짧은 행마다 톡톡 튀는 의성·의태어와 간결한 반복은 낭독의 즐거움을 더한다. 시인의 섬세한 관찰이 빚은 장면들은 유머러스하면서도 다정하고 "네 꿈이 아무리 커도 괜찮다."는 메시지를 속삭인다. 그림책으로 펼치면 초록빛 도마뱀과 알록달록 공룡 그림이 어우러져 아이들의 상상력을 더욱 키워 줄 것이다. 「난 아기 도마뱀」은 웃음을 선물하면서도 "스스로를 작게 여기지 말라."라는 든든한 격려를 남기는 동시다. 언젠가 아이들은 이 이야기를 떠올리며 자신만의 공룡 울음을 만들어 세상 앞에 더 당당히 설 것이다.

「굼벵이」, 「불나방」, 「꼽등이」, 「별이 되고 싶은 반딧불이」에서도 박희순 시인은 저마다 다른 어둠 속에 머무는 작은 존재들을 불러 세워 아이들의 자존감을 살핀다. 「굼벵이」는 "평생 굼벵이로 살진 않을 거야"라며 땅속에서 날개를 꿈꾸는 희망을, 「불나방」은 "유리창에 부딪혀도 괜찮아"라며 다시 날아오르는 용기를, 「꼽등이」는 굽은 등을 숨긴 채 웅크린 아이 곁으로 다가가 "걱정 말라고 손이라도 잡아줄걸" 하고 속삭이는 연민을 들려준다. 여기에 「별이 되고 싶은 반딧불이」는 자신의 빛으로 남을 위한 길을 밝히겠다는 다짐을 담는다. "돌부리에 넘어지지 않게 / 풀잎 가시에 베이지 않게"라는 구절은 작은 존재라도 누군가에게 따뜻한 길잡이가 될 수 있다는 믿음을 전하며, 끝내 "작고 작은 별이 될래"라고 말하는 반

덧붙이는 소멸이 아닌 존재의 환한 마무리를 꿈꾼다. 이 응원의 목소리는 「난 아기 도마뱀」의 마지막 구절 "스스로를 작게 여기지 말라"와 맞물려 아이들 마음에 단단한 자존감의 씨앗을 심어 준다.

아이들은 때때로 누군가의 단 한마디에 커다란 동기를 얻고 삶의 방향을 바꾸기도 한다. 이 대목에서 권영애 작가의 책『그 아이만의 단 한 사람』이 떠오른다. 작가는 한 사람에게서 받은 존중과 사랑이 아이가 평생을 살아낼 힘이 된다고 말한다. 맞다. 누군가 곁에 있어 주기만 해도 아이는 세상을 향해 긍정의 마음으로 다가설 수 있다.

장기간 독서지도 현장에서 아이들과 함께하며 수없이 체감했던 일이다. 아이의 아픈 구석을 들여다보고 말없이 공감해 줄 때 아이는 어두운 자아를 걷어내고 세상을 향해 첫걸음을 내딛는다. 생각의 각도를 바꾸고 힘을 낼 수 있도록 곁에서 함께해 주는 것, 그것은 아이들의 가슴을 키워주는 따뜻한 손길이 될 것이다.

2. 함께 흐르는 바다
- 바다생태 동시그림책 『제주 바당』

제주 바다는 천혜의 자연이자 수많은 생명들의 보금자리다. 그러나 오늘날 그 바다는 상처 입고 있다. 해류를 타고 흘러온 플라스틱과 비닐은 물고기와 거북의 몸속을 채우고 파도는 그 고통을 다시 우리에게 되돌려준다. 한때 생명의 요람이던 바다는 이제 우리 시대의 무책임을 증언하는 아픈 기록장이 되었다. 이 현실을 피부로 느낄 때 우리는 더 이상 바다를 풍경으로 바라볼 수 없다.

이때 만나는 동시그림책 『제주바당』은 바다의 아름다움과 아픔을 함께 보여주며 독자를 깊은 성찰로 이끈다. 책 속 바다는 연산호와 수지맨드라미가 춤추는 화려한 산호정원인 동시에 플라스틱을 삼켜 쓰러진 바다거북의 마지막 숨을 동심으로 풀어내고 있다. 아이들의 눈높이에서 들려오는 이 동시들은 '자연의 찬란함'과 '인간이 남긴 상처'를 함께 직면하게 하며 지구의 몸살에 대한 생각 거리를 남긴다.

그러나 이 동시집은 바다에 대한 인식과 경고에서만 멈추지 않는다. 제돌이의 귀환은 자유와 회복의 가능성을, 붉은바다거북의 여정은 생명의 순환과 기억의 길을, 소라게와 말미잘은 서로를 품는 공생의 지혜를 전한다. 그 속에서 아이들은 자신을 작게 여기던 청줄돔에게서 자존감을 배우고 집도 없이 남을 걱정하는 소라게에게서 이타심을 배운다. 제주 바다의 생명들은 결국 인간 본연의 삶과 맞닿아 있으며 시인은 그 관조의 깊이를 『제주 바당』에 담아냈다.

산호정원과 무릉아치의 크로노토프

호랑이섬 앞바다를 지나거든 / 바다 속으로 들어와 기차 바위 타셔
요 // 산호꽃이 활짝 핀 / 제주산호정원에 꼭 내리셔요 // (중략) //
비밀의 화원이에요 / 바다의 봄이 시작되는 곳이에요 // 바다에게 읽
어 줄 / 봄 편지 들고 꼭 오셔요

- 「제주산호정원으로 오셔요」 부분

호렝이섬 압바당 지날때랑 / 바당 소곱더레 들어왕 기차 바위 탑서
양 // 무낭꼿이 활짝 핀 / 제주산호정원에 꼭 내립서양 // (중략) //
비밀의 꼿밧이우다 / 바당 봄이 시작돼는 디우다 // 바당신디 읽어 줄
/ 봄 펀지 들렁 꼭 옵서양

- 「제주산호정원더레 옵서」 부분

    제주 바다는 천혜의 신비를 품었던 바다다. 호랑이섬 앞바다에서 기차 바위를 지나면 사철 붉고 푸른빛을 발하며 또 하나의 세계가 펼쳐진다. 연산호와 수지맨드라미, 빗단풍돌무낭과 금빛나팔돌무낭, 이름 모를 연산호들이 함께 이루는 바다의 정원은 화려한 생명의 장관이다. 바다는 그 속에서 신비와 환대가 어우러진 얼굴을 드러낸다.
    『제주산호정원으로 오셔요』와 『제주산호정원더레 옵서』는 표준어와 제주어를 나란히 실어 같은 장면을 두 겹의 울림으로 보여준다. 표준어가 바다를 누구나 이해할 수 있는 언어로 전한다면 제

주어는 그 안의 촉감과 정서를 더 생생하게 살려낸다. "비밀의 화원이에요"가 가진 서정이 제주어에서는 "비밀의 꼿밧이우다"로 바뀌며 낯선 어감 속에 땅과 바다에 닿은 고유한 온기가 스며든다. 두 언어가 교차하는 순간, 독자는 풍경을 보는 데 그치지 않고 말맛을 따라가며 바다의 결을 몸으로 느낀다.

미하일 바흐친은 문학에서 시간과 공간이 배경처럼 보이지만 이야기를 움직이는 힘이라고 보았다. 그는 이를 '크로노토프'라 불렀다. 시간은 공간을 통해 드러나고 공간은 시간 속에서 의미를 얻는다. 그래서 이야기 속 장소는 사건과 삶이 엮이는 무대가 된다.

이처럼 산호정원은 눈앞의 풍경을 넘어 언어를 통해 체험되는 생명의 공간이 된다. 바흐친이 말한 크로노토프처럼 이곳에는 계절의 시간이 쌓이고 인간과 자연의 서사가 맞물린다. 표준어가 공통의 이해를 열어 주고 제주어가 바다의 호흡과 색을 가까이 전한다. 두 언어의 병기는 번역을 넘어 서로 다른 울림으로 같은 장면을 비추며 바다의 기억과 정서를 되살리는 장치다. 그리하여 독자는 제주 바다를 풍경으로 보는 것이 아니라 언어의 깊이를 건너 생생하게 살아 있는 이야기의 공간으로 경험하게 된다.

> (생략) 수지맨드라미가 함께 춤 추자고 손 흔들어도 / 감태 사이로 숨바꼭질하던 어렁놀레기가 / 빨리 들어오라고 눈을 꿈뻑여도 // 절대로 절대로 들어가지 마세요 / 바다신선들과 놀다가 하얀 수염 할배 될 걸요 / 한 번 들어가면 돌아오지 못할 지도 몰라요
>
> — 「무릉아치 전설」 부분

(생략) 수지맨드라미가 ᄀ찌 춤 추겐 손 홍글어도 / 감테 ᄉ이로 곱을락ᄒ단 어렝이가 / ᄒ저 들어오렌 눈 ᄭ막ᄭ막 ᄒ여도 // 절대로 절대로 들어가지 맙서예 / 바당 신선덜이영 놀당 헤영 ᄒ 수염 하르방 뒈불어마씸 / ᄒ 번 들어가민 돌아오지 못 홀 지도 몰라마씸

— 「무릉아치」 부분

서귀포시 대정읍 무릉리 앞바다에 전해 내려오는 무릉아치. 이곳은 남방큰돌고래가 유영하는 산호 군락지이자 바다 신선들의 놀이터로 불리며 오래도록 신비의 기운을 간직해 왔다. 물결 위로 솟구치는 돌고래와 사철 피어나는 연산호, 춤추듯 흔들리는 수지맨드라미는 인간을 유혹하지만 무릉아치에 발을 들이는 순간 돌아오지 못할 수 있다는 금기는 바다가 결코 인간의 소유가 될 수 없는 성역임을 상징한다.

아이의 눈으로 바라본 상상과 성역의 위엄이 겹쳐지는 자리, 그곳에서 바다는 경외해야 할 존재로 다가온다. 따라서 「무릉아치」와 「제주산호정원으로 오셔요」는 제주 바다를 두 갈래 빛으로 비추는 텍스트라 할 수 있다. 하나는 감히 넘지 못할 신성의 공간으로, 또 하나는 생명의 축제가 열리는 환대의 공간으로. 두 얼굴이 포개질 때 바다는 경이와 환영, 신비와 아름다움을 동시에 품은 존재로 우리 앞에 선다. 결국 이 작품들은 바다를 늘 새롭게 다가오는 살아 있는 이야기의 공간으로 경험하게 한다. 그리고 그 이야기를 통해 독자는 우리가 간직하고 지켜내야 할 천혜의 자연을 함께 가꾸고자 하는 시인의 소망을 마주한다.

한 생명의 죽음, 바다의 호소

파도가 소리쳐 불러도 / 대답이 없어 / 해파리가 달려와 손 흔들어도 / 돌아보지 않아 // 말 한 마디 못하고 / 움직이지도 않아 // 해파리인 줄 알고 플라스틱을 먹었대 / 해초류인 줄 알고 하얀 비닐을 먹었대 // 하늘 향해 하얀 배 드러내고 / 모래밭에 써 내려간 바다거북의 슬픈 일기

- 「슬픈 일기」 전문

큰 절이 쉐울르명 불러도 / 대답이 엇어 // 물이실이 둘려완 손 흥글어도 / 돌아보지 아녀 // 말 흔 마디 못ᄒ곡 / 오몽도 아녀 // 물이실인 줄 알안 플라스틱을 먹엇덴 / 바당풀인 줄 알안 헤영ᄒ 비닐을 먹엇덴 // 하늘더레 헤영ᄒ 배 내놔돈 / 모살밧디 썽 ᄂ려간 바당거북이 슬픈 일기

- 「슬픈 일기」 전문

「슬픈 일기」는 플라스틱과 비닐을 삼킨 바다거북의 마지막 모습을 그려낸다. 파도가 소리쳐 불러도, 해파리가 다가와 손짓을 해도, 거북은 더 이상 대답하지 않는다. 멈춰버린 몸은 고요히 모래 위에 누워 있고 그 침묵 속에서 바다는 무거운 경고를 건넨다. 시의 짧은 한 구절, "해파리인 줄 알고 플라스틱을 먹었대"는 우리가 무심히 버린 쓰레기가 다른 생명에게 어떤 영향을 미치는지 생각하게 된다.

하늘을 향해 드러누운 흰 배, 모래밭 위에 펼쳐진 거북의 몸은 마치 바다가 남긴 편지 같다. 종이를 펼치듯, 바다는 거북의 몸을 글로 삼아 우리의 잘못을 기록한다. 독자는 그 글을 읽으며 지금 이 순간에도 계속되고 있는 절박한 현실과 마주한다.

이 시를 떠올리는 어린 독자에게 거북의 죽음은 더 이상 동화 속 이야기가 아니다. 그것은 바로 우리 곁에서 울려오는 현실이다. 아이들은 이 장면 속에서 생태 감수성을 키우며 작은 쓰레기 하나가 생명에게 어떤 고통을 남기는지, 앞으로 어떻게 살아야 하는지 마음 깊이 새기게 된다.

> 바다 물고기 떼가 하얀 편지지 되어 / 슬픈 편지를 자기 몸으로 쓰며 // 바다 가득 드러누운 그날 // 바다가 숨 죽여 울었대 / 인간을 위하여 모든 걸 받아주었는데 / 말이야 마음 아파서 울던 // 바다가 / 바다가 조용히 고개 들어 / 묻더래 // 바다가 죽으면 지구도 죽는다는 거 / 모르냐고
>
> - 「바다의 편지」 전문

> 바당 물궤기 떼가 헤영훈 핀지지 뒈언 / 슬픈 핀질 이녁 몸으로 쓰멍 // 바당 フ득 드러누운 그날 // 바당이 숨 죽연 울엇뎐 / 인간을 위ㅎ연 모 받아주어신디 / 말이여 모음 아판 울단 // 바당이 / 바당이 조용히 고갤 들언 / 물어렌 // 바당이 죽으민 지구도 죽는거 / 몰람시녠
>
> - 「바당의 편지」 전문

하얀 편지지라는 말이 왜 이리 슬플까. 아마도 물고기 떼의 몸부림을 떠올리며 상상하기 때문일 것이다. 시의 언어는 이렇게 독자의 감정을 흔드는 힘을 지니고 있다. 바다 전체가 드러누운 채 울음을 삼킨다는 이미지에 이르러서는 저도 모르게 속울음을 삼키게 된다. 「바다의 편지」가 건네는 어휘들은 깊은 침묵 속에서 잔잔히 독자의 가슴으로 번져 간다. 그러고는 마침내 바다가 고개를 들어 묻는다. "바다가 죽으면 지구도 죽는다는 것, 정말 모르느냐."고. 이 물음은 바다 스스로 우리에게 전하는 절박한 호소처럼 다가온다. 거북 한 마리의 마지막 숨결이 일기로 남았다면 「바다의 편지」는 바다 전체가 몸을 편지로 삼아 써 내려간 기록이다. 그 글은 슬프지만 엄숙하게 다가오며 독자의 마음을 서서히 파고든다.

한 생명의 죽음과 바다 전체의 호소가 서로 이어질 때 독자는 바다가 살아 있는 존재임을 절실히 깨닫는다. 이 시를 읽는 순간 우리는 바다가 들려주는 진실 앞에서 조용히 귀를 기울이게 된다. 애절하면서도 담담한 목소리 속에서 바다가 남긴 마지막 질문은 우리 마음에 스며들어 오래도록 기억되고 마침내는 내면의 기록으로 남는다.

바다가 남긴 흔적, 바다가 품은 화해

수지맨드라미 꽃밭을 지나며 / 흰동가리와 말미잘에게 손 흔들어 주고 // 모자반 숲 지나 도착한 / 중문 색달 바다 하얀 모래밭 진모살에서 // 엄마 붉은바다거북이 그랬던 것처럼 / 모래를 파서 알을 숨기고 / 바다로 돌아갑니다 // 그 옛날 엄마가 그랬던 것처럼 / 알들이 따라오는 것 같아 / 엄마- 부르면 달려오는 것 같아 // 걷다가 뒤돌아보고 또 걷고 / 걷다가 뒤돌아보고 또 걸으며 / 바다로 바다로 돌아갑니다

- 「엄마 붉은바다거북」 전문

수지맨드라미 꼿밧을 지나명 / 흰둥가리광 물미주리신디 손 홍글어주곡 // 몸 덤불 지낭 도착흔 / 중문 색달 바당 헤영흔 모살밧 진모살에서 // 어명 붉은바당거북이 경 흐거추룩 / 모살을 판 알을 곱져된 / 바당더레 돌아감수다 // 그 옛날 어명이 경 흐거추룩 / 알덜이 뜨랑 오는 거 같안 / 엄마- 불르명 돌려오는 거 같안 // 걷당 뒤돌아 왕 또시 걷곡 / 걷당 뒤돌아방 또시 걸으명 / 바당더레 바당더레 / 돌아감수다

- 「어명 붉은바당거북」 전문

최근 필자의 고향인 표선 앞바다에서 상처 입은 붉은바다거북이 구조되는 장면을 보았다. 멸종위기종이기에 더욱 귀했고 이 먼 길 끝에 왜 밀려왔을까 생각하니 마음이 저려왔다. 바뀌어 가는 해수의 온도와 흩어진 회유의 길일까. 혹은 폐어구와 플라스틱에 다친 흔적일지도 모른다. 그 한 마리 거북은 바다가 우리에게 건네는 무언의 징후이자 조용한 물음 같았다.

그날의 장면을 떠올리며 감상했던 「엄마 붉은바다거북」은 동시 속 어미 거북의 발자취와 현실의 기억을 겹쳐놓았다. 모래밭에 알

을 묻고 자꾸 뒤돌아보다가 다시 바다로 향하는 모습은 작고 여린 생명들의 눈빛과 연결되었다. 길가에서 잠시 머물다 사라지는 고양이의 눈빛처럼 다가온 마음을 품어주지 못한 채 돌아서야 하는 순간처럼 그 장면은 가슴을 저리게 한다.

붉은바다거북은 긴 회유回遊 끝에 고향의 해변으로 돌아와 밤을 틈타 모래 속에 알을 낳고 다시 바다로 몸을 돌린다. 남겨진 알은 뜨거운 모래 속에서 스스로 깨어날 날을 기다린다. 어미는 더 이상 지켜볼 수 없지만 그 발자국과 흔적은 모래 위에 오래 남는다. 이 과정은 떠남과 남겨짐의 운명을 보여주는 상징이다. 생명은 직접 지켜줄 수 없는 자리를 남겨두고 떠나야 하며 그 떠남은 또 다른 시작을 가능하게 한다. 「엄마 붉은바다거북」은 "걷다가 뒤돌아보고 또 걷고"라는 반복 속에 어미의 애틋한 마음과 생명의 연속성을 절절히 새겨 놓는다. 바다는 이렇게 세대를 잇는 생명의 요람이 된다. 이 동시는 바다가 남긴 흔적을 삶의 은유로 풀어내며 우리가 남겨온 관계와 발자취 또한 언젠가 새로운 생명과 기억으로 되살아날 것이라는 희망을 들려준다.

쇼돌고래 제돌이가 / 바다로 돌아온 날 / 제돌이는 달빛을 담은 한 치잡이 배를 보며 / 다시 바다의 왕자가 되었어 // 1538일 동안 기억을 지워버린 사람들을 / (생략) // 미역을 팔에 걸친 제돌이는 / 파도타기를 기억해 낸 바다 마음으로 // 어릴 적 바다와의 기억들을 / 하나하나 깨우고 있는 중이야

- 「제돌이, 다시 꿈을 꾸다」 부분

> 쇼수웨기 제돌이가 / 바당더레 돌아온 날 / 제돌이는 둘빗을 담은
> 한치잡이 배를 보멍 / 또시 바당 왕자가 뒈엇어 // 1538일동안 기억
> 을 지워버린 사름덜을 / (생략) // 메역을 풀에 걸친 제돌이는 / 절 타
> 기를 기억해 준 바당 ᄆ음으로 // 두릴 적이 바당광 놀단 기억덜을 /
> ᄒ나 ᄒ나 깨와가는 중이라
>
> - 「제돌이, 또시 꿈을 꾸다」 부분

제돌이는 2009년 제주 연안에서 불법 포획된 뒤 서울대공원 수족관에 갇혀 1,538일 동안 공연과 묘기를 강요받으며 살아야 했다. 조련사가 부는 호루라기 소리에 맞춰 원치 않는 재주를 부리며 사람들의 웃음을 만들어야 했던 그는 말하자면 감정노동을 강제로 떠맡은 존재였다. 박희순 시인이 동시를 통해 드러내는 문학적 가치는 바로 이 지점에서 빛난다. 작은 생명의 목소리에 귀 기울이고 억눌린 존재의 내면을 시적 언어로 되살려내는 일이다.

2013년 7월 18일, 제돌이는 마침내 고향 제주 함덕 앞바다로 돌아갔다. 동시「제돌이, 다시 꿈을 꾸다」는 그 순간을 섬세하게 포착한다. 그의 귀환은 단순한 방류가 아니라 돌고래로서의 본능과 정체성을 되찾는 일이었다. "달빛을 담은 한치잡이 배를 보며 / 다시 바다의 왕자가 되었어"라는 시구는 자유를 회복한 존재의 환희를 상징한다.

시인은 제돌이를 자연의 품으로 되돌려 놓으며 인간 중심의 사고를 넘어서는 시선을 보여준다. "돌아온 김녕바다엔 추억이 물결치고"라는 구절 속 바다는 상처 입은 존재를 넉넉히 받아들이며 환

영한다. 날치가 나비처럼 날아오르고 수천 마리 한치가 몰려드는 장면은 회복의 기쁨과 공존의 조화를 드러낸다.

마지막으로 "어릴 적 바다와의 기억들을 / 하나하나 깨우고 있는 중이야"라는 구절은 귀향이 끝이 아니라 새로운 시작임을 말해준다. 제돌이는 이제 무리와 파도를 가르며 잃었던 시간을 새롭게 채워갈 것이다.

「제돌이, 다시 꿈을 꾸다」는 상처 입은 생명도 다시 회복될 수 있음을 보여준다. 바다는 떠난 이를 끝내 품어내며 시인은 그 장면을 통해 자연이 지닌 포용의 힘을 노래한다. 한 마리 돌고래의 귀환은 곧 인간과 자연이 화해하는 서사이자 생명이 제자리를 찾을 때 비로소 피어나는 희망의 빛을 담고 있다.

바다거울에 비친 자존과 공생

쿡, 숨어 있다 / 쏙, 나와서 // 줄래줄래 눈치 보며 / 슬금슬금 돌아다니는 청줄돔아 // 바다 거울로 / 너를 좀 보렴 // 멋지게 생겨놓고 그게 뭐야? / 어깨 쫙 펴고 당당하게 다녀!

- 「걱정 많은 청줄돔」 전문

콕, 곱앙 잇단 / 쏙, 나완 // 졸래졸래 눈치 보멍 / 슬금슬금 돌아뎅기는 청줄돔아 // 바당 색경으로 / 늘, ᄒᆢᆷ 베리라 // 멋지게 생겨낭거 무신거고? / 우뚝지 쫙 페왕 당당ᄒ게 뎅겨!

- 「걱정 한 청줄돔」 전문

박희순 시인의 동시는 참 맛있다. 표현이 감칠맛 난다. 제주어는 그 맛을 한층 더 깊게 익힌다. 「걱정 많은 청줄돔」을 감상하다 보면 "바다거울"이라는 표현이 눈에 들어온다. 이 바다거울은 마치 모든 것을 품어주는 듯하다. 모자란 것도, 아픈 것도, 자신감 없는 것도 다 받아 안으면서 시적 화자는 그 거울을 내세워 청줄돔에게 따뜻한 조언을 건넨다.

한 편의 시 속에는 하나의 이야기가 숨어 있다. 박희순 시인의 동시에서는 그 이야기가 상상의 풍경으로 펼쳐져 그림처럼 눈앞에 다가온다. 바다가 열리듯 세상이 열리고 그 안에서 우리는 당당히 걸어가라는 응원의 목소리를 듣는다. 둘째로 태어나 '둘째 컴플렉스'를 안고 살아온 필자에게도 이 동시는 마치 직접 건네는 위로처럼 다가왔다. 저마다의 아픔과 부족함을 툭 내보이게 하는 힘, 그리고 다독이며 어루만져주는 힘, 그것이야말로 박희순 시인이 바다 생물들을 통해 전하고자 했던 지향일 것이다.

바다거울로 자신을 들여다보면 누구나 이미 빛나는 존재다. 동시는 그렇게 우리의 마음을 은근히 물들이며 오래 잊고 있던 순수함을 다시 일깨운다.

> 밀물이 오면 도망들 가는데 / 조개는 당당하게 맞선다 // 쬐그만 조개가 겁도 없이 / 저 넓은 바다를 // 마셨다가 뱉고 / 다시 마셨다가 뱉는다 // 조개 속으로 / 싱싱한 바다가 // 들어갔다 나오고 / 또 들어갔다 나온다 // 위풍당당 조개 / 지금도 바다를 마시는 중이다
>
> - 「바다를 마시는 조개」 전문

딱딱한 껍데기 벗어던지고 / 나의 모습 다 드러내어 / 춤 추며 자유롭게 살아갈테야 // 냄새난다 놀려도 / 움츠려들지 않을 거야 // 느리다고 뭐라 해도 / 기죽지 않을 거야 // 더 아름답게 / 더 당당하게 // 웃으며 살거야 / 바다 꽃으로 살아갈 거야

- 「갯민숭달팽이」 전문

흉내도 잘 내고 / 장난도 잘 치는 개구쟁이 문어야 // 눈알을 이리저리 굴리며 / 생각 많은 생각쟁이 문어야 // 바다 속 바위 틈에 숨어 숨어 / 무슨 생각 하고 있니? // 아무 생각 말고 그냥 놀아 / 아무 걱정 말고 그냥 놀아

- 「개구쟁이 문어」 전문

바다거울에 자신을 비추어보면 누구나 이미 멋진 존재임을 알게 되듯, 박희순 시인의 동시는 아이들의 마음을 다정하게 어루만진다. 「걱정 많은 청줄돔」에서는 바다거울 앞에서 움츠리던 물고기가 화자의 목소리에 이끌려 당당함을 되찾는다. 「바다를 마시는 조개」는 작은 몸으로도 세상과 맞서는 힘을 보여주고 「갯민숭달팽이」는 껍데기를 벗어던지고 자기답게 피어나려는 의지를 담아낸다. 「개구쟁이 문어」는 너무 많은 생각을 내려놓고 잠시 놀며 웃으라는 천진한 목소리를 전한다.

지면의 한계상 제주어 표기는 생략되었으나, 원문 속 제주어의 말맛은 동시의 감각을 더욱 맛깔나게 살려준다. 청줄돔의 용기, 조개의 당당함, 바다 꽃의 자기긍정, 문어의 장난스러움이 서로 어우

러져 하나의 바다를 이루듯 이 시들은 아이들에게 스스로를 믿고 웃으며 살아갈 힘을 건넨다.

주목할 점은 박희순의 동시가 바다생물을 단순한 자연의 장면으로 그리지 않는다는 것이다. 물고기와 조개, 달팽이와 문어는 모두 아이들의 모습으로 빗대어 불안과 용기, 움츠림과 해방, 고민과 놀이의 감정을 담아낸다. 이는 곧 동심의 시적 감수성과 생태적 감수성이 만나는 자리다. 작은 생명을 통해 아이들 마음을 읽어내는 순간, 자연은 더 이상 자연만이 아니고 곧 아이들의 내면 풍경이자 우리의 삶이 된다.

박희순의 시는 이처럼 동심의 감수성, 생태 감수성, 인간의 자존감을 함께 끌어내는 복합적 시력詩力을 발휘한다. 작은 조개와 문어, 청줄돔이 전하는 이야기는 결국 인간의 이야기이자 우리가 어떻게 더 당당하고 자유롭게 살아갈 수 있는지에 대한 따뜻한 은유다.

결국 그의 동시는 우리 안의 주저함을 풀어내고 작아도 충분히 빛나는 존재임을 일깨워 주는 거울이 된다. 아이들에게는 용기의 언어가, 어른들에게는 잊고 있던 순수함의 회복이 되어 다가오는 것이다.

소라껍데기에 세 들어 사는 / 소라게 좀 보세요 // 자기 집도 아니면서 / 말미잘에게 공짜로 살래요 // 엄마처럼 말미잘을 업고서 / 늘 같이 다녀요 // 친구들과 놀러 갈 때도 / 잠을 잘 때도 // 말미잘 걱정이 되어 딴 데 못 간대요 // 자기 집도 없으면서 남 걱정만 한 대요

- 「소라게, 자기 집도 없으면서」 전문

구젱기딱살신디 세들엉 사는 / 게드레기 ᄒᆞ꼼 봅서 // 이녁 집도 아니멍 / ᄆᆞ미주리신디 공짜로 살렌마씸 // 어명추룩 ᄆᆞ미주릴 업엉 / 느량 ᄀᆞ찌 뎅겨마씸 // 벗덜광 놀레 갈 때도 / 좀 잘 때도 // ᄆᆞ미주리 따문 ᄌᆞ들아정 딴 디 못 가켄마씸 / 이녁 집도 엇이멍 ᄂᆞᆷ이 걱정만 ᄒᆞ여마씸

- 「게드레기, 이녁 집도 엇이멍」 전문

불현듯 아프리카의 한 속담이 떠오른다. "네가 가진 것이 빵 한 조각뿐이라도, 그것을 나눌 때 세상은 두 배로 따뜻해진다." 그렇다. 나누면서 행복해지는 이들이 있다. 눈에 잘 띄지 않는 곳에서 제 코가 석 자인 형편 속에서도 남을 먼저 돌보는 이들이 있다. 그들의 넓은 가슴 덕분에 세상은 조금 더 포근해진다. 자기 집도 아니면서 말미잘을 돕는 소라게의 모습 또한 그렇다. 누가 시켜서가 아니라 세상이 뭐라 하든 스스로 선택한 길을 묵묵히 걷는 소라게. 박희순 시인의 동시 「소라게, 자기 집도 없으면서」를 읽다 보면 그 작은 존재 안에서 자연의 신비로운 협력과 공생의 풍경이 눈앞에 펼쳐진다.

소라게는 제 집조차 갖지 못한 존재다. 그럼에도 그의 마음은 늘 남을 향한다. 말미잘을 업고 다니며 잠잘 때도 놀러갈 때도 함께하는 모습은 생존을 넘어선 다정함이다. 표현되지 않았지만 말미잘도 은혜를 잊지 않았을 것이다. 촉수의 독으로 소라게를 지켜주며 서로의 삶을 보듬었을 터다. 이처럼 두 존재는 각자의 결핍을 채워주며 바다를 누빈다. 소라게는 말미잘에게 새로운 먹이와

더 넓은 세상을 보여주고 말미잘은 소라게의 부족함을 감싸 준다. 과학은 이를 '공진화'라 부른다. 그러나 시가 보여주는 것은 용어가 아니라 서로 기대며 살아남는 다정한 삶의 풍경이다.

아이들의 교실도 다르지 않다. 도와주고, 함께하고, 부족해도 칭찬하며 손을 잡아주는 모습은 곧 공생의 다른 이름이다. 박희순 시인이 보여주는 바다는 인간 공동체가 지향해야 할 윤리적 모델이다. 작은 존재들이 서로의 삶을 지켜내는 관계 속에서 우리는 바다가 품은 더 깊은 가르침을 읽어낼 수 있다.

3. 스며듦의 시학을 이끈 박희순 시인의 작품세계

스며든다는 것은 곧 상대의 삶을 존중하는 일이며 동시에 자기 안의 감각을 되살리는 과정이다. 하루살이의 짧은 생애에서 삶의 의미를 발견하고, 바다거북의 슬픈 일기에서 무관심의 무게를 자각할 때 우리는 이미 그 세계 안으로 들어가 있다. 동심은 어린 시절의 흔적이 아니라 타자의 세계를 향해 마음을 열 때 비로소 스며들 수 있는 깊은 감수성이다.

박희순의 생태동시는 곤충과 바다의 존재들을 빌려 인간과 자연, 존재와 존재를 이어주는 다리를 세운다. 제주어의 말맛과 현대적 상상력이 어우러진 그의 시편들은 흔히 스쳐 지나가던 존재들을 다시 바라보게 하고 "네가 있는 그대로 충분하다."는 확신을 건넨다. 그것은 존재에게는 존엄의 힘이 되고 함께 살아가는 이들에게는 공존의 윤리를 일깨우는 울림이 된다.

제주에서 태어난 박희순 시인. 그녀는 제주의 자연과 아이들을 온몸으로 사랑하는 동시작가이다. 아이들의 눈높이로 체험하는 동시와 생태 동시, 제주어 동시를 쓰고 있으며 지속가능한 생태, 소멸위기 제주어를 살리기 위한 '동시 콘서트'를 연속적으로 진행하며 동심의 소중함을 알리고 있다. SBS교육대상과 제18회 대교눈높이 아동문학상을 수상하였으며, 5학년 국어 교과서에 '벽부수기' 동시가 수록되었다. 2024년 한국문화예술위원회 문학나눔도서로 『나는 꽃이야, 너는?』이 선정되었다. 동시집으로는 『바다가 튕겨낸 해님』, 『말처럼 달리고 싶은 양말』, 『엄마는 못 들었나?』 등이 있으며 동시그림책 『나는 꽃이야, 너는?』, 경계존중 그림책 『똑똑똑, 선물 배달 왔어요』, 제주어 동시 컬러링북 『엥기리젠』, 『쪼꼴락허고 아꼬운 생이』, 『꼬물꼬물 베렝이』, 『제주 바당』, 제주신화 이야기 『신나락만나락 춤추는 신화』 등을 펴냈다.

아울러 「욕심꾸레기 곤줄베기」 외 여러 동시들은 동요로 작곡되어 방송과 유튜브를 통해 널리 소개되었고 특히 '매기독딱'은 제주어창작동요제 대상작으로 선정되어 제주어 예술의 생명력을 입증했다. 박희순 시인은 동시·그림·음악이 어우러진 북콘서트와 제주어 시 콘서트로 독자와 무대를 자연스럽게 연결해 왔다. 앞으로도 학교·도서관·해외 도시를 무대로 제주어 동시 콘서트와 생태 컬러링북 시리즈 콘서트를 이어갈 예정이라고 한다. 한결같이 "작은 존재, 큰 울림"을 노래해 온 그의 통합적 창작력은 제주어 문학의 새로운 지평을 넓히며 제주어 보전 활동에도 크게 이바지하고 있다.

이번 평론의 대상이었던 제주 생태와 제주어 감수성을 아우르는 동시 컬러링북 시리즈는 총 4권으로 구성되어 있다. 현재까지 『엥기리젠』, 『쪼꼴락허고 아꼬운 생이』, 『꼬물꼬물 베렝이』, 『제주 바당』 등이다. 각 권에는 제주의 작은 동식물들이 주인공으로 등장하며 박희순 시인의 동시와 신기영 화가의 세밀한 컬러링 그림이 함께 수록되어 있다. 독자는 책 속 QR코드를 통해 박희순 시인의 목소리로 동시를 들을 수 있으며 따라 낭송해보는 즐거움도 누릴 수 있다. 또한 색연필이나 물감으로 그림을 채색할 수 있는 컬러링 워크지가 실려 있어 시와 그림을 자연스럽게 감상하며 참여할 수 있다.

독서지도 관점에서 대상층을 살펴보면, 『엥기리젠』, 『제주 바당』은 고학년, 『쪼꼴락허고 아꼬운 생이』는 중학년, 『꼬물꼬물 베렝이』는 저학년에게 특히 흥미롭게 다가올 수 있다. 하지만 이 시리즈는 굳이 학년 구분 없이 전 연령대 아이들이 함께 즐길 수 있는 통합형 생태 예술 도서라 할 수 있다. 자연관찰을 바탕으로 한 생태 정보와 감성적인 시어가 결합되어 있어 시적 감수성과 과학적 호기심을 동시에 자극한다.

더불어 이 책은 온 가족이 함께 활동할 수 있는 다양한 가치를 담고 있으며 양로원이나 요양원의 어르신들께도 제주어 동시 낭송과 색칠 활동을 통해 회상 치료와 감정 표현의 도구로 활용될 수 있다. 박희순 시인의 동시는 작은 곤충 한 마리, 들꽃 한 포기에서 출발해 아이에게서 가족으로, 그리고 어르신에게로 파동을 넓히며 세대와 세대를 잇는 따뜻한 독후 활동서로 자리매김하고 있다.

아울러 이 동시집들에서 제주어는 그 자체로 '숨결'이다. 'ᄒᆞ쏠 멈추는 거'(잠깐 멈추기)처럼 토박이 어휘 하나를 살려 놓으면 읽는 이의 입 안에서 리듬이 되살아난다. 이처럼 신기영 화가와 함께한 '동시 + 컬러링' 통합 작업은 아이들에게는 놀이가 되고 온가족에게는 함께하는 맛있는 독서가 되고 어르신들에게는 회상치료의 매개가 된다. 박희순이 '사라져 가는 제주어 보존'을 위해 시와 그림을 동등한 비중으로 묶어낸 까닭이 여기에 있다.

문학은 언제나 거대한 담론이나 고상한 주제에서만 생명을 얻는 게 아니다. 한 마리 매미의 울음, 도마뱀의 장난, 소라게의 뒷걸음 같은 작고 느린 장면 속에서도 우리는 더 큰 진실을 배운다. 박희순의 동시는 그 미세한 결을 놓치지 않고 길어 올린다. 그래서 그의 시편들은 제주라는 장소성을 넘어 지구 생태의 삶에도 '함께 산다는 것'의 의미를 되묻게 한다.

스며듦은 관계의 시작이고 울림은 그 관계가 남긴 흔적이다. 박희순의 생태동시는 이 둘을 이어주며 조용히 속삭인다. 세상은 거대한 힘이 아니라 작은 존재들의 목소리로도 충분히 큰 울림을 낼 수 있다고.

설화(재구성 설화, 비교독서)

역사에서 설화로, 전승의 언어로 다시 쓰는 김통정

- 설화시(김영숙, 이무자, 이시향), 극본(김철수), 동화(양순진, 장영주, 고봉선, 신임순)

욕망 과잉의 시대, 문학이 비추는 절제와 성찰

- 광령리 〈매고할망〉 전설, 단편소설 「감자」와 「배따라기」, 한시 「영정중월」

역사에서 설화로, 전승의 언어로
다시 쓰는 김통정

- 설화시(김영숙, 이무자, 이시향), 극본(김철수),
  동화(양순진, 장영주, 고봉선, 신임순)

1. 역사에서 설화로

사람들은 현실에서 보이는 나와 내면 깊숙이 묻어 둔 나와의 끊임없는 대화로 일상을 보낸다. 그러다가 가끔은 그 무의식의 공간에 숨겨진 채 이루지 못했던 바람을 슬쩍 꺼내며 둘 간의 화해를 시도하기도 한다. 사회에서도 마찬가지다. 공동체를 구성하는 이들의 정신적 유대감에 따라서 그 지역만의 독특한 정체성이 무의식 깊숙이 내재해 있다. 그 속의 다양한 감정과 결핍의 요소들은 고스란히 설화 속에 반영되어 나타나기도 한다.

자신들의 아픔을 치유해 줄 영웅이 필요했던 것일까. 제주인은 역사 속 김통정과의 대립과 갈등에도 불구하고 그를 설화 속 영웅으로 탄생시켰다. 이는 탄생에서 몰락까지, 제주인을 생각하는 그의 마음이 고스란히 설화 속 영웅의 모습으로 남아 있게 되는 이유가 된다.

  섬이 지닌 고립성은 섬 주민들만의 독특한 의식과 문화적 양식을 만들어냈다. 척박한 자연환경은 강력한 토속신앙을 통해 자신들을 지켜줄 신을 만들어냈다. 또 타지역 주민들의 유입이 폭력과 배신으로 기억되면서 외지인에 대한 배타성을 낳게 된다. 이는 삶을 이어가고자 하는 치열한 의식과 외부의 폭력과 압제에 대한 방어기제라 할 수 있다. 중요한 것은 이러한 의식이 스스로를 보호하고자 하는 주체적 신념의 발로라는 것이다. 이러한 섬사람들의 삶에 대한 의지를 제주 설화인 김통정 이야기를 통해 엿보고자 한다.

실존 인물 김통정의 설화화化

  역사는 이름을 남긴 이들의 이야기로 엮이지만 설화는 이름을 남기지 못한 이들의 감정으로 구전되어 전해진다. 역사는 구조와 사건의 궤적을 남기지만 설화는 마음과 말의 잔향을 남긴다. 그래서 때로는 사라진 것들이 설화 속에서는 더 오래 살아 있는 듯하다. 김통정 또한 그 경계에 놓인 인물이다. 기록은 그를 반란의 수괴로 남겼지만 설화는 그를 공동체를 염려하던 한 사람으로 되살린다.

  이처럼 역사는 대개 지배 권력의 시선으로 서술된다. 반면 설화는 민중의 기억과 감정을 품은 구비전승의 산물이다.『고려사』에 따르면 삼별초는 원종 11년(1270) 고려 왕실이 몽골과의 화의에 따라 수도를 개경으로 환도하고 반몽 정권의 기반이었던 강화도에서 철수하자 이에 반발해 무력 저항을 일으켰다. 배중손과 김통정이 주도한 이 반란은 곧 진도로 근거지를 옮겨 고려 몽골 연합군과 격렬히 대치하는 형태로 이어졌고 이듬해인 1271년 5월 진도 용장성이 함락되면서 새로운 전환점을 맞는다.

진도에서 패한 삼별초의 잔여 세력은 김통정의 지휘 아래 제주도로 이동했다. 이들은 애월읍 고성리에 항파두리성을 축조하고 마지막 근거지를 마련한 뒤 제주에서 약 2년 6개월간 항몽 투쟁을 이어갔다. 이 시기 삼별초는 고려 조정에 들어가는 세금을 가로채고 섬 안에서 독자적 권력을 행사하며 중앙 권력의 질서에 맞섰다. 그러나 1273년 여·원 연합군의 대대적인 공격으로 삼별초는 궤멸되었고 김통정 역시 그 싸움에서 끝내 목숨을 잃는다. 역사 기록은 이 지점에서 김통정의 흔적을 더는 남기지 않는다.

그러나 그의 삶은 제주 민중의 기억 속에서 사라지지 않았다. 오히려 설화 속에서 새로운 얼굴로 다시 태어난다. 고려 정부의 관점에서 김통정은 반란의 수괴였지만 제주 사람들에게 그는 고통을 외면하지 않았던 지도자이며 공동체를 위한 희망의 상징이기도 했다.

『고려사제주록』에 의하면 고성리 주민들 사이에 지금까지 전해지는 '횃자국물' 전설은 김통정 설화의 핵심 장면으로 꼽힌다. 전승에 따르면 김통정은 죽음을 앞두고 "내 백성일랑 물이나 먹고 살아라."고 말하며 홰를 신은 발로 바위를 찍어 샘물을 솟게 했다. 이 샘물은 지금도 솟고 있으며 '홰부리' 또는 '횃자국물'이라 불린다.

설화 속 김통정은 외세에 맞선 장수이자 백성을 염려한 지도자이며 사랑과 배신 앞에서 무너진 인간으로 겹겹의 얼굴을 가진 인물이다. 이처럼 제주인은 그를 단지 싸운 인물이 아니라 함께 고통받고 함께 꿈꾸었던 존재로 기억했다.

김통정 설화의 탄생 구조 비교

김통정 설화는 제주라는 섬이 품은 독특한 정서와 집단 상상력이 엮어낸 전승의 언어다. 역사적 인물이 민중의 기억 속에서 신화적 형상으로 확장되어가는 과정 속에서 제주인들은 김통정을 단순한 반란의 주인공이 아닌 현실과 상상 너머를 잇는 존재로 그려냈다. 특히 그의 출생 서사는 비범한 '야래자형夜來者型' 구조와 맞닿아 있다.

> 「견훤의 탄생 설화」는 야래자설화夜來者說話에 속하는 것으로, 지렁이로 변해 찾아온 남자와 관계를 맺은 여성이 비범한 아이를 낳았다고 하는 이야기이다. 『삼국유사』「기이」에 실린 '견훤 탄생담'은 문헌 자료 중 가장 오래된 것이다.
> - 출처: 네이버 지식백과, '야래자형 설화' 중에서

때는 고려 말이었다. 어느 마을에 홀어머니가 살고 있었다. 그런데 홀어머니에게 이상한 일이 벌어졌다. 남편이 없는데 아기를 가졌다는 소문은 금방 이웃 마을까지 퍼졌다. (중략) "오늘 밤 어떤 남자가

들어오거든 그 사람의 발에 실을 묶어 두게나" 홀어머니는 노인의 말
에 따라 그날 밤 잠자는 어떤 남자의 발목에 실을 묶어 두었다. (중략)
거기엔 지렁이 한 마리가 있었다. 그 지렁이와 매일 밤 같이 잠자리
를 했다. 날이 갈수록 홀어머니의 배는 불러오고 열 달이 되어 아기
를 낳았다. "허허, 이런 괴상할 데가……." 아들을 낳았는데 온몸이 비
늘로 덮여 있고, 겨드랑이에는 날개가 돋아 있었다. 동네 사람이 일
러 준 대로 이런 사실을 숨기고 아기를 키웠다.

- 장영주, 『설문대 할망』, 김통정 장군 설화 중에서

김통정과 견훤, 두 인물의 설화는 야래자형 탄생 구조를 공유
한다. 정체를 알 수 없는 존재가 밤마다 여인의 방을 찾아와 동침
하고 여인이 아이를 잉태하는 이 서사는 『삼국유사』「기이」에 실린
견훤 탄생담에서 가장 전형적으로 드러난다. 이는 지렁이로 모습
을 드러낸 야래자가 여인과 교합해 후백제의 시조를 탄생시키는
이야기로, 왕권의 정당성을 위한 신화적 장치였다.

이와 유사한 구조는 장영주의 『설문대 할망』에 실린 김통정 장
군 설화에서도 확인된다. 고려 말 홀어머니가 아기를 잉태했다는
소문에서 시작되는 이야기는 실오라기를 매어 정체를 밝혀내는 장
면 그리고 지렁이와의 잠자리, 날개와 비늘을 지닌 아들의 출생으
로 이어진다. 그러나 김통정 설화는 견훤 설화와는 다른 층위를 품
는다. 그는 하늘이 선택한 인물이 아니라 땅에서 솟구친 존재다.
지하에서 올라온 생명은 땅의 고통과 민중의 현실을 안고 태어난
이로 형상화된다.

지렁이라는 생명체는 제주 설화에서 새로운 의미를 부여받는다. 작고 보잘것없지만 땅을 일구며 생명의 흐름을 잇는 이 존재는 김통정을 세상과 잇는 매개자가 된다. 이는 천손강림이 아닌 동물교합이라는 형식을 통해 제주인의 상상력과 땅의 감각을 드러낸 부분이다. 날개와 비늘은 기괴한 장식이 아니라 고통과 저항의 흔적이며 김통정의 몸은 역장의 운명을 지닌 '아기 장수'처럼 공동체의 염원을 대신 품은 상징으로 받아들여진다.

이처럼 김통정의 탄생 설화는 견훤의 이야기와 구조적 유사성을 가지면서도 전혀 다른 정서와 방향으로 전개된다. 중앙의 권위 대신 주변의 생명력과 저항의 정신을 품고 있다는 점에서, 제주인이 기억한 김통정은 설화 속 영웅을 넘어 민중적 연대의 상징으로 살아남은 인물이라 할 수 있다.

제주인들과의 대립 구도

설화는 역사와 현실의 틈을 메우는 상징적 장치로 기능한다. 특히 억압받은 공동체의 기억과 감정은 설화 속에 농축되어 전달된다. 이를 통해 민중은 자신들의 고통을 말하고 때로는 저항과 분노를 우회적으로 표출한다. 제주 설화 속 김통정의 모습도 이러한 맥락에서 읽힌다. 그는 시대에 따라 혹은 전승 주체의 관점에 따라 영웅으로 이상화되기도 하고 또 다른 권력으로 인식되기도 한다. 제주도민과 삼별초의 관계를 다룬 설화는 바로 그런 이중성과 긴장 구조를 간직하고 있다.

당시 제주는 삼별초의 입도로 인해 토성을 구축하고 군비를 강화하는 등 백성들이 감당해야 할 어려움이 많았다. 역사적 명분을 생각하기 이전에 주민들에게 엄청난 고통이 되었다는 사실이다. 역군들이 배가 고파 인분을 먹을 지경이었다.

- 현길언, 『설화와 주변부 사람들의 생활 양식』, 「불운한 장수들」 중에서

올해는 보리농사도 조 농사도, 콩 농사도 망쳤다. 그야말로 흉년인데, 지방관들은 뭍에서 온 사람들과 손을 잡고 우리를 괴롭혔다. 툭하면 세금이라며 곡식을 내놓으라는 것이다. (중략) 배고픔을 이기지 못했던 우리는 쥐까지 잡아먹었다. (중략) 성 쌓는 일에 나갔지만, 며칠이 지나도록 아버지는 좁쌀 한 톨 받아오지 않으셨다. (중략) 순둥이와 나는 숨을 숙이며 그 남자의 행동을 살폈다. 동네 사람은 아니었다. 그 남자가 쪼그려 앉더니 무언가를 긁어모았다.

- 고봉선 설화 동화, 「개똥이와 김통정 장군」 중에서

이러한 정황은 김통정과 삼별초가 제주에서 무조건적인 환영을 받지 않았다는 사실을 분명히 보여준다. 현길언의『설화와 주변부 사람들의 생활 양식』에서 보듯이 삼별초의 입도로 인해 제주 백성들이 토성 축조와 군비 강화 등 막대한 부담을 지게 되었다. 심지어 굶주림 끝에 인분을 먹는 지경에 이르렀다고 기록한다. 이는 당시의 처참한 생존 현실을 단적으로 보여주는 대목이다.

또한 고봉선의 설화 동화「개똥이와 김통정 장군」에서도 흉년과 수탈에 시달리는 백성의 삶이 더욱 생생하게 묘사되어 있다. "지

방관들이 뭍에서 온 사람들과 손을 잡고 우리를 괴롭혔다."는 서술은 중앙정부뿐 아니라 외부 권력과 결탁한 지배층에 대한 민중의 깊은 분노를 드러낸다. 쥐를 잡아먹으며 버텨야 했던 상황, 성 쌓는 노동에 동원되고도 좁쌀 한 톨조차 돌아오지 않는 현실은 단지 픽션이 아니라 제주도민의 절박했던 삶의 증언이라 할 수 있다.

이처럼 김통정 설화는 단선적인 영웅 찬가로 읽히지 않는다. 외세에 맞서 싸운 의로운 장수의 얼굴 너머에는 생계마저 위협받았던 주민들의 고단한 현실이 겹쳐 있다. 고성리를 비롯한 제주 일대에서 전승된 김통정 이야기는 그래서 더욱 복합적이다. 백성들에게 그는 침략자에 맞선 방패였지만 동시에 또 하나의 짐이기도 했다.

설화는 그 모순을 숨기지 않는다. 역사의 대의와 민중의 절박함이 충돌하는 자리, 그 틈에서 김통정은 오히려 더 깊은 상징으로 남는다. 그는 신화의 갑옷을 입은 채 찬양받는 인물이 아니라 시대의 그늘까지 함께 짊어진 존재로 제주인의 기억 속에 머물러 있다. 이중적인 시선이 교차하는 바로 그 지점에서 김통정 설화는 지금까지도 새롭게 읽히고 있다.

삼별초와 제주도민의 협력

설화는 종종 현실에서는 실현되지 못한 이상을 허구의 틀 안에서 구현해낸다. 특히 공동체가 겪은 고통과 결핍은 설화 속 인물에 대한 '기대의 상징화'를 통해 보상받는다. 현실에서의 지배자는 억압의 존재일지라도 설화 속에서는 민중의 삶을 위무慰撫하는 이상적 리더로 재탄생하는 경우가 많다. 김통정 설화도 그러한 구조 안에서 읽힌다. 백성의 고통을 어루만지는 지도자에 대한 집단적 열망은 삼별초와의 협력 관계를 중심으로 그려진 서사 안에서 뚜렷하게 드러난다.

"여봐라, 세금을 재와 빗자루로 받아라." 김통정 장군은 백성들에게 조금이라도 피해가 돌아갈까 봐 재와 빗자루를 세금 대신 받았다.
- 장영주, 『설문대 할망』, 「김통정 장군 설화」 중에서

제주도민이 삼별초에 협력한 까닭은 고려 정부에 대한 반감이 컸기 때문이다. 제주도민은 중앙정부의 혹세무민으로 큰 고통을 겪고 있었고 삼별초를 이끄는 김통정이 자신들의 고통을 해소해 줄 것이라는 절실한 희망을 품게 되었다. 이는 제주도민들이 삼별초와의 협력 관계를 수용하는 양상으로 나타난다.
- 문순덕, 『구비문학의 역사적 의미』, 「항몽 김통정 설화를 중심으로」 중에서

이와 같은 서사는 김통정이 단지 무장 세력의 우두머리에 그치지 않고 백성의 삶을 깊이 헤아린 지도자로 기억되었음을 보여준다. 문순덕은 『구비문학의 역사적 의미』에서 제주도민이 삼별초에 협력한 이유를 중앙정부에 대한 불신과 고통에서 찾는다. 혹세무민하는 중앙 권력에 대한 반감 속에서 도민들은 김통정을 자신들

의 고통을 덜어줄 존재로 인식했다. 그것이 곧 자발적 협력이라는 양상으로 나타났다는 것이다. 김통정은 무력의 지도자가 아니라 민중의 고통을 함께 짊어지는 존재로 받아들여졌다. 이 기대는 설화 속에서 한층 더 이상화되어 나타난다.

장영주는 『설문대 할망』에 수록된 김통정 장군 설화에서 "세금을 재와 빗자루로 받아라."는 김통정의 대사를 인용하며 그가 백성에게 피해를 주지 않으려 했던 지도자로 형상화되었음을 강조한다. 이 장면은 현실에서 보기 어려운 이상적 리더십이지만 설화에서는 백성을 위하는 마음이 상징적으로 드러나는 대목이다. 장영주가 포착한 이 대사는 지배자에 대한 제주인의 이상적 기대가 반영된 서사적 장치로 읽힌다.

결국 이러한 설화적 형상은 김통정이 억압받는 민중의 대변자로 재구성되었음을 의미한다. 아울러 "재와 빗자루로 세금을 대신 받았다."는 대사는 현실에서는 성립되기 어려운 장면이지만 설화 속에서는 공동체의 바람이 투영된 상징적 표현이다. 이는 당시 제주인이 겪었던 삶의 고통과 새로운 질서에 대한 갈망이 김통정이라는 인물에 투사되었음을 드러낸다. 다시 말해 김통정은 제주 공동체가 꿈꾼 정의로운 권력의 은유로 작동하고 있는 것이다.

김통정의 몰락 과정

설화는 인물 간의 관계를 통해 시대의 불안과 공동체의 갈등을 은유적으로 보여준다. 몰락의 서사는 전투의 패배보다 그 이전의 감정의 균열, 신뢰의 상실, 내부의 분열에서 비롯되곤 한다. 김통정 설화에서 아기업개의 서사는 바로 그런 균열의 핵심에 있다. 그녀의 선택과 죽음 그리고 태어나지 못한 아이의 운명은 한 영웅의 몰락 너머에 자리한 상처와 무너진 연대를 상징한다.

아기업개의 도움으로 김통정 장군을 죽인 김방경 장군은 그 공을 갚으려고 아기업개를 찾아갔다. 아기업개는 임신해 있었고, 그 아이가 김통정 장군의 아이임을 알게 되었다. 그래서 아기업개를 죽이고 배를 갈라보니 비늘이 달리고 날개가 돋은 아이가 한참 파닥파닥 뛰더라 한다.

- 장영주, 제주도 역사 스토리텔링 『애월읍』, 「김통정」 중에서

"아가들이 그렇게 걱정되느냐? 그럼 저 성안으로 들어가면 될 것 아니냐? 내가 들어가게 해주마, 그런데 저 성안으로 들어가려면 어떻게 하면 되느냐? 말해다오."
"그것도 몰라요? 저 쇠문 아래 불을 때면 철문이 녹을 것이고 그때 성문을 부수고 쳐들어가면 될 것 아닌가요?"(중략)
"어떻게 하면 김통정 장군을 잡을 수 있느냐?"
"에, 분명 저쪽 토성에서 성 밖으로 뛰어내릴 것입니다. 그때 그물을 쳐서 잡으면 되지요."

- 양순진 설화 동화 「왕의 운명을 바꿔버린 아기업게와 장수물 이야기」 중에서

장영주의 스토리텔링에서 김통정의 몰락 과정을 볼 수 있다. 김통정은 사회에 수용되지 못한 채 거부당하고 배 속에 든 아기까지 죽임을 당한다. "아기업개를 죽이고 배를 갈라보니 비늘이 달리고 날개가 돋은 아이가 한참 파닥파닥 뛰더라." 이는 역적의 자식은 역적이 될 수밖에 없으니 아기도 낳기 전에 죽여버려야 된다는 비극적 요소를 드러내는 설정으로 볼 수 있다.

이러한 설정은 단지 개인의 죽음을 넘어 대의와 저항의 가능성마저 사전에 봉쇄하려는 폭력적 질서를 상징한다. 아기업개의 아기가 비늘과 날개를 지닌 특별한 존재로 묘사된 것은 단순한 상상력을 넘어 새로운 질서나 희망의 씨앗이 태어나기도 전에 억압당하는 운명을 암시한다. 설화는 이 비극을 통해 역사에서 지워진 존재들의 말할 수 없는 고통과 권력의 폭력이 어떻게 생명의 가능성마저 제거해왔는지를 은유적으로 고발하고 있다.

한편 양순진 설화 동화에서 김통정은 전세가 불리해지자 모든 백성을 들여놓고 철문을 잠갔다. 너무 급히 서두른 바람에 배 속에 김통정의 아이를 밴 아기업게를 들여놓지 못했다. 양순진의 설화 동화 중 '아기업게' 등장 부분에서 아기업게는 김통정의 적군인 김방경을 돕는 인물로 설정된다. 여기서 김통정은 아기업게와의 관계가 격리되어 대립적인 구조로 갈등을 심화시킨다. 결국 양순진 작가는 아기업게와 배 속 아이, 김통정 모두가 적수에 의해 몰락하게 되는 비운을 모티프로 삼별초의 몰락 과정을 그려낸다.

이처럼 아기업게의 배신은 사랑과 충절, 생명과 권력 사이에서 갈라진 가치의 균열을 드러낸다. 김통정은 민중을 지키려 성문을 닫았지만 그 과정에서 가장 가까운 존재였던 아기업게를 외면하게 되었다. 이는 곧 내부의 분열과 외부의 침입을 동시에 자초한 결과로 이어진다. 설화는 아기업게를 통해 '안에서 무너지는 저항의 허약함'과 '버림받은 자의 절박한 선택'이라는 이중적 메시지를 담아낸다. 결국 김통정의 몰락은 전쟁의 패배 이전에 관계의 단절과 신뢰의 상실에서 비롯된 내면적 붕괴였음을 상징적으로 보여준다.

김통정이 남긴 사랑의 발자국

공동체의 기억은 때로 물보다 깊고 말보다 오래 남는다. 시대의 고난 속에서 누군가를 잊지 않고 이야기로 불러내는 일은 단지 그 인물을 기억하는 데 그치지 않는다. 그를 통해 자신들의 상처와 염원을 되새기는 행위라 볼 수 있다. 김통정 장군을 둘러싼 제주 설화는 바로 그런 기억의 형태로 전해진다.

> 김통정 장군은 죽어 가면서 '내 백성일랑 물이나 먹고 살아라'며 홰靴를 신은 발로 바위를 꽝 찍었다. 바위에 홰 발자국이 움푹 패고 거기에서 금방 샘물이 솟아 흘렀다. 이 샘물이 지금도 있는데 '횃부리' 또는 '횃자국물'이라 한다. 이 샘물을 고성리 마을 사람들은 지금도 음료수로 이용한다.
>
> — 현용준, 『제주도 전설』 중에서

"탐라 사람들이여! 죄송합니다. 저들에게조차 비굴해지고 싶지는 않습니다. 기꺼이 죽음을 선택하렵니다. 그러나 당신들을 생각하면 가슴이 아픕니다. 죽는다고 죄를 씻겠습니까마는, 제 도술로 발자국에 샘물 하나 남겨놓습니다. 부디 이 물 마시며 오래오래 사시옵소서."

- 고봉선 설화 동화, 「개똥이와 김통정 장군」 중에서

김통정 장군이 바위를 찍자 샘물이 솟아났다는 이야기는 지금도 고성리 주민들의 삶 속에 살아 있다. 현용준은 『제주도 전설』에서 이 전승을 소개하며 주민들이 여전히 '횃자국물'을 음용수로 사용하고 있다고 전한다. 이 샘물은 단지 지질학적 현상이 아니라 죽음을 앞두고도 백성을 염려한 김통정의 마음이 응축된 상징으로 기억된다. "내 백성일랑 물이나 먹고 살아라."는 마지막 말은 물질적 생존과 공동체적 돌봄이 맞닿는 지점에서 깊은 울림을 남긴다. 그가 남긴 발자국은 패장의 흔적이 아니라 민중의 삶 속에 여전히 솟구치는 생명의 약속이 된다.

한편 고봉선은 설화 동화에서 김통정 장군의 좌절과 실패의 아픔을 재조명하면서 김통정이 제주인에게 남겨준 사랑에 주목한다. 김통정은 제주인들에게 자신의 책무를 다하지 못한 마음을 표현하며 기꺼이 죽음을 선택한다. 고봉선은 결말에 장수물 설화 모티프를 대입시켜 동화의 주제를 강조한다. "죽는다고 죄를 씻겠습니까마는, 제 도술로 발자국에 샘물 하나 남겨 놓습니다."는 대립과 갈등의 화해를 시도하는 김통정 장군의 진실성이 느껴지는 대목이다. "부디 이 물 마시며 오래오래 사시옵소서."라며 영원히 마르

지 않는 샘물을 남긴 김통정의 마음을 독자들에게 각인시킨다. 이처럼 고봉선은 장수물 설화의 전형을 빌려 공동체를 위한 희생과 사랑의 주체로 재탄생하게 만든다.

결국 현용준이 기록한 전승은 지역의 집단 기억을 보존하는 민속적 사실로서 기능하고 고봉선의 창작은 그 기억에 서사적 온기를 더하는 문학적 해석이라 볼 수 있다.

역사에서 설화 속 인물이 된 김통정

제주지역에서는 삼별초 군과 김통정을 동일시하는 경향이 있어서 김통정을 다룬 설화가 곧 삼별초의 대몽 항쟁과 관계된 설화이기도 하다. 최근 들어 김통정 설화가 재조명되고 있다. 그는 제주인의 의지로 탄생, 대립, 협력, 몰락, 사랑의 발자국 등에서 진솔하게 표출되고 있다. 제주인들은 그들의 각박한 삶에서 탈출시켜 줄 영웅이 절실히 필요했던 것이리라. 김통정을 역사 속 인물로 평가해 보면 당시 중앙정부의 입장에서는 역적이라고 해도 과언이 아니다. 그러나 그가 끝까지 지켰던 항몽에 대한 신념은 중앙정부 관점의 역사적 해석을 반전시킬 만큼 소중한 가치였다.

김통정은 "부디 이 물 마시며 오래오래 사시옵소서."라며 영원히 마르지 않는 샘물을 후대에 남긴다. 김통정 설화에 대한 채록 자료의 분석을 통해 그가 제주인의 가슴에 영원히 샘솟는 사랑의 징표로 자리매김했다는 것을 알 수 있다. 이렇듯 김통정은 역사적인 인물에서 설화 속 인물이 되었다.

이처럼 몇 세기를 지나 오늘에 이르기까지 김통정은 제주인의 가슴에 살아 있는 설화의 심장으로 맥을 이어왔다. 그 중심에는 항몽 의식과 투지, 곧 스스로를 지켜내는 정신이 있었다. 이는 단지 역사 속 인물의 굳건한 신념에 머무르지 않고 설화를 품은 민중의 바람과 염원으로 되살아난 것이다. 김통정은 그렇게 살아 있는 샘물처럼 시대를 거슬러 솟아오른다.
　그렇다면 오늘의 제주인이 그에게 거는 바람은 무엇일까. 그것은 혼란 속에서도 길을 잃지 않는 주체적 신념이며 현실을 견디고 자기 자리를 지켜내는 존재의 태도일 것이다. 최근 제주 문단에서 이루어지는 김통정 설화의 재창조 작업은 단순한 역사 재현을 넘어서 오늘의 감각으로 다시 태어나는 이야기의 흐름을 보여준다. 다양한 장르와 매체를 넘나드는 이러한 시도는 김통정의 정신을 지금 이 땅의 언어로 다시 빚어내는 의미 있는 발효의 과정이다.

2. 제주인의 가슴으로 타고 내려온 김통정 재구성 문학

　설화의 생산자이자 향유자인 민중들은 자신이 품고 있는 가치관과 바람을 설화에 투영한다. 집단의 경험은 은유를 통해 대표성을 띠게 되고 역사적 사실을 변용하면서 현세에 이루지 못한 그들의 이상을 실현한다. 제주인들 역시 섬이라는 환경적 특징과 중앙 정부에 의한 소외감을 극복하며 살아가는 동안 구축된 공동체의 의식을 김통정 설화에 반영하고 있다.
　최근 제주 문단의 작가들은 김통정의 항몽 정신을 기리는 다양한 작품을 내어놓고 있다. 김통정 설화를 바탕으로 한 색다른 해석과 다채로운 장르의 작품 활동은 김통정의 가치를 현재화하고 있다. 그렇다면 몇 세기를 넘어서까지 제주인에게 이어지고 있는 김통정에 대한 원초적 감동은 무엇일까. 김통정 설화의 심장부라 할 수 있는 항몽 의식과 투지에 맞닿아 있는 제주인의 바람은 무엇일까. 오늘날 청소년들에게 재의미화할 수 있는 김통정 정신을 따라가 본다.

    제주 설화 속 김통정은 고통을 견딘 한 사람이었다. 억압을 이겨내며 싸움을 끝까지 감내한 존재였다. 그를 품은 민중의 말에는 저항과 염원, 연대와 위로의 오래된 감정이 스며 있다. 그리고 그것은 과거의 이야기로만 머물지 않는다. 오늘의 청소년도 싸우고 있다. 겉보기에는 평온해 보일지라도 그 내면에는 소외와 불의가 잠복해 있다. 독서는 텍스트를 읽고 해석하며 자기 삶과 세계에 비추어보는 일이다. 독서평론은 그 연결을 이어주는 징검다리이며 읽기의 다음 단계로 나아가기 위한 사유의 자리다. 하나의 인물에서 출발한 이야기를 다른 시대와 장르, 감정으로 확장해 보는 것. 독서는 그렇게 멈추지 않는 탐구이며 스스로를 다시 읽어내는 과정이다.

    이 평론은 김통정 설화를 중심에 두고 설화 시와 동화, 극본 속 표현과 주체의 선택을 비교한다. 그의 정신이 어떻게 다시 살아나는지를 살펴보고 독자가 어떻게 자신만의 해석을 만들어갈 수 있는지를 함께 탐색해 보고자 한다.

시詩로 되살아난 설화 - 이시향, 김영숙, 이무자의 시詩

설화 시는 구비 서사의 원형을 시적 언어로 되살리는 창작 방식이다. 민중의 감정과 집단 기억은 시 속에서 상징과 정서로 전환되며 고통의 이야기는 공감의 감각으로 확장된다. 이시향과 김영숙 그리고 이무자의 시편들 역시 그 계열 안에 있다. 역사와 전설 사이에 선 김통정 설화는 시적 형상화를 거치며 한 개인의 상처를 공동체의 정동으로 끌어올린다.

화살받이가 되어 몸에 생긴 구멍도 / 몽골항쟁 잊지 않는다면 / 살신성인 돌로 / 내 가슴이 / 아직도 뛰고 있다는 증거입니다
- 이시향의 설화 시 「살신성인 돌」 전문

화살받이라는 말이 아프게 다가온다. 그것은 몽골의 침략 앞에서 맞선 전투적 역할만을 뜻하지 않는다. 당시 제주민들과의 대립과 오해 그리고 그 속에서 피어난 화해의 감정까지 한 인물에게 쏟아졌던 모든 정서의 결이 그 말에 스며 있다. 이시향은 그 복합적인 기억을 시의 언어로 응축해 낸다. "화살받이가 되어 몸에 생긴 구멍"은 개인의 상처가 아니다. 공동체와 함께 겪은 고통의 흔적이며 그 몸을 내어주어 제주 역사의 보폭을 넓히고 저항의 뜻을 새긴 삼별초의 의지를 상징한다.

특히 "몽골항쟁 잊지 않는다면"이라는 구절에는 당부를 넘어서는 공동체의 일원으로서의 담담한 의지가 담겨 있다. "어떻게 그

것을 잊을 수 있겠느냐"는 반어적 울림은 시의 정서를 깊게 밀고 나간다. 화자는 역사를 떠올리는 데 그치지 않고 지금 이곳의 감각으로 그 기억을 되살린다. 과거의 이야기였던 설화는 독자의 마음속에서 현재의 감각으로 살아 움직이며 시는 이를 통해 집단의 기억과 감정을 다시 일깨운다.

    이시향의 시는 김통정 설화 속 항몽 정신을 오늘의 감수성으로 다시 불러낸다. 김통정은 더 이상 개인의 영웅이 아니라 제주인의 마음속에 살아 있는 공동체의 상징이 된다.

> 달빛에 베인 / 화살이 지나간 상처 / 살갗을 파고드는 얼룩을 지우며 / 눈물 되어 돌아온 // 억새를 베어다가 / 테왁 망사리를 만들고 // 보름달이 뜨는 밤 / 큰 웅덩이에 연못 만들어 / 유유자적 배를 띄워 / 시를 읊노라
>
>   - 김영숙의 설화 시 「살 맞은 돌 2」 전문

    김통정의 저항은 끝내 실패로 기록되었지만 항몽 의지는 꺾이지 않은 주체적 신념이었다. "달빛에 베인 화살이 지나간 상처"라는 시구는 그저 한 사람의 흔적을 넘어 시대를 관통한 아픔을 떠올리게 한다. 김영숙은 시를 통해 외면된 고통이 어떻게 자연 속에서 다시 살아 숨 쉬는지를 보여준다.

    살 맞은 돌은 제주인의 상처를 품은 채 물가에 가만히 놓여 있다. 화살의 흔적은 말없이 남아 있고 시인은 그 위에 억새를 덮고 달빛을 비춘다. 상처는 완전히 사라지지 않지만 달라진다. 싸움이

끝난 자리에 남은 사람들은 배를 띄우고 물 위에 멈춘다. 노를 젓지 않고 대신 시를 읊는다. 그 느린 리듬 속에서 제주인의 삶은 이어진다.

김영숙은 테왁이라는 삶의 도구를 통해 고통을 마주한다. 테왁은 제주 여성들의 물질을 가능하게 한 일상의 살림살이였다. 시인은 그것을 고통의 기억과 연결하고 억새를 베어 엮은 테왁 위에 시를 얹는다. 연못을 만들고 배를 띄우며 시를 부른다. 슬픔은 덮이지 않지만 시는 그 자리를 가만히 어루만진다.

김통정의 이름은 시에 등장하지 않지만 "달빛에 베인 화살"은 삼별초 항몽의 흔적이며 제주인의 오랜 슬픔을 상징한다. 실패로 끝난 저항일지라도 그 마음은 지워지지 않았다.

> 돌아설 수 없는 벼랑 끝 / 오열로 끌어올린 통곡의 눈물 / 바위에 벗어 놓은 헛부리로 솟아 / 아픈 역사의 숨결로 흐르고 있네
>
> - 이무자의 설화 시 「김통정의 눈물, 장수물」 전문

죽음을 앞둔 이의 마지막 마음이 있다. 김통정은 장수물 설화 속에서 물을 남기고 떠난다. 싸움은 끝났고 땅은 말라 있었지만 그는 백성을 위해 한줄기 물을 내려놓았다. 그것은 식수였고 눈물이었으며 생명이었다.

벼랑 끝은 더는 물러설 수 없는 자리다. 생의 끝, 싸움의 끝, 선택의 끝이다. 그곳에서 끌어올린 한 방울의 물은 감정의 절벽에서 솟구친 통곡이었다. 육신을 벗은 자리에 남은 것은 장화 한 짝 그

리고 바위 아래 고인 물이었다.

햇부리는 항몽의 의지를 품은 마지막 징표다. 더는 싸울 수 없는 몸이 벗어놓은 흔적 그러나 그것은 단순한 패배의 상징이 아니다. 바위 아래에서 솟은 물은 살아남은 자들을 위한 위로이며 연대다.

제주에서 물은 생존과 직결된다. 김통정이 남긴 물은 식수의 의미를 넘어선다. 절망 끝에서도 타인을 향해 마음을 건넨 선택의 의미를 내포한다. "내 백성일랑 물이라도 맘껏 먹고 살아라."는 말은 그가 어떤 마음으로 싸움을 끝냈는지를 짐작하게 한다.

이무자는 그 물을 "오열로 끌어올린 통곡"이라 불렀다. 이루지 못한 뜻, 사라진 이름, 그 모든 감정을 안고 바위 아래서 흐르는 물줄기. 그것은 발자국이자 숨결이었다. 누구도 대신할 수 없는 주체의 마음이며 지금도 우리 가슴에 샘물이 되어 역사의 숨결로 흐르고 있다.

가슴으로 타고 내려온 이야기 - 김철수의 극본 「항몽의 그 울림」

김철수는 김통정 설화를 극 형식으로 재구성하여 전승 서사의 현재화 가능성을 탐색한다. 설화적 인물을 무대 위 인물로 다시 불러내는 이 극은 창작자의 상상과 민중의 기억이 만나는 접점을 무대 언어로 구현하고 있다. 극은 이야기 속 이야기, 즉 액자 구조를 통해 과거와 현재, 전설과 현실을 오가며 설화의 시공간을 입체화한다. 특히 꿈이라는 장치를 통해 '이야기 전승'이라는 설화의 본질을 상징화하면서도 창작의 현재성을 동시에 강조한다.

> 노인: 선생
> 　　　내가 하려는 얘기는 길거리 떠도는 얘기가 아니오.
> 　　　적어도 수백 년 하고도 수십 년을
> 　　　우리 가슴속으로 타고 내려온 얘기요.
> 작가: 김통정 장군의 얘기요? 들어봤소?
> 　　　제주 항몽, 삼별초 그 김통정 장군!
> 　　　정말 흥미로운 얘기요. 친구들을 빨리 오라 하시오.
> (북소리와 함께 스크린 영상이 나오고, 무대 위 인물들이 항몽 장면을 재현한다. 내레이션이 흐르고 김통정의 항거가 장단에 맞춰 극화된다.)
>
> 　　　　　　　　　　　- 김철수의 극본 「항몽의 그 울림」 중에서

극은 한 작가가 김통정에 관한 이야기를 창작해달라는 요청을 받고 고심하다가 잠이 드는 장면으로 시작된다. 꿈속에 나타난 노인이 들려주는 말은 전설이 아닌 기억의 언어다. "수백 년 하고도 수십 년을 우리 가슴속으로 타고 내려온 얘기"라는 대사는 김통정이 단지 역사적 인물이 아니라 제주인의 삶과 함께 전승되어 온 존재임을 말해준다. 설화의 시간성은 과거에 머물지 않고 현재의 감각 속에서 다시 쓰인다.

김철수는 이야기 전개를 넘어 북 장단, 무용, 내레이션, 영상 등 다양한 무대 요소를 활용해 서사의 감각을 확장한다. 작가와 노인

의 대화는 창작과 구비 전승의 경계를 허물며 관객은 그 틈에서 김통정이라는 인물을 새롭게 마주하게 된다. 이 극에서 김통정은 승리의 주인공으로 등장하지 않는다. 그러나 그의 이야기는 꺼지지 않은 채 계속 전해진다. 그것은 고난과 기억을 품어온 공동체가 만들어낸 영웅의 형상이자 오늘을 살아가는 우리가 다시 써야 할 이야기이기도 하다.

나는 왜 그 대열에 끼지 못했는가 - 신임순의 동화 「나는 삼별초」

신임순의 동화 「나는 삼별초」는 김통정 설화를 동화적 시선으로 다시 풀어낸 작품이다. 이야기의 화자는 삼별초의 마지막 전투를 목격하면서도 끝내 그 대열에 끼지 못한 인물이다. 그 자책과 침묵은 과거의 회상이 아니라 지금 여기의 독자에게 던지는 윤리적 질문이다. 이 동화는 영웅의 찬양보다 외지 장수와 제주 민중 사이의 거리감, 패배 이후에도 남는 신념과 책임의 문제에 더 가까이 다가간다.

삼별초군은 목숨을 걸고 치열하게 싸웠다. 그러나 결국 제주 항파두리성은 무너졌다.
"앞으로! 앞으로!" 김통정 장군이 보내는 다급한 암호다. 퇴진이다. 우리는 살금살금 개구멍으로 성을 빠져나갔다. 넝쿨이 우거진 개천을 따라 오르니 거기에는 삼별초 병사들이 벌써 수십 명 모여 있었다. 김통정 장군이 비장한 소리로 알렸다. "곧 적이 추적해 올 것이다!

어서 나를 따르라!"

그날 붉은오름으로 간 김통정 장군과 병사들의 죽음은 끝까지 몽골에 항전하다 간 열사들이다.

나는 왜 그 대열에 끼지 못했는가.

- 신임순, 설화 동화 「나는 삼별초」 중에서

신임순은 목숨 걸고 싸우는 삼별초의 항몽 정신을 부각하면서도 결국엔 몰락하는 삼별초의 가슴 아픈 순간들을 설화 동화로 생생하게 그렸다. "곧 적이 추적해 올 것이다! 어서 나를 따르라!"의 울림은 곧 성이 무너지는 암담한 현실에서 외치는 김통정의 목소리이며 항몽 의지이다. 자신의 신념을 위해, 사회를 위해 희생하고 투쟁하는 삶을 어떻게 선택할지는 개인의 몫이지만 이러한 선택의 결과는 개인에 국한된 것이 아니라는 사실을 보여주고 있다. 이렇게 붉은오름에서 흘린 피는 김통정과 병사들이 나라를 위해 끝까지 지켜낸 주체적 신념이다.

김통정 설화는 비범한 출생과 신이한 능력 등 설화적 요소들을 차용하면서도 외지인인 김통정과 제주인들 사이의 갈등 역시 놓치지 않고 있다. 역사가 기록의 결과물이라면 설화는 그보다 더 실제적인 순간을 포착하고 있다. 역사적 사실을 토대로 하지만 전승자들의 시각에 의해 더욱 정교해지고 진실성을 담게 되는 것이다. 재조명 설화 동화 역시 이 점을 부각하고 있다. 신임순은 "나는 왜 그 대열에 끼지 못했는가."라는 주인공의 극적 질문을 통해 독자들의 깊은 성찰을 요구한다. 이것은 제주인들에게 주체적 저항 의식의 필요성을 제기하고 있는 대목이라고 해석할 수 있다.

작가는 김통정 설화의 비범한 출생이나 신이한 능력 같은 서사적 장치를 따르면서도 외지 장수와 제주 민중 사이의 거리감을 함께 포착한다. 설화는 영웅을 기리는 장면이 아니라 공동체의 고통과 선택의 흔적을 환기하는 방식으로 기능한다. 붉은오름에서 흘린 피는 집단적 의지의 표상이 되었고 그 기억은 문서보다 더 생생한 감정으로 이어진다. 이처럼 설화가 전승의 과정을 거치며 어떤 감정과 사유로 다시 살아나는지를 통해 이 작품은 오늘 우리에게 설화가 어떻게 주체적 신념과 윤리적 고민으로 이어질 수 있는지를 되새기게 한다.

잊히지 않는 이야기, 살아나는 이름

장르를 넘나드는 이야기 속에서 김통정의 정신은 서로 다른 방식으로 이어진다. 시는 상처 입은 돌과 억새에 마음을 담아내고 극은 노인의 입을 빌려 오래된 기억을 되살리며 동화는 전장 밖에서 마주한 자책의 시간을 불러낸다. 그는 어느 곳에서도 완전한 승리를 얻지 못했지만 끝까지 자리를 지켰다. 싸움이 끝난 뒤에도 공동체를 먼저 생각했고 끝내 무너지지 않는 사람으로 남았다.

그가 남긴 물은 오늘의 우리에게 연대의 징표가 되었다. 설화는 그렇게 끝나지 않는다. 세대를 건너며 또 다른 물음을 남긴다. 나는 누구인가. 어디에 설 것인가. 무엇을 지키고 싶은가. 독서는 그 물음에 천천히 귀 기울이는 일이며 그렇게 또 다른 삶의 이야기를 떠올리는 일이다.

　김통정이 제주의 토착 설화 속 주인공이 된 까닭은 그의 삶에 제주인의 바람과 맞닿은 염원이 담겨 있었기 때문이다. 나라를 지키려 했던 일이 어찌 반역이 되며 섬과 그 문화를 지키고자 한 뜻이 어찌 불충이 될 수 있는가. 당대의 제주인은 설화를 통해 그 물음에 응답했고 그렇게 김통정 설화는 태어났다.

　그래서 그의 이야기는 지금까지도 되풀이되어 쓰이고 있다. 제주인의 마음과 시대의 염원을 함께 품으며 설화 시와 극본 그리고 동화로 이어져 왔다. 그 안에서 우리는 제주인의 가슴속에 살아 있는 항몽의 정신과 김통정이 남긴 깊은 사랑의 마음을 다시 마주하게 된다.

욕망 과잉의 시대,
문학이 비추는 절제와 성찰

- 광령리 〈매고할망〉 전설, 단편소설 「감자」와 「배따라기」, 한시 「영정중월」

　　　　　　　　　　　　　욕망은 삶을 이어가게 하는 원동력이다. 먹고 마시고 사랑하며 더 나은 내일을 꿈꾸는 마음은 누구에게나 깃든 본능이자 삶의 지향점이다. 그러나 욕망은 언제나 양면성을 지닌다. 절제된 욕망은 삶의 활력이 되지만 지나친 욕망은 돌이킬 수 없는 파멸을 부르기도 한다. 결국 인간의 역사는 욕망을 어떻게 다스려 왔는가의 기록이기도 하다.

　　욕망의 문제는 신화와 전설, 민담에서부터 소설과 시에 이르기까지 다양한 장르에서 반복적으로 등장한다. 그것은 시대와 장소를 초월해 인간 본성의 핵심을 건드리는 주제이기 때문이다. 제주 애월읍 광령리에 전해 내려오는 〈매고할망〉 전설 역시 그 예다. 이 이야기는 한 여인의 남편을 죽이고 그녀를 차지하려 한 사냥꾼의 과욕, 그리고 남편과 자식들 모두를 죽이며 복수를 완수한 매고할망의 지나친 욕망을 보여준다. 이 욕망이 낳은 비극의 서사는 단순한 옛이야기가 아니라 오늘의 삶에도 성찰을 요구하는 강렬한 은유다.

흥미로운 것은 이 전설이 열녀담적 성격과 함께 욕망의 비극을 중첩적으로 품고 있다는 점이다. 한편으로는 남편의 애욕과 소유욕이 불러온 살인의 서사이고 다른 한편으로는 복수심의 과잉이 자식까지 파멸시키는 매고할망의 서사다. 두 겹의 욕망이 교차하며 만들어낸 이 비극은 인간 내면의 욕망이 얼마나 쉽게 사랑을 파괴하고 공동체를 무너뜨릴 수 있는지를 보여준다.

이 평론은 〈매고할망〉 전설을 중심에 두고 두 주제 중에서 '욕망의 과잉'이 불러온 파국을 살펴본다. 더 나아가 1920년대 김동인의 단편소설 「감자」와 「배따라기」 속 인물들이 겪는 비극과 비교함으로써 욕망 과잉의 문제를 근대 문학의 맥락에서 확장해 보고자 한다. 또한 고려 중기 이규보의 한시 「영정중월」을 통해 욕망의 허망함과 깨달음의 필요성을 확인하며 욕망 과잉의 시대를 살아가는 현대 독자에게 남기는 메시지를 읽어 본다.

1. 〈매고할망〉 전설로 본 인간의 과욕과 파국

『광령약사』에 기록된 〈매고할망〉 전설 줄거리

매고할망 전설을 기록한 『광령약사』에 의하면 지금도 비신굴의 흔적이 남아 있다고 한다. 그러나 답사 결과 제주시 광령2리 관광대 근처인 그곳에 지금은 현대식 건물이 들어서 있어 아쉽게도 찾아볼 수 없었다. 여기에는 독자들이 이해할 수 있도록 『광령약사』

에 기록된 줄거리를 남긴다.

고려 시대 말엽, 제주도 애월읍 광령리 인근 '비신굴'에는 아리따운 한 처녀가 살고 있었다. 마을에는 그 처녀를 짝사랑하는 무지렁이 총각도 있었다. 그러나 처녀는 부모님의 소개로 이웃 마을 총각에게 시집 가버렸다. 그 처녀가 바로 '매고할망'이다.

욕망을 절제하지 못한 무지렁이 총각은 그만 활극을 벌이고 말았다. 매고할망의 전남편을 죽이고 암매장했다. 결혼한 지 1년도 안 되어서 매고할망은 과부가 되고 말았다. 남편이 사라진 마을은 발칵 뒤집혔다. 마을 주민들이 모여들어 남편을 찾았지만 허사였다.

그 뒤 짝사랑하던 여인과 결혼에 성공한 무지렁이 총각은 아들 일곱 형제를 낳아 그런대로 곱게 늙어가고 있었다. 장대비가 쏟아지던 어느 날, 부인 무릎을 베고 마당을 향해 누운 무지렁이 남편은 빗방울이 떨어지며 생기는 거품을 보고 히죽히죽 웃었다. 부인이 웃는 이유를 물었다. 지금껏 살았는데 무슨 일이 있을까 싶었던 남편은 아무렇지도 않게 전남편 죽인 사실을 말했다. 부인은 애써 아무렇지 않은 척하면서 전남편의 시신이 있는 곳을 묻고 확인했다. 그리고 흩어진 뼈를 모아 관가에 고발하며 무지렁이 남편과 아이들을 다 죽여달라고 했다.

남편과 자식을 다 죽인 부인은 사람이 겨우 들어갈 수 있는 구멍 하나를 남긴 후 자신의 집을 흙으로 덮고 무덤처럼 만들었다. 그리고 배채기(질경이) 기름을 한 허벅 짜서 굴속으로 기어들며 마을 사람들에게 "이 지름(기름)으로 붙인 불이 꺼지면 내가 죽은 줄 알고 구멍을 막아주시오." 하고 부탁했다. 불은 꼭 석 달 열흘을 타 오르다가 꺼졌다. 비신굴 사람들은 부인의 소원대로 굴 입구를 막아 버렸다. (출처: 1990, 『광령약사』)

열녀담을 넘어 욕망의 비극담에서 본 '매고할망'

'매고할망'이라는 명칭은 여러 설을 품고 있다. 하나는 "전남편의 원수는 갚았지만, 자식들마저 죽인 것은 지나치게 매정하다."는 데서 비롯된 '매정한 할망'이라는 해석이고, 또 하나는 스스로 무덤을 만들어 들어가 묻혔다는 데서 비롯된 '묻혀버린 할망埋姑'이라는 설이다. '매고/마고'의 기원은 중국 신화의 여신 '마고麻姑'에서 비롯되었으나 우리나라 전승에서는 단순히 노파나 여신적 존재를 뜻하는 용례로 바뀌었다. 제주에서 전해지는 〈매고할망〉은 이와 같은 전승의 맥락 속에서 열녀담이자 동시에 비극담으로 남아 오늘날까지 이어진다.

이야기의 전개는 욕망의 과잉이 어떻게 파국으로 이어지는지를 극명하게 보여준다. 먼저 매고할망의 전남편을 죽인 사냥꾼은 애욕과 소유욕에 사로잡힌 인물이다. 그는 친구의 아내를 차지하기 위해 화살을 쏘아 벗을 살해하고도 태연히 일상을 살아간다. 이후 매고와 재혼해 자녀를 낳으며 살아가지만 그 삶은 죄의식을 망각한 무책임한 욕망의 연장이었다. 반면 매고할망은 복수심에 휩싸여 결국 남편뿐 아니라 자식들까지 죽음으로 내몬다. 그녀의 결단은 단순한 원수 갚기가 아니라 자기 존재마저 소멸시킨 파멸

길이었다. 이처럼 남편의 애욕과 아내의 복수욕이 교차하며 욕망이 중첩되고 그 끝은 공동체 전체의 파국으로 귀결된다.

〈매고할망〉 전설은 단순한 열녀담을 넘어 욕망의 과잉이 불러오는 파국을 집약적으로 드러낸다. 사냥꾼의 애욕은 가정을 파탄시켰고 매고할망의 복수욕은 자식까지 죽음으로 몰았다. 이 과정은 욕망의 이중성이 인간 내면에 동시에 자리하고 있음을 드러낸다. 전설은 이러한 인간 보편의 속성을 경고하면서 공동체적 교훈으로서 "욕망을 절제하고 정의를 실현해야 한다."는 메시지를 남긴다. 다시 말해 〈매고할망〉은 한 여인의 극단적 결단을 넘어 욕망의 그늘에 놓인 인간의 비극적 운명을 상징적으로 보여주는 이야기라 할 수 있다. 이러한 욕망의 과잉과 파국의 구조는 훗날 근대문학에서도 반복되는데 김동인의 「감자」 속 복녀의 비극적 삶 역시 같은 맥락에서 이해될 수 있다.

2. 욕망 과잉의 파국, 전설과 근대소설의 비교

「감자」의 복녀가 걸어간 파멸의 서사

김동인의 단편소설 「감자」는 가난한 여인 복녀가 욕망을 좇다 파멸에 이르는 과정을 그린 작품이다. 정직한 농가에서 태어난 복녀는 게으른 남편에게 돈 80원에 팔려 빈민굴로 이주한다. 그곳에서 왕서방을 만나 불륜 관계를 맺으며 점차 도덕적 기준을 잃어가고 질투와 애욕에 휩싸인 끝에 왕서방의 새 아내와 다툼을 벌이

다가 죽음을 맞이한다. 한때는 도덕성과 윤리를 지녔던 여성이 가난과 현실의 압박, 그리고 무절제한 욕망에 휘말려 몰락하는 과정을 통해 작품은 인간 욕망의 위력과 비극적 결말을 날카롭게 드러낸다.

복녀의 삶은 단순히 한 여성의 몰락담에 그치지 않는다. 가난한 현실은 그녀로 하여금 도덕적 기반을 무너뜨리고 욕망에 사로잡히게 만들었다. 왕서방에게 의존하며 불안정한 애정을 붙들려 했던 태도는 결국 질투와 집착으로 변질되었고 마침내 왕서방이 다른 여인을 맞이하려 하자 복녀는 극단적 행동에 내몰린다. 이러한 과정은 그녀의 욕망이 애정에서 집착으로, 집착에서 파괴적 충동으로 이어지는 비극적 전환을 잘 보여준다.

「감자」는 복녀의 내면이 무너지는 과정을 통해 욕망이 어떻게 인간을 파멸로 몰아넣는지를 서사적으로 드러낸다. 이는 단순한 개인의 일탈이 아니라 가난과 사회 구조 속에서 욕망이 왜곡될 때 나타나는 인간 보편의 비극을 보여주는 사례다. 독자는 복녀의 삶을 통해 욕망의 과잉이 불러오는 파괴적 결과를 성찰하게 된다.

「배따라기」- 집착이 부른 사랑의 파괴

김동인의 단편소설 「배따라기」는 사랑과 질투가 얽히며 파국에 이르는 과정을 그린 작품이다. 주인공 '그'는 젊고 아름다운 아내와 늠름한 아우를 두고 어촌에서 부와 명성을 함께 누리던 인물이었다. 그러나 그는 아내에 대한 집착과 동생에 대한 질투를 억누르지 못했다. 어느 날 아내와 아우가 함께 쥐를 잡는 장면을 보고 이를 부정한 관계로 오해한 그는 분노와 의심에 휩싸여 결국 아내와 동생을 동시에 파멸로 몰아넣는다. 이 순간 '그'의 마음속에서 애정은 소유욕으로, 의심은 파괴적 충동으로 바뀌어 버린다.

작품의 핵심은 단순한 오해에서 비롯된 사건이 아니라 애정을 지키려는 마음이 병적인 집착으로 변질되는 과정에 있다. '그'는 아내를 사랑했지만 그 사랑은 상대를 존중하는 것이 아니라 소유하고 지배하려는 욕망으로 치달았다. 의심과 질투가 걷잡을 수 없이 커지면서 그는 결백한 아내의 말조차 귀담아듣지 못하고 비극적 결말을 자초한다.

「배따라기」는 한 남자가 아내와 동생을 향한 집착과 질투에 휘둘려 가족 공동체를 무너뜨리는 과정을 통해 사랑이 지나치게 왜곡될 때 얼마나 쉽게 파괴로 이어질 수 있는지를 보여준다. 인간 내면의 욕망이 애정에서 집착으로 그리고 집착에서 폭력으로 전이되는 흐름을 적나라하게 드러내는 이 작품은 관계의 본질이 무엇인지 성찰하게 하는 깊은 울림을 남긴다.

전설과 근대소설의 비교

〈매고할망〉 전설의 '남편'과 '매고할망', 그리고 「감자」의 복녀, 「배따라기」의 '그'는 모두 욕망을 절제하지 못하고 파국을 맞는 인물들이다. 〈매고할망〉 전설 속 남편은 타인의 아내를 탐하는 애욕으로 살인을 저질렀고 매고할망은 복수욕에 사로잡혀 남편과 자식들까지 파멸시켰다. 「감자」의 복녀는 질투와 애욕을, 「배따라기」의 '그'는 소유욕과 질투를 억제하지 못했다. 이처럼 세 이야기 모두 욕망의 과잉이 인간을 파멸로 몰아넣는다는 주제를 공유한다.

그러나 차이점도 있다. 〈매고할망〉 전설은 단순히 개인의 욕망을 드러내는 데 그치지 않고 열녀담의 전승 맥락 속에서 공동체의 교훈을 강조한다. 조선 후기 이후 널리 전해진 열녀담들은 대개 가부장적 윤리와 충·효·열의 가치를 강화하며 여성의 희생과 절개를 이상화했다. 〈매고할망〉 역시 전남편의 원수를 갚기 위해 자신의 삶과 자식들까지 버린 행위를 '열녀적 결단'으로 평가하는 시선이 덧씌워졌다. 다만 이 전설은 남편의 애욕과 아내의 복수욕이라는 이중적 욕망이 중첩되며 파국으로 이어졌다는 점에서 열녀담의 미화된 도식에만 머물지 않는다. 오히려 "욕망을 절제하지 못하면 사랑도, 가정도, 심지어 생명까지 무너진다."는 공동체적 경계와 윤리적 경고를 담고 있다.

반면 「감자」와 「배따라기」는 열녀담처럼 교훈적 서사로 욕망을 규제하기보다 개인의 내면 심리와 사실적 묘사에 집중한다. 「감자」에서는 가난과 환경이 복녀를 몰락으로 이끄는 과정을 사실적으로 보여주며 「배따라기」에서는 '그'의 병적인 집착과 질투가 가족을 파괴하는 내면의 심리를 적나라하게 드러낸다. 전설이 집단적 규범의 차원에서 '욕망 절제의 교훈'을 상징적으로 전한다면, 근대 단편소설은 인간 욕망이 작동하는 구체적 심리를 파헤쳐 독자에게 직접적인 문제의식을 환기하는 것이다.

욕망의 허상에서 깨닫는 삶의 진실성, 이규보의 한시「영정중월」

〈매고할망〉 전설처럼 인간의 속성을 드러내는 보편적 주제는 고려 중기 문인 이규보의 한시「영정중월詠井中月」에서도 만날 수 있다. 이 작품은 욕망의 출발과 소멸, 그리고 그 사이에서 얻어지는 깨달음을 간결한 시적 장면으로 압축해낸다. 욕망이 집착으로 이어져 파국을 불러오는 전설이나 소설과 달리, 이 시는 작은 깨달음을 통해 욕망의 허망함을 일찍이 성찰하게 만든다. 바로 그 점에서「영정중월」은 욕망의 덧없음을 노래하는 동시에 인간이 추구해야 할 삶의 본질을 은유적으로 드러낸 작품이다.

> 山僧貪月色(산승탐월색) 산승이 달빛을 탐내
> 瓶汲一瓶中(병급일병중) 병 속에 물과 달을 함께 길었네
> 到寺方應覺(도사방응각) 절에 돌아와 비로소 깨달으리
> 瓶傾月亦空(병경월역공) 병을 기울이면 달도 따라 비는 것을

이 시는 인간의 욕망과 그 결과에 대한 깊은 상징성을 담고 있다. 첫 구절 "산승이 달빛을 탐내"는 욕망의 출발을 보여준다. 달빛은 아름다움과 풍요로움을 상징하고 산승은 그것을 병 속에 담아 소유하려 한다. 그러나 "병 속에 물과 달을 함께 길었네"라는 구절은 욕망의 허망함을 드러낸다. 병이라는 한정된 그릇 속에 달빛을 담으려는 시도는 애초부터 불가능한 일이기 때문이다. 이어 "절에 돌아와 비로소 깨달으리"라는 구절은 외부의 욕망을 좇는 삶에서

벗어나 내면의 평화와 깨달음을 찾는 과정으로 읽힌다. 마지막 "병을 기울이면 달도 따라 비는 것을"이라는 대목은 인간의 욕망이 결국 허무하게 사라지는 덧없음을 상징적으로 드러낸다.

이규보는 이 한시를 통해 인간의 욕망은 결코 충족되지 않으며 채운 듯 보여도 다시 비어버리는 허상임을 일깨운다. 욕망을 좇는 동안 우리는 중요한 것들을 놓치고 만다. 따라서 욕망을 절제하고 내면의 평화와 깨달음을 추구하는 태도가 필요하다.

앞서 살펴본 작품 속 인물들이 이규보의 한시 「영정중월」을 미리 만났다면 어땠을까. '매고할망'이 지나친 복수심을 억제했더라면, 「감자」의 복녀가 욕망의 허망함을 깨닫고 정직한 노동을 택했더라면, 「배따라기」의 '그'가 아내와 동생에 대한 집착이 덧없음을 알았더라면, 적어도 파멸의 비극은 막을 수 있었을지 모른다. 「영정중월」은 덧없는 욕망의 터널에서 벗어나 자기 삶의 진실한 길을 찾으라고 말한다. 욕망을 절제하고 내면의 빛을 지켜내는 것이야말로 인간이 추구해야 할 삶의 본령임을 보여준다.

이규보의 「영정중월」은 욕망을 직접적으로 비판하지 않고 한 장면의 깨달음을 통해 자연스럽게 욕망의 허망함을 드러낸다. 달빛은 그 자체로 아름답지만 결코 소유할 수 없는 것이며 병에 담는 순간 그것은 이미 본래의 빛을 잃는다. 달빛을 차지하려는 행위는 결국 공허한 욕망의 허상을 보여주는 은유다.

여기서 중요한 것은 욕망이 사라지는 순간에 도달하는 '깨달음'이다. 병을 기울이면 달빛 또한 사라진다는 단순한 사실을 통해 인간은 끝없는 소유와 집착에서 벗어나 내면을 돌아볼 필요가 있음을 배운다. 이는 삶의 본질이 소유가 아니라 깨달음과 성찰에 있음을 환기한다.

앞서 다룬 〈매고할망〉, 「감자」, 「배따라기」 속 인물들은 욕망을 절제하지 못해 비극을 자초했다. 매고할망의 복수심, 복녀의 애욕, '그'의 집착은 모두 욕망이 현실을 집어삼킨 사례다. 반면 「영정중월」은 욕망이 본래부터 허망하다는 사실을 보여주며 욕망이 파국으로 치닫기 전에 이를 인식하고 내려놓는 길을 제시한다. 바로 이 지점에서 전설과 소설이 비극의 결과를 보여준다면, 이규보의 시는 삶의 진실성을 찾아가는 마음의 지혜를 일깨운다고 할 수 있다.

욕망의 그림자와 삶의 진실성

광령리의 〈매고할망〉 전설은 한 여인의 비극을 넘어 인간이 욕망을 다스리지 못할 때 어떤 파국에 이르게 되는지를 말해준다. 열녀담의 윤리와 복수의 그림자가 겹쳐진 이 이야기는 애욕과 복수심이라는 두 얼굴의 욕망이 결국 스스로를 삼켜버리는 과정을 보여주며 오래도록 우리의 마음을 흔든다.

근대 단편소설 「감자」와 「배따라기」는 이 전설의 주제를 또 다른 풍경 속에서 되살려낸다. 가난과 현실에 무너진 복녀의 욕망, 아내와 동생을 향한 집착에 사로잡힌 '그'의 질투는, 시대가 달라져도 인간 내면의 욕망이 얼마나 강력한 그림자로 작용하는지를 보여준다. 전설이 공동체적 교훈을 강조한다면 소설은 개별 인물의 심리와 삶의 파국을 통해 욕망이 결국 파국으로 치닫는 과정을 구체적으로 드러낸다.

　그러나 이규보의 한시 「영정중월」은 한 걸음 더 나아가 욕망의 허망함을 일깨운다. 병 속에 담긴 달빛이 기울어지며 흩어지듯 우리가 움켜쥐려 했던 욕망도 결국은 손아귀를 빠져나간다. 이 시선은 우리를 욕망의 소용돌이에서 잠시 벗어나게 하고 내면의 빛을 지켜내는 평화와 성찰로 이끌어 준다. 욕망은 채운 듯 보여도 다시 비어버리기에 절제와 깨달음이 삶의 균형을 지키는 길임을 가르쳐 준다.

　오늘날 우리 사회는 수없이 쏟아지는 콘텐츠와 광고, 경쟁적 제도 속에서 필요 이상의 욕망을 자극받는다. 타인의 시선을 의식한 선택, 무계획적 소비, 성과에 대한 과도한 집착은 우리가 모르는 사이 삶을 왜곡시킨다. 이처럼 욕망이 과잉된 시대에 문학은 독자들에게 잠시 멈추어 서서 자기 자신을 성찰하게 하는 거울이 된다. 특히 정체성을 형성해가는 청소년들에게 문학은 욕망의 허상을 깨닫고 진정한 삶의 길을 모색하도록 이끄는 귀한 길잡이다.

　결국 〈매고할망〉 전설, 김동인의 「감자」와 「배따라기」, 그리고 이규보의 「영정중월」은 모두 다른 시대와 형식을 지녔지만 한 가지 지혜로 귀결된다. 절제는 단순히 욕망을 억누르는 것이 아니라 삶의 본령을 회복하는 과정이라는 것. 문학은 그 길을 비추며 우리를 지나친 욕망에서 벗어나 진정성 있는 삶으로 이끌어 준다.

동화와 소설

바다를 지키는 약속, 제주어 동화가 전하는 생태적 메시지
- 김도경의 제주어 환경 동화 『용왕황제국 홍보대사』

에고이즘과 윤리적 균열, 그리고 회복의 가능성
- 광령리 〈매고할망〉 전설, 아쿠타가와 류노스케의 「라쇼몬」, 「덤불 속」

지역문학의 회복 가능성
- 양전형의 제주어 장편소설 『목심』의 존재론적 서사

바다를 지키는 약속, 제주어 동화가 전하는
생태적 메시지

- 김도경의 제주어 환경 동화 『용왕황제국 홍보대사』

말로 흘려내는 것과 달리 글자로 새겨내는 일은 제주 사람인 나조차도 버겁다. 김도경 작가의 동화를 읽으며 나는 제주인으로서 깊은 부끄러움을 느꼈다. 태어나고 자라면서 늘 곁에 제주어가 있었지만 정작 내 입에서는 서툴고 낯설게 흘러나온다. 핏속에 스며 있는 언어조차 이토록 멀어진 지금, 모어母語가 아닌 이가 제주어로 한 편의 동화를 써낸다는 일은 얼마나 고단한 여정이었을까. 특히 제주도에서도 지역마다 표기가 달라 길을 잃게 하는 낯선 단어들이 그 앞을 막아섰을 것이다. 그럼에도 김도경 작가는 이 길을 피하지 않았다. 한 글자 한 문장을 새기듯 사전을 찾아가며 읊조리며 애써 나아간 땀방울이 모여 마침내 한 권의 동화를 온전히 제주어로 빚어낸 것이다.

필자는 그 사실 앞에서 숙연해졌다. 김도경 작가는 고향이라 불러도 될 만큼 제주에서 오래 살아왔지만 그가 보여준 끈질긴 의지와 정성에는 감히 견줄 수 없었다. 사라져가는 말을 다시 불러내고자 기꺼이 몸을 내어놓은 그의 걸음은 문학인으로서의 책무를 넘어 헌신에 가까운 일이었다. 그 진심을 마주하는 순간, 가슴이 뭉클해졌다. 김도경 작가의 이러한 시도는 동시대 아동문학 속에 제주어를 새롭게 호흡하게 만든 창조적 도전이었다

이번 평론의 대상인 『용왕황제국 홍보대사』는 김도경 작가의 제주어 환경 동화로 제6회 제주어문학상 수상작이다. 그는 "제주어는 제주 사람들의 얼을 표현하는 소중한 방식"이라며 동화를 통해 어린이들에게 "아름다운 제주 바다를 지키고 소멸 위기에 놓인 제주어를 살리자"는 의지를 전한다. 이 작품은 섬이 지켜 온 바다와 그 속에서 피어난 우정을 통해 오늘의 우리에게 말을 건넨다. 그리고 사라져 가는 제주어와 위기에 놓인 바다가 나란히 놓여 경고와 희망이라는 두 얼굴을 함께 드러낸다.

동화는 청정 섬 마라도와 그 앞바다를 배경으로 펼쳐진다. 섬 마을의 일상은 제주 삶의 정서와 언어가 고스란히 깃든 터전이다. 주목할 점은 환경이라는 현대적 문제의식을 전통 설화 모티프인 '애기업게'와 '용왕황제국'에 결합해 동화적 상상력을 확장했다는 것이다. 또한 표준어와 제주어를 병기하여 어린이 독자들이 이야기를 따라가며 자연스럽게 제주의 정체성과 언어를 체험할 수 있도록 이끈다. 서사는 어린이의 시선을 따라 전개되며 감정이입을 경험하는 독자들은 그 과정에서 환경을 다시 바라보고 제주어의 가치를 새롭게 느낄 수 있다.

이번 평론은 크게 두 갈래의 분석으로 나누어 진행한다. 첫째,

서사적 플롯 구조 속에 담긴 환경 담론을 통해 김도경 작가가 어떻게 해양오염이라는 전 지구적 문제를 동화의 서사 안으로 녹여냈는지를 살핀다. 둘째, 갈등 구조를 따라 흐르는 우정과 제주어를 통해 언어와 관계가 어떻게 작품의 정서적 핵심을 이루는지를 조명한다. 사실 이 작품은 한 가지 관점으로도 분석할 수 있지만 김도경  작가가 구사한 다각적 장치와 풍부한 문학적 가치에 비추어 두 측면을 분리해 살펴보는 것이 독자에게 더 많은 생각 거리와 독서 지도 가능성을 제시한다고 판단하였다.

또한 분석 과정에서는 작가의 문체와 표현력을 직접 인용하여 그 속에 담긴 환경 인식과 정서를 되새기고자 한다. 아울러 각 주제와 연결된 독서 지도 활동 예시를 덧붙여 작품이 교실 수업과 가정 독서 현장에서 어떻게 확장될 수 있는지도 함께 제안한다. 이를 통해 김도경 작가가 보여주는 생태 동화의 문학적 성취와 교육적 울림을 독자들이 더욱 선명하게 체감하길 바란다.

1. 서사적 플롯 구조 속에 담긴 환경 담론

"자극과 반응 사이에는 공간이 있다. 그리고 그 공간에서의 선택이 삶의 질을 결정한다."는 빅터 프랭클의 생각은 오늘날 바다라는 공간에서도 유효하다. 오늘의 바다는 더 이상 푸른 무한의 상징으로만 머물지 않는다. 지구의 해양은 플라스틱 조각과 폐어구, 석유 유출과 미세먼지로 뒤엉켜 신음하고 있다. 거대한 해류의 순환은 쓰레기를 모아 태평양 한가운데 거대한 섬을 만들고 해초와 산호는 빛을 잃어간다. 한때 신화의 무대였던 바다는 이제 인간이 남긴 흔적을 고스란히 삼켜내며 그 상처를 우리에게 되돌려 준다. 바다는 더 이상 멀리 떨어진 풍경이 아니다. 매일 먹는 생선의 내장 속에서 미세 플라스틱이 발견되고 기후 위기의 태풍은 한반도 해안까지 몰려와 우리의 일상을 흔들고 있다.

그러나 바다는 여전히 회복의 가능성을 품은 생명의 터전이다. 거북이와 돌고래가 다시 바다로 돌아가는 장면은 우리가 지켜야 할 세계가 살아 있음을 일깨운다. 아이의 눈으로 바다를 바라볼 때 우리는 잊고 있던 두려움과 경이 그리고 책임을 되찾는다.

전 지구적 바다 환경의 위기는 단순한 과학 보고서의 수치가 아니라 우리와 함께 호흡하는 생명의 이야기다. 다시 프랭클의 말로 돌아가면, "자극과 반응 사이에는 생각이 있다." 과학의 속도는 빛처럼 빨라지고 인간의 편리성은 끝없는 폐기물을 낳아 결국 우리 몸속까지 침투한다. 그러나 인간은 생각의 각도를 틀 수 있는 자유의지를 지닌다. 그 의지는 가능성을 열고 희망을 불러내는 힘으로 작용한다.

작은 각도의 전환이 결국 우리의 관계를 회복하고 지구 환경의 평화를 가져올 수 있다. 문학은 바로 이 지점에서 힘을 발휘한다. 사실을 전하는 뉴스가 아닌 문학은 감수성을 통해 독자의 마음을 흔들고 그 흔들림은 다시 생각의 각도를 바꾸어 더 나은 선택으로 이끈다. 김도경 작가는 이러한 힘을 다각적 동화 기법으로 구현하여 생태 동화를 통해 해양오염의 민감성을 일깨우고 우리에게 사유의 전환을 요청한다.

1) 동화의 매개체와 배경 분석

작품은 주인공 봄이의 체험을 따라가는 일인칭 관찰자 시점으로 전개된다. 독자는 아이의 눈높이에서 사건에 동행하며 갈등과 화해, 환상적 모험을 함께 겪는다. 이어도 체험이나 창구의 내면이 드러나는 장면에서는 제한적 전지적 시점이 섞여 두 아이의 심리와 상황을 입체적으로 보여준다. 전체 구조는 '현실에서 판타지로, 다시 현실로' 이어지는 원환적 흐름을 지닌다. 마라도와 가족 인물들이 뚜렷한 현실적 무대를 제공하고 이후 판타지적 전환을 거쳐 다시 현실로 되돌아오는 여정은 독자가 이야기의 기반과 상상적 체험을 동시에 인식하게 한다.

매개물 - 피규어(거북이 대신)

나는 아무 곳이나 잡고 매달렸다. 그런데 바지 주머니 안에서 뭔가가 꿈틀꿈틀하는 것 같았다. 손을 주머니에 넣었다. 거북이 피규어가 꿈틀하면서 내 손으로 붙었다. 기겁해서 손을 빼며 떨어냈다. 딸려 나온 피규어가 빙빙 돌면서 거북이 모양의 비행접시가 되었다. 깜깜하던 공중이 노란빛으로 밝아졌다.

- 본문 중에서

쓰레기장에서 건져 올린 거북이 피규어는 현실과 판타지를 잇는 매개물이다. 아빠와 함께한 장면에서는 가족의 기억과 정서를 불러내는 상징이 되고 창구와의 갈등 장면에서는 빛을 발하며 비행접시로 변모해 판타지 세계의 문을 연다.

인물 - 갯메(애기업게)

"용왕황제국의 공주, 갯메! 사람들은 나를 애기업게 하고 부르지."
"애기업게? 마라도를 지켜주는 수호신 애기업게님?" 나는 귀가 번쩍해서 되물었다.
"응. 그래도 너희는 갯메라고 부르면 돼. 나는 전설 속에서 봄에 마라도에 왔잖아."

- 본문 중에서

갯메는 전승된 이야기와 꽃의 이름을 연상하게 하게 하며 동화 속에서 설화적 공간과 중요한 존재로 확장된다. 바다를 이해하고 존중하게 하는 길잡이로 나타난다. 창구 엄마를 구해주고 이어도 의 실상을 전하며 아이들이 바다의 현실을 체감하도록 이끈다. 이 어도의 신비와 바다의 위기를 구하려고 하는 희망적 인물이 된다.

용왕황제국(팽나무)

"우리 아바마마가 맑은 바다 만들려고 노력했던 결과가 바로 이 냄새야. 아바마마는 바다에서 배 사고 날 때마다 기름이 모두 이리로 흘러들게 조종하는데, 요즘 우리 용왕황제국 백성들이 숨쉬기 어려워서 걱정을 많이 해." "용왕황제국? 진짜 있는 거야? 우리 엄마가 이상한 게 아니었어?" 창구가 불퉁거렸다.

- 본문 중에서

주인공과 창구가 도착한 바닷가 상상 속의 이어도는 판타지와 현실이 교차하는 공간이다. 거대한 팽나무가 쓰레기를 내던지는 모습은 곧 인간이 버린 오염을 자연이 고스란히 감당하는 장면처럼 읽힌다. 아이들이 목격한 풍경은 바다의 위기를 시각화한다. 이어 용왕황제가 바다를 지키려는 시도가 또 다른 희생을 낳았음이 드러나면서 전설의 서사가 오늘날의 환경 문제와 직접 맞닿아 있음을 환기한다.

이어도

바닷물이 노란빛을 받아 까맣게 보였다. 바닷가로 밀려든 쓰레기들이 쌓여 있었다.

"이 섬은 용왕황제국이 만든 쓰레기 분리수거장이야."

"아…." 내 눈으로 보면서도 믿을 수 없었다. 갯메가 말했다.

"사람들이 상상 속의 섬이라고 하는 이어도가 쓰레기로 쌓여 있다는 게 믿어지니?"

- 본문 중에서

바닷물은 노란빛을 받아 어둡게 일렁이고 해안에는 쓰레기가 산더미처럼 쌓여 있다. 겉으로는 신비로운 빛을 띠지만 그 안은 인간이 버린 오염으로 가득하다. 한때 신비의 섬으로 전해지던 이어도는 이제 쓰레기에 짓눌려 신음하는 섬으로 바뀌었다. 이는 더 이상 바다가 인간의 환상을 품는 공간이 아니라 오염의 결과를 되돌려 주는 경고의 장소로 그려진다. 특히 죽은 산호가 '하얀 꽃'처럼 보이는 장면은 아름다움의 외양 속에 숨겨진 죽음과 파괴를 드러내는 반어적 상징으로, 바다의 위기를 더욱 비극적으로 각인시킨다.

2) 판타지를 넘어 현실로 - 바다 지킴이는 우리의 몫

김도경 작가의 『용왕황제국 홍보대사』는 갈등과 화해, 현실과 판타지가 교차하는 이야기 구조 속에 바다의 목소리를 심어 놓은 작품이다. 봄이와 창구의 불편한 관계는 마라도 앞바다에 밀려든 쓰레기와 겹쳐지고 애기업개에서 갯메로 이어지는 전설적 존재는 아이들을 판타지 세계로 이끌어 바다가 겪는 고통을 직접 보여준다. 이 작품은 제주 전설과 제주어가 지닌 감각을 발판 삼아 우리가 지켜야 할 바다와 관계의 의미를 새롭게 묻는다.

해양오염 제기 - 바다가 아프다고 말할 때

아버지가 망사리를 들고 있었다. 망사리 안에는 소라 몇 개와 플라스틱 빈 병, 과자 빈 봉지가 한두 개 들어 있었다. 아버지가 앞바다를 보며 중얼거렸다. "마라도 앞바다가 이상하다. 요즘은 여행객들도 쓰레기 분리수거를 잘하고 바닷물도 맑고 깨끗한데, 쓰레기들이 하나씩 보이네? 어디서 밀려왔는지 누가 쓰레기를 픽픽 던져버렸는지 원…." "그러게요. 마라도는 제일 깨끗한 섬인데요."

- 본문 중에서

이야기는 봄이와 창구의 갈등에서 문을 연다. 봄이 눈에는 창구가 괜히 시비를 거는 심술꾸러기로만 보이지만 아버지의 목소리를 통해 그 행동 뒤에 깊은 외로움과 가족의 아픔이 있음을 알게 된다. 아픈 엄마와 떨어져 사는 누나들 탓에 고립된 창구의 서툰 감정 표현은 사실 친구를 향한 갈망의 다른 모습이었다. 그 곁에서 개체가 적어지는 소라와 떠도는 쓰레기는 아이들의 갈등과 바다의 위기가 함께 드리워져 있음을 예고하며 서사의 첫 장을 연다.

창구 엄마는 배에서 내리는 관광객들 사이에서 외치고 있었다. "내 말 좀 들어보세요! 바다가 오염돼서 용왕황제국이 이사 간대요." 사람들이 멈칫 비켜서며 지나갔다. 우리가 가까이 갔을 때 창구 엄마는

한 청년 앞에서 말하고 있었다. (중략)

창구 엄마가 창구의 손을 뿌리 치며 외쳤다.

"사람들에게 바다는 너무 소중합니다. 그런데 용왕황제국이 우리나라 바다를 떠날 거라고 합니다. 마라도 앞바다를 지키며 사는 애기업게님도 떠날 거라고 합니다!"

- 본문 중에서

창구 엄마는 배에서 내린 관광객들 앞에서 "바다가 오염돼서 용왕황제국이 이사 간대요."라고 외친다. 이 발언은 겉으로는 개인적 아픔에서 비롯된 비현실적 언행처럼 보이지만 이야기의 맥락에서는 현재 바다가 겪는 실제 위기를 드러내는 목소리로 겹쳐 읽힌다. 언제나 맑아야 할 마라도 앞바다에 쓰레기가 밀려드는 장면과 이어지며 인간의 무심함과 오염이 해양 생태계를 흔들고 있음을 피부로 느끼게 한다. 특히 "애기업게님도 떠날 거라고 합니다!"라는 대사는 전설 속 존재의 소멸 위기의식과 직결된다. 더 이상 머물 수 없다는 것은 곧 바다가 스스로를 지켜낼 자력을 잃어가고 있음을 알리는 은유적 장치다. 여기에 창구 엄마의 아픔이 환경적 위기와 포개지며 독자에게 바다의 상처를 더욱 선명하게 각인시킨다.

바다환경 메타포 - 숨 쉬기 힘든 바다의 외침

"아이고, 힘들다. 용왕황제국도 이젠 이사 가야 할 것 같아. 쓰레기 분리는 아무리 해봐도 끝이 없어."

팽나무의 중얼중얼하는 소리가 우렁우렁 울렸다. '앗, 팽나무가 쓰

레기 분리수거 하는 거야?'

　이 순간에도 철퍼덕! 픽! 철퍼덕! 픽! 나뭇가지들이 쓰레기를 집어던지는 소리가 계속 났다. 팽나무는 춤추는 것처럼 나뭇가지를 모두 움직이며 쉴 새 없이 쓰레기들을 집어던지고 있었다.

- 본문 중에서

　서사는 현실의 갈등에서 판타지 세계로 건너가며 제주의 전설적 존재 애기업게 갯메가 등장한다. 일상은 신화로 격상되고 용왕황제국으로 이어지는 모험이 열린다. 아이들은 판타지 속에서 바다 환경의 위기를 몸으로 체감한다. 팽나무의 탄식은 감당할 수 없는 쓰레기 문제를, 끝없이 밀려드는 플라스틱은 "아무리 분리해도 끝이 없는" 고통을 상징한다. "철퍼덕! 픽!" 하는 나뭇가지 소리는 바다의 아픔을 감각적으로 전하고 기름 유출 장면은 해양 사고의 피해를 드러낸다. 또한 용왕황제국 백성들의 호소는 오염된 바다에서 힘겹게 살아가는 해양 생물들의 현실을 은유한다. 이 장면은 판타지를 통해 바다의 병든 현실을 선명히 드러낸다.

환경의 위기 - 이상향의 몰락, 쓰레기섬 이어도

　바닷물이 노란빛을 받아 까맣게 보였다. 바닷가로 밀려든 쓰레기들이 쌓여 있었다.
　"이 섬은 용왕황제국이 만든 쓰레기 분리수거장이야." (중략)
　"사람들이 상상 속의 섬이라고 하는 이어도가 쓰레기로 쌓여 있다는 게 믿어지니?" (중략)

"저곳은 비닐봉지가 쌓인 산이야. 저 비닐봉지들이 계속 우뚝하게 봉오리를 만들고 있는 거지. 비행접시 불빛에 반사되어 반짝이는 거야."

- 본문 중에서

이어도에서의 모험은 새로운 반전을 드러낸다. 사람들의 입에 오르내리던 이상향은 쓰레기로 뒤덮인 황폐한 섬으로 나타난다. 겟메는 아이들을 데리고 태풍과 오염으로 병든 미래의 바다를 직접 체험하게 한다. 바람에 흩날리는 비닐과 쌓여가는 폐기물 그리고 그 속에서 울부짖는 혼령과 팽나무의 모습은 무책임한 소비와 쓰레기 폐기의 현실을 생생히 보여준다. 그 속에서 창구는 마침내 엄마의 아픔을 깨닫고 울음을 터뜨리며 엄마의 고통에 공감하게 된다.

"겟메야, 우리가 있는 이곳은 어디니?" 엄청나게 큰 문어가 통유리 벽에 꿈틀꿈틀 붙어있었다. "악!" 나는 놀라며 털썩 주저앉았다. 꿈틀거리는 문어 발가락이 잘려 나간 것처럼 뭉툭했다. 헤엄치던 물고기들이 유리벽으로 모여들었다. 꼬리가 잘리거나 몸에 상처가 난 크고 작은 물고기들이었다. 마음이 아팠다 "이곳은 하얀 꽃만 있니?" 이상한 생각이 들어서 물었다. 겟메가 사납게 돌아서며 대답했다. "꽃이 아니고 죽은 산호야!" 말하는 겟메의 눈빛이 섬뜩했다.

- 본문 중에서

아이들이 본 바다는 처음엔 꽃밭처럼 평화로워 보였으나 곧 발가락이 잘린 문어와 상처 입은 물고기들이 드러나며 충격을 준다.

겟메는 그것이 죽은 산호임을 밝히며 바다의 비극을 알린다. 이어 리모컨 화면 속 마라도 앞바다는 쓰레기와 거센 파도로 뒤덮여 배들이 부서져 사라진다. 이 장면은 죽은 산호, 상처 입은 생명, 밀려드는 쓰레기를 통해 바다의 현실적 위기를 보여주며 아이들이 그 고통을 직접 목격하게 하는 전환점이 된다.

판타지를 넘어 현실로 - 바다 지킴은 우리 모두의 몫

"미리 말하는데, 우리가 환경을 보호하는 홍보대사가 될게. 마라도뿐만 아니라 우리나라 아니, 세계 사람들한테 용왕황제국이 이처럼 돌봐줘서 바다가 맑고 푸르다고 알릴게."

- 본문 중에서

이야기의 마지막은 겟메가 보여준 바다의 현실을 마음에 새기고 아이들이 환경을 지키겠다는 다짐으로 이어진다. 겟메는 창구 엄마가 왜 바다를 지키려 했는지를 밝히며 아이들에게도 기회를 준다. 주인공과 창구는 드디어 서로의 마음을 이해하며 친구가 되고 겟메에게 약속한다.

겟메는 그 다짐에 리모컨을 내밀며 아이들을 믿겠다고 한다. 현실로 돌아온 아이들은 코피를 닦으며 서로에게 사과하고 웃음 속에서 한마음이 된다. 태풍이 몰려오는 하늘 아래서도 그들은 희망을 품는다.

"창구야, 너와 나는 용왕황제국 홍보대사야. 바다를 수호하는 용왕황제국과 겟메 공주님을 세상에 알려야 해."

- 본문 중에서

　　환경 홍보대사가 되겠다는 약속은 단순한 체험의 결과가 아니라 삶의 다짐으로 자리 잡는다. 아이들은 희망을 품고 집으로 돌아가며 여정의 끝에는 화해가 기다리고 있다. 봄이와 창구는 서로의 손을 잡으며 진정한 친구가 되고 그 순간 겟메는 두 아이에게 환경 홍보대사라는 임무를 맡긴다. 이 약속은 판타지 속에서만 머무르지 않고 작품을 읽는 독자에게도 건네지는 요청이다. 이야기는 결국 현실로 이어지며 바다를 지키고 제주어를 살리는 일이 곧 우리 모두의 몫임을 일깨운다.

3) 독서 지도 활동을 통한 바다 지킴이

　　이 동화는 4학년 전후의 아이들에게 적합한 필독서이다. 초등학교 4학년은 또래 관계 속에서 정체성을 형성하고 스스로의 감정을 언어로 풀어내는 능력이 한층 자라는 시기다. 이 시기의 아이들은 줄거리만 따라가는 수준을 넘어 등장인물의 마음과 행동에 이유를 붙이고 자신과 연결하여 해석하는 사고력을 기르기 시작한다. 따라서 독서 활동은 단순한 이야기 이해를 넘어 토의와 토론을 통해 서로 다른 생각을 나누고 확장하는 과정이 중요하다.

　　『용왕황제국 홍보대사』를 활용한 수업 활동은 갈등과 화해, 바다와 환경이라는 주제를 다루며 아이들로 하여금 이야기의 구조와 인물의 감정을 함께 짚어보게 하고 이를 통해 비판적·창의적 사고의 폭을 넓혀 준다.

생각열기 활동

이 활동은 학생들의 경험을 바탕으로 주제를 열어가는 데 중점을 둔다. 교사는 먼저 바다와 관련된 생활 경험을 묻는다. "최근 바다에 가 본 적이 있는지, 그때 어떤 장면이 기억에 남는지"를 나누게 하고, "바다에서 쓰레기나 오염된 흔적을 본 적이 있는지, 그것이 어떤 기분을 불러왔는지"를 자유롭게 이야기하도록 이끈다. 더 나아가 "바다가 깨끗하다면 어떤 모습일지, 그 바다에서 무엇을 하고 싶은지"와 같은 상상 질문을 던져 학생들이 감정과 생각을 자연스럽게 연결하도록 한다.

- **유의점**: 생각 열기는 정답을 요구하지 않고 경험과 느낌을 자유롭게 나누는 장이다. 교사는 학생들의 발언을 평가하기보다 공감하며 다양한 경험이 존중되는 분위기를 만들어야 한다.
- **의도**: 개인적 경험을 통해 바다의 이미지를 환기하고 이후 작품 속 서사와 연결될 수 있도록 정서적 몰입을 돕는다.

내용 이해 활동

이 활동은 작품의 전개 과정을 명확히 짚어가며 줄거리와 인물의 마음을 이해하는 데 초점을 둔다. 교사는 이야기 구조를 네 단계 플롯 ① 해양오염 제기 ② 판타지 전환 ③ 이어도의 쓰레기섬 체험 ④ 화해와 약속으로 제시한다. 학생들은 각 단계에서 봄이·창구·겟메의 마음 변화를 살펴보고 그 속에 드러나는 바다 환경의 현실을 함께 이야기한다. 교사는 작품 속 핵심 인용문을 차례로 읽게 하고 명시적 질문을 던져 학생들이 줄거리와 주제를 정확히 이해하도록 이끈다.

- **유의점**: 이 단계에서는 학생들이 작품을 정독했는지를 확인하는 수준에서 접근해야 한다. 이해가 부족한 경우 교사가 함께 내용을 풀어가며 격려하고 학생들이 스스로 이야기할 수 있는 시간을 준다.
- **의도**: 줄거리 요약과 인물의 마음 읽기를 통해 바다 환경의 위기와 주인공 갈등의 원인이 어떻게 화해와 약속으로 이어지는지 그 흐름을 자연스럽게 체감하도록 돕는다.

주제 이해 활동: 바다 환경의 메타포 이해하기

이 활동은 작품 속 상징적 장면을 통해 바다 환경 문제의 의미를 깊이 탐구하는 과정이다. 교사는 앞선 내용 이해 활동에서 읽었던 제시문 가운데 주제를 부각할 수 있는 핵심 구절을 다시 꺼내 함께 읽는다. 예를 들어 '팽나무가 쓰레기를 분리수거하는 장면'이나 '죽은 산호를 보여주는 대목'을 제시하고 학생들에게 그 장면이 무엇을 상징하는지 질문한다.

☆ "팽나무가 쓰레기를 분리수거하는 모습은 어떤 현실을 떠올리게 하나요?"

☆ "산호가 죽어가는 장면은 우리에게 어떤 메시지를 전한다고 생각하나요?"

☆ "이 장면들을 통해 작가는 바다와 인간 사회를 어떻게 연결해 보여주나요?"

학생들은 이러한 예시 발문을 바탕으로 자신의 생각을 말하고 관련된 경험을 나눈다. 이어 모둠별(또는 개인별) 활동으로 팽나무와 산호가 각각 무엇을 비유하는지 정리한 뒤, 이를 마인드맵으로 시각화하여 서로의 생각을 공유한다.

- **유의점**: 학생들이 자유롭게 해석할 수 있도록 분위기를 조성하며 특정한 답을 강요하지 않는다. 의견이 엇갈리더라도 다양한 해석이 공존할 수 있음을 알려준다. 교사는 학생들이 상징을 일상과 연결하도록 구체적인 예시나 추가 질문을 던져 사고를 확장하도록 해야 한다.
- **의도**: 추상적으로 느껴질 수 있는 환경 문제를 팽나무와 산호 같은 구체적 이미지에 빗대어 생각하도록 하여 상상력과 비판적 사고를 동시에 자극한다. 나아가 학생들이 바다 환경 문제를 단순한 지식이 아니라 자신의 삶과 감정, 책임감과 연결된 문제로 체감하도록 돕는다.

주제 토의 활동: 나도 환경 홍보대사 되기

이 활동은 신문 보도자료와 문학 작품을 함께 읽으며 바다 환경 문제를 입체적으로 바라보도록 돕는다. 먼저 최근 보도된 해양 환경 기사(2024년 11월 11일, 동아일보)를 제시한다. 기사에는 부산항에서 인양선이 '유령 어업'의 폐어구를 수거하는 장면이 담겨 있다. 폐그물에 갇힌 물고기들이 죽고 썩어가며 바다 생태계 전체가 위협받는 현실이 드러난다. 이어 교사는 박희순 시인의 「제주산호정원으로 오서요」 동시 구절을 읽어주며 천혜의 자연을 간직했던 제주 바다의 모습을 함께 느낀다. "산호꽃이 활짝 핀 / 제주산호정원에 꼭 내리셔요 … 바다의 봄이 시작되는 곳이에요"라는 시를 감상하며 바다의 회복을 위한 길이 어떤 길인지 생각해 보게 한다.

학생들은 필독서 인용구와 함께 이 두 자료를 비교하며 토의한다. 기사에서 드러난 바다의 위기와 박희순의 동시가 보여주는 바다의 아름다움이 어떻게 대비되는지 토의한다. 아울러 김도경 작가가 전하려는 메시지는 무엇인지 비교하며 생각해 본다. "폐어구 장면은 어떤 경고를 하고 있나요?", "산호 정원은 어떤 바다의 미래를 보여주나요?", "두 친구가 홍보대사가 되어 약속하는 장면처럼 우리가 할 수 있는 노력은 무엇이 있을까요?" 등 이외 다양한 발문으로 토의하는 시간을 갖는다. 친구가 발표할 때 학생들은 모둠별(또는 개인별)로 정리한 생각을 마인드맵이나 짧은 글로 정리하여 이후 독후활동 자료로 활용한다.

- **유의점**: 학생들의 다양한 해석을 존중하고, 정답을 제시하기보다 서로의 의견을 경청하도록 한다. 신문의 사실성과 시의 감수성이 모두 살아날 수 있도록 균형을 잡아 주어야 하며 위기의식만 강조하지 않고 희망적 상상으로 확장되도록 격려한다.
- **의도**: 현실의 환경 위기와 문학적 상상력을 연결하여 학생들이 환경 문제

를 다층적으로 인식하도록 돕는다. 또한 자신이 직접 '환경 홍보대사'가 되어 할 수 있는 구체적인 실천을 상상함으로써 환경 보전에 대한 주체적 태도를 기르게 한다.

창의적 독후활동: 확장하기

이 활동은 책을 읽고 가족이나 친구와 함께 앞선 활동들을 경험한 뒤, 이를 마무리하는 창의적 확장 과정이다. 학생들은 자신의 발달 단계나 생활 상황에 맞는 독후활동을 하나 선택해 진행한 후 발표하는 시간을 갖는다.

☆ 가족과 함께 플로깅을 하며 사진과 설명글 남기기
☆ 이어도 애기업게 전설을 조사해 나만의 전설 환경일기 쓰기
☆ 박희순 시인의 동시를 패러디해 창작 시 짓기
☆ 환경 홍보대사 포스터 그리기
☆ 환경 실천문 만들기
☆ 내가 만든 환경 보고서 작성하기
☆ 등장인물에게 환경 편지 쓰기

- **유의점**: 여러 활동을 동시에 권하기보다 학생 스스로 가장 끌리는 활동 하나를 선택하게 하고 그 안에서 환경 홍보대사로서의 의지를 담아낼 수 있도록 격려한다. 활동 과정은 부담보다는 즐거움을 중심에 두어야 한다.
- **의도**: 작품의 메시지를 생활 속 실천과 창작 활동으로 확장함으로써 독서 경험이 단순한 감상에 머물지 않고 참여적 배움으로 이어지게 한다. 학생들은

이를 통해 환경 문제를 자기 삶의 과제로 체감하며 더 넓은 의미의 생태적 책임감을 기르게 된다.

2. 친구에서 바다, 바다에서 지구로
- 제주어 동화가 건네는 평화

바람에 흔들리는 바다처럼 아이들의 마음도 쉽게 흔들린다.『용왕황제국 홍보대사』속 봄이와 창구의 갈등은 겉으로 직접 드러나기보다 창구 엄마의 아픔에서 비롯된 창구의 꼬인 태도에서 싹튼다. 동화의 갈등 구조는 전조-전개-절정-해소의 흐름을 따라 인물의 내적 변화를 이끌고 서사의 긴장을 형성한다. 갈등은 인물의 마음을 깊이 들여다보게 하고 화해는 성장을 가능하게 한다. 작품은 이러한 구조를 바다라는 공간과 포개어, 아이들의 불화가 곧 환경 위기와 연결되어 있음을 드러낸다. 이어도의 잿빛 풍경과 죽은 산호는 상처를 비추는 거울이자 새로운 자각을 여는 무대가 된다.

또한 제주어는 억양과 숨결을 담아 아이들의 감정 표현을 생생히 드러낸다. "무사 나만 봐지민 투글락투글락 쌉젠ᄒ멘?"과 같은 표현은 표준어로는 전하기 힘든 정서를 살려 주며 독자는 언어의 뉘앙스를 두 겹으로 체험한다. 결국 이 작품은 갈등과 화해 과정을 통해 바다와 우정을 함께 지켜야 함을 전한다. 김도경 작가의 동화책에서 제주어와 표준어를 나란히 병기한 것처럼 여기에서도 소리 내어 낭독할 수 있도록 제주어를 병기하여 분석함으로써 언어의 생동감과 말맛을 직접 체험하게 하였다.

1) 갈등구조에 따라 지켜내는 우정

　동화의 이야기는 파동波動처럼 일렁인다. 잔잔해 보이는 물결이 서서히 뒤틀리다가 어느 순간 거친 파도가 되어 아이들의 마음을 흔든다. 『용왕황제국 홍보대사』는 두 아이가 부딪히고 어긋나는 과정을 따라가며 그 안에 바다가 겪는 상처와 짙은 그늘을 겹쳐 놓는다. 봄이와 창구의 서툰 마음은 쓰레기로 얼룩진 해안선처럼 불안정하게 흔들리고 노란빛이 쏟아지는 제단 위에서 마침내 새로운 눈을 뜨게 된다.

갈등 전조 - 환경의 상처, 관계의 상처

　"창구 너, 진짜 싫어!" / 혼자 씽씽거리며 집으로 갈 때였다. 아버지가 뒤에서 나를 불렀다. / "봄아!" / "네!" / (중략) / 어디서 밀려왔는지 누가 쓰레기를 픽픽 던져버렸는지 원…." / "그러게요. 마라도는 제일 깨끗한 섬인데요."

- 본문 중에서

　"창구 즈석, 제기랄!" / 혼차 씽씽ᄒ멍 집으로 갈 때랏다. 아방이 뒤티서 나를 불럿다. / "봄아!" / "네!" / (중략) / 어디서 밀려와신지, 누게가 쓰레기를 픽픽 데껴불엄신지원…." / "게메양, 마라도는 질룽 곤곤ᄒ 섬인디예."

- 본문 중에서

봄이는 창구가 싫다고 외치며 씩씩대며 집으로 향한다. 그 길에 만난 아버지는 바닷가에서 주운 플라스틱 병과 과자 봉지를 내보이며, 맑아야 할 마라도 앞바다에 떠밀려온 쓰레기를 걱정한다. 오염된 바다 풍경은 곧 봄이와 창구의 갈등과 포개져 깨끗해야 할 마음에 쌓인 오해를 상징한다. 아버지는 묵묵히 쓰레기를 분리하며 창구의 외로움을 이해하라고 봄이를 달랜다. 이처럼 바다의 환경 문제와 아이들 갈등의 전조가 나란히 서사를 시작한다.

갈등 전개 - 바다의 불안, 아이들의 갈등

창구 엄마를 구경하던 사람들이 하나둘 자리를 떠났다. 모슬포로 가는 배 위에는 많은 사람이 타고 있었다. 그런데 창구가 이유도 없이 씽씽거리면서 나한테 딴지를 걸었다. / "왜, 재밌냐?" / 나는 화가 나서 눈을 크게 뜨며 말했다. / "넌 왜 그렇게 말을 밉게 하니?"

- 본문 중에서

창구 어멍을 귀경ᄒ던 사름덜이 ᄒ나둘 자리를 떠낫다. 모슬포더레 가는 배 우티 사름덜이 하영 탄 셧다. 겐디 창구가 아무상읏이 씽씽거리멍 나ᄒ티 딴지를 걸엇다. / "무사, ᄌ미난?" / 나는 부에가 난 눈 베르쓰멍 골앗다. / "는 무사 경 말을 밉상ᄇ르게 ᄒ나?"

- 본문 중에서

창구 어머니는 바다와 용왕황제국에 대한 불안을 토로하며 흔들린다. 사람들 앞에서 극도의 불안을 드러내지만 봄이 아버지가 다가가 "마라도는 제일 깨끗한 바다"라며 안심시키자 조금씩 진정한다. 그러나 이 장면은 이미 창구에게 심리적 상처와 불안을 새겨 놓는다. 아이는 엄마의 아픈 모습을 목격하며 속상한 마음이 봄이에게로 향한다.

배 위와 산책로에서 창구는 이유도 없이 봄이에게 딴지를 걸며 화살을 돌린다. "왜, 재밌냐?" / "무사, ᄌ미난?" 같은 제주어의 생생한 말투는 순간적인 짜증을 드러내지만 그 뿌리는 사실 엄마의 불안과 가족의 고통에 있다. 창구는 그것을 해결하지 못하고 가장 가까운 또래인 봄이에게 일방적으로 감정을 쏟아내며 상처를 낸다. 이처럼 독자들은 환경에 대한 현실과 또래 관계의 감정선을 함께 체험한다.

갈등의 절정 - 판타지의 시작

창구가 버럭 화를 내며 벌떡 일어섰다. 순간 주먹을 내질렀다. 나는 뒤로 넘어지면서 엉덩방아를 찧었다. 코가 뜨끈해지며 피가 주루룩 흘렀다. 나는 바로 창구에게 몸을 날렸다. 우리는 엎치락뒤치락하면서 제단으로 넘어졌다. 제단으로 노란빛이 쏟아져 내렸다. 눈이 부셨다.

- 본문 중에서

창구가 올딱 부에를 내멍 오들랑이 일어삿다. 순간 주먹을 줴여질럿다. 나가 혜뜩갈라지멍 궁둥방에를 찌엇다. 코가 뜨끈ᄒ멍 피가 주루룩 흘럿다. 나가 확ᄒ게 창구신디 몸을 눌럿다. 우리는 업더적갈라적ᄒᆞ명 제단더레 푸더졋다. 제단으로 노랑ᄒᆞᆫ 빗이 쏟아져 ᄂᆞ렷다. 눈이 부셧다.

- 본문 중에서

이 장면은 갈등이 최고조로 치닫는 단계다. 서로 맞서면서 두 아이의 감정은 폭발한다. 말싸움은 곧바로 몸싸움으로 이어진다. 창구가 주먹을 내지르자 봄이는 코피를 흘리며 창구에게 몸을 던진다. 두 아이가 제단으로 넘어져 엎치락뒤치락하면서 갈등은 신체적 충돌로까지 격화된다.

바로 그때 제단 위로 노란빛이 쏟아져 내리고 봄이는 눈이 부셔 앞을 제대로 보지 못한다. 이 빛은 현실의 싸움 장면에 갑작스럽게 끼어든 낯선 요소로 이후 이야기가 판타지로 넘어가는 실마리를 마련한다. 즉 현실의 갈등이 절정에 달한 바로 그 순간 노란빛이 등장해 새로운 세계로 진입할 수 있는 전환의 문을 열어주고 있다.

갈등 해소 단계 - 바다 환경에 대한 인식

우리는 물속으로 떨어지지 않으려고 나무껍질을 힘껏 잡았다. 창구가 내 바지를 잡으며 겁먹은 얼굴로 나를 봤다. 나는 창구를 보며 어이가 없어 웃음이 났다.

"이곳에 오니까 서로 소중하다는 걸 알겠니? 안 싸우고 웃는 걸 보니."

또랑또랑한 여자아이 목소리가 우렁우렁 울렸다.

- 본문 중에서

우리는 물 소곱으로 털어지지 안ᄒ젠 나무껍질을 줴어심엇다. 창구가 나 바지를 심으멍 ᄆ스완 ᄒ는 양지로 나를 베렷다. 나는 창구를 부레멍 어이가 엇언 웃음이 낫다.

"이디 오난 서로 궤삼봉ᄒ는 걸 아는 셍이여. 안 쌉고 웃엄신게."

또랑또랑ᄒ 여자아이 목청이 우렁우렁 울렷다.

- 본문 중에서

팽나무가 쓰레기를 집어 던지는 장면은 아이들에게 강한 충격과 깨달음을 안겨주는 순간이다. "앗, 팽나무가 쓰레기 분리수거 하는 거야?"라는 외침과 함께 이어지는 소동 속에서 봄이와 창구는 함께 나무껍질을 붙잡고 위기를 견디며 서로를 의지하지 않을 수 없는 상황에 놓인다. 두려움과 웃음이 교차하는 그 순간, 두 아이 사이에 막혀 있던 벽이 서서히 허물어지고 갈등이 해소되는 기운이 싹튼다.

겟메 말에 창구가 대답하며 장난을 쳤다.

"아, 그랬구나! 그러면 봄이가 옆에 있으면 겟메는 맨날 꽃이 피겠다. 하하하."

우리는 배꼽을 쥐고 웃었다. (중략)

"내가 그동안 너희 싸우는 거 보면서 엄청 힘들었다."

- 본문 중에서

겟메 말에 창구가 대답ᄒ명 장난을 첫다.

"아고게, 경헷구나게! 게민 봄이가 ᄌᄀᆾ디 시민 겟메는 매날 꼿피와 지컨게. 하하하."

우리는 배꼽을 쥐고 웃었다. (중략)

"내가 그동안 너희 싸우는 거 보면서 엄청 힘들었다."

- 본문 중에서

이 장면은 서로의 잘못을 가볍게 주고받으며 웃음 속에서 마음을 주고받는 단계다. 창구가 멋쩍어하면서도 웃음을 보이는 모습은 자신도 그것을 인정하고 털어내는 태도라 할 수 있다. 따라서 이 대목은 두 친구가 살짝 겉돌던 마음을 내려놓고 화해로 나아가는 갈등 해소의 순간이다.

화해와 협력 - 바다를 지키는 약속, 친구를 지키는 마음

"창구야, 너와 나는 용왕황제국 홍보대사야. 바다를 수호하는 용왕황제국과 겟메 공주님을 세상에 알려야 해. 사람들에게 용왕님과 겟메가 얼마나 바다를 소중하게 생각하는지 사람들도 알지. (중략)

"자꾸 딴지 걸어서 미안하다."(중략)

"아, 아니. 내가 미안해. 네 마음을 알아주지 못했어." 내가 미적미적하며 손을 내밀었다.

- 본문 중에서

"창구야, 느영 나영은 요왕황제국 홍보대사라. 바당을 거념ᄒ는 요왕황제국광 겟메 공주님을 시상더레 골아줘사 ᄒ메. 얼메나 바당을 궤삼봉ᄒ게 셍각ᄒ염신지 골아사 사름덜토 알주. (중략)

"자꾸 딴지 걸언 미안ᄒ다."(중략)

"아, 아니. 나가 미안ᄒ여. 느 ᄆ음을 알아주지 못ᄒ연."

나가 주제미제ᄒ명 손을 내밀엇다.

- 본문 중에서

이 장면은 플롯의 마지막 단계에 해당한다. 봄이와 창구는 더 이상 서로를 탓하지 않고, "자꾸 딴지 걸어서 미안하다.", "내가 네 마음을 알아주지 못했다."라는 사과의 말 속에 그동안의 섭섭함을 풀어내며 서로의 입장을 인정한다. 동시에 두 아이는 '용왕황제국 홍보대사'라는 정체성을 함께 받아들이며 바다를 지켜야 한다는 공동의 사명을 자각한다. 이는 개인적 갈등의 해소가 곧 생태적 연대의 출발임을 보여준다. 손을 내밀고 받아들이는 행위는 우정과 환경 윤리가 동시에 회복되는 순간으로 읽힌다.

지금까지 분석한 ① 갈등 전조 → ② 갈등 전개 → ③ 갈등의 절정 → ④ 갈등 해소 → ⑤ 화해와 협력 등으로 이어지는 다섯 단계 플롯은, 아이들의 갈등과 화해 과정을 따라가면서 동시에 바다가 겪는 상처와 회복의 길을 비춘다. 쓰레기와 죽은 산호, 태풍과 같은 구체적 장면은 환경 위기의 현실을 드러내고 그 속에서 아이들의 관계 변화는 곧 바다를 지키려는 의지로 확장된다. 이들의 연대는 독자들의 연대로 이어지며 이는 곧 지구촌 환경과 평화의 연대로 나아가는 가능성을 제시한다. 특히 제주어가 생생히 녹아든 대사는 아이들의 마음을 투박하면서도 진솔하게 드러내며 표준어로는 담기 어려운 정서의 결을 생생하게 살려낸다.

2) 독서활동을 통한 함께 배우는 제주어

어린이들은 이 책을 읽고 가족이나 친구와 함께 독서활동을 할 때 더 깊은 감상의 효과를 얻을 수 있다. 특히 제주어 대사는 어린이들에게 다소 낯설 수 있다. 하여 억양과 리듬, 말맛 속에 담긴 인물의 감정을 직접 소리 내어 읽어 보고 몸으로 체험하는 활동이 도움이 된다.

또한 갈등과 화해 장면을 표준어와 제주어로 나란히 접하면서 감정 표현이 언어에 따라 어떻게 변화하는지 비교·체험할 수 있다. 이를 통해 어린이 독자는 감상의 폭이 넓어지고 서로에 대한 공감 능력도 한층 자라날 것이다. 제시되는 활동들은 4학년 수준을 기준으로 구성했으나 학급 상황에 따라 조정해 활용할 수 있다. 중요한 것은 아이들이 제주어의 말맛을 통해 친구 관계의 감정을 새롭게 배우고 책 속 경험을 자신의 삶과 연결하도록 이끄는 데 있다.

생각 열기 활동

이 활동은 학생들이 스스로 경험을 떠올리며 갈등 상황을 열어가는 과정이다. 교사는 먼저 "친구와 다투거나 서운했던 경험이 있는지", "그때 어떤 기분이 들었는지", "다시 화해했을 때 마음은 어땠는지"를 자유롭게 이야기하게 한다. 이어 "평소와 달리 화가 나서 내뱉은 말 때문에 친구와 더 멀어진 적이 있었는지", "말투나 억양 때문에 기분이 달라진 적이 있었는지", "책에서 봄이와 창구의 감정 표현 중 생각나는 것이 있는지", "이 책에서 제주어로 표기된 감정표현 중 생각나는 것이 있는지" 등 언어와 감정이 얽힌 경험을 나누게 한다. 이를 통해 아이들은 자신들의 경험을 작품 속 갈등 장면과 연결할 수 있는 준비를 한다.

- **유의점**: 정답을 요구하지 않고 자유롭게 이야기하도록 분위기를 조성한다.
- **의도**: 개인의 갈등 경험을 환기하며 작품 속 인물들의 상황에 몰입할 수 있도록 정서적 기반을 마련한다.

내용 이해 활동

이 활동은 갈등 구조를 따라 작품의 전개를 이해하는 과정이다. 교사는 동화 속 플롯을 다섯 단계로 제시한다. ① 갈등 전조(환경의 상처와 관계의 상처) ② 갈등 전개(엄마의 불안, 아이들의 충돌) ③ 갈등 절정(몸싸움과 판타지의 시작) ④ 갈등 해소(팽나무 체험과 웃음) ⑤ 화해와 협력(서로의 사과와 홍보대사 약속). 학생들은 각 갈등 구조의 단계마다 봄이와 창구의 마음 변화를 살펴보고 동시에 바다 환경의 모습이 어떻게 겹쳐 나타나는지 이야기한다. 교사는 표준어와 제주어 대사를 번갈아 읽게 하며 감정의 뉘앙스가 어떻게 변화하는지도 비교하게 한다.

- **유의점**: 줄거리 확인에 그치지 말고 인물의 심리와 언어 표현에 주목하도록 이끈다. 이해가 부족한 학생은 교사와 함께 읽으며 보충한다.
- **의도**: 작품의 갈등 구조와 언어 표현을 따라가며 인물의 감정과 바다 환경의 메시지를 동시에 이해하도록 돕는다.

주제 이해 활동

이 활동은 제주어 대사의 효과와 상징적 장면을 중심으로 주제를 탐구하는 과정이다. 교사는 본문 속 표준어와 제주어 구절을 함께 읽으며 그 안에 담긴 감정과 상징을 토의한다. 예를 들어 "겐디 창구가 아무상웃이 씽씽거리멍 나ㅎ티 딴지를 걸엇다. / 그런데 창구가 이유도 없이 씽씽거리면서 나한테 딴지를 걸었다.", "창구 어멍을 귀경ㅎ던 사름덜이 ㅎ나둘 자리를 떠낫다. / 창구 엄마를 구경하던 사람들이 하나둘 자리를 떠났다." 같은 대조 구절을 통해 인물의 내면과 바다 환경의 주제가 어떻게 연결되는지 탐색한다.

토의 질문 예시

☆ 창구의 짜증 섞인 말투는 바다 환경의 어떤 모습과 관련이 있을까요?

☆ 창구 엄마는 왜 아팠을까요? 그 아픔은 바다와 어떤 관계가 있을까요?

☆ 창구 엄마를 바라보는 장면에서 '귀경ㅎ던 사름덜 / 구경하던 사람들'이라는 제주어 표현을 들었을 때, 어떤 느낌이 드나요?

☆ 표준어와 제주어로 같은 장면을 번갈아 읽었을 때, 갈등이나 인물의 마음을 이해하는 데 어떤 차이를 느낄 수 있었나요?

- **유의점**: 학생들의 경험과 연관 지어 다양한 해석을 존중한다. 정답을 제시하기보다 스스로 언어와 상황을 연결해 보게 한다.
- **의도**: 위에 제시된 예시 외에도 주제와 연결된 몇 가지 인용구를 제시하여 인물의 갈등과 바다 환경의 문제를 언어적·정서적으로 함께 탐구하게 함으로써 갈등의 뿌리와 화해의 의미를 더 깊이 공감하도록 돕는다.

주제 토의 활동: 지구환경 평화를 위한 현실 속 홍보대사 되기

이 활동은 작품 속 약속이 환상에 머물지 않고 청소년들의 실제 행동으로 이어지고 있음을 보여준다. 『용왕황제국 홍보대사』의 메시지를 현실과 비교하며 확장해 보는 과정이다. 주인공 봄이와 창구가 결심한 용왕황제국 홍보대사의 연대는, 현실에서 아동청소년의 지구촌 환경 가꾸기 평화 연대 활동과 맞물린다. 제주시 일도2동에 위치한 호꼼슬로 작은도서관에서는 '평화'를 주제로 한 청소년 주도 환경 나눔 캠페인이 매년 이어지고 있다. 2022년 11월 20일 진행된 캠페인에서 청소년들은 어린이가 입을 옷, 또래 청소년이 입을 옷, 어른들이 입을 옷을 직접 골라 선별했고 이 옷들은 이듬해 1월 필리핀으로 보내져 현지 플리마켓을 통해 어려운 이웃들에게 전달되었다. 이 활동은 지구촌 쓰레기 문제와 환경 문제를 인식하게 하고 자기 삶을 돌아보는 성찰의 계기가 되었다. 동시에 국경을 넘어 지구 환경과 평화를 위한 작은 실천으로 확장된 의미

있는 사례다.

이 사례는 『용왕황제국 홍보대사』 속 갈등과 화해 장면과도 깊이 닿아 있다. 작품에서 봄이와 창구가 다툼을 넘어 사과와 화해를 통해 '홍보대사'가 되기로 약속한 것처럼 현실의 청소년들 역시 헌 옷을 모아 봉사활동에 참여하며 환경을 지키는 작은 홍보대사 역할을 실천하고 있다.

토의 시간에는 다음과 같은 질문을 중심으로 대화를 나눈다.

☆ 작품 속 두 친구는 어떻게 먼저 사과하고 화해할 수 있었을까요?
☆ 두 아이는 왜 용왕황제국 홍보대사가 되기로 결심했을까요?
☆ 호꼼슬로 도서관 청소년들은 어떤 홍보대사 활동을 했나요?
☆ 이들의 헌 옷 나눔 활동은 작품 속 홍보대사의 약속과 어떤 점이 닮았을까요?
☆ 나 자신이 '환경 홍보대사'라면 무엇을 실천할 수 있을까요?

- **유의점**: 학생들이 자신의 경험과 자유롭게 연결할 수 있도록 분위기를 조성하고 옳고 그름을 따지기보다 실천이 가능한 작은 행동에 초점을 맞춘다.
- **의도**: 문학 속 약속과 현실 사례를 나란히 살펴보며 환경 보전을 위한 주체적 실천을 삶 속에서 모색하도록 돕는다.

창의적 독후활동: 확장하기

이 활동은 책을 읽고 가족이나 친구와 함께 앞선 활동들을 경험한 뒤 이를 마무리하는 창의적 확장 과정이다. 학생들은 제안된 여러 활동 가운데 자신이 가장 흥미를 느끼는 것을 하나 골라 즐겁게 활동한다.

☆ 작품 속 홍보대사가 된 주인공에게 편지를 써서 자신의 다짐 발표하기
☆ 호꼼슬로 작은도서관 청소년들이 헌 옷을 모아 필리핀 '쓰레기 마을'에 전달했던 사례처럼 쓰지 않는 물건을 모아 기부하기
☆ 가족과 함께 플로깅 하며 활동을 기록하기
☆ 필독서로 배운 제주어로 '그림 말맛 사전' 만들기
☆ 본문 속 "제단으로 노랑ᄒ 빗이 쏟아져 ᄂ렷다. / 제단으로 노란 빛이 쏟아져 내렸다." 장면 상상글 쓰기
☆ 봄이나 창구가 되어 서로에게 보내는 사과문 쓰기
☆ 기억에 남는 제주어 감정카드 만들기
☆ 지구촌 환경을 위한 홍보대사 되어 환경 일기 쓰기 등

- **유의점**: 여러 활동을 동시에 권하지 않고 학생 스스로 가장 끌리는 활동 하나를 선택하도록 한다. 활동 과정은 '잘하기'보다 '즐겁게' 참여하기를 중심에 둔다.
- **의도**: 문학 속 메시지를 생활 속 실천과 창작 활동으로 확장하여 독서 경험을 참여적 배움으로 이어가게 한다. 학생들은 이를 통해 지구 환경을 지키는 일이 곧 평화를 이루는 길임을 체감할 수 있다.

3. 제주어가 지켜낸 바다와 김도경의 작품세계

김도경 작가의 동화는 시적 문체가 살아 있다. 그래서 더욱 가까이에서 아이들의 마음을 어루만진다. 읽는 순간의 즐거움에 멈추지 않고 다시 읽을수록 내면에 차곡차곡 스며드는 울림이 있다. 환경 동화는 아이들의 감각과 언어 속에서 자연과 환경을 직접 체험하게 하는 문학의 길이다. 숫자와 보고서로는 전하기 어려운 위기의 실감을 울림이 있는 이야기로 들려준다. 특히 김도경 작가는 전설과 상징을 엮어 무거운 생태의 주제를 동화적 상상력으로 풀어낸다. 독자는 논리보다 따뜻한 이야기의 결을 따라가며 바다의 고통을 자기 삶과 맞닿은 현실로 느낀다. 이처럼 그의 동화는 환경을 말하는 또 하나의 다정한 길이 되어 서정적 울림을 남긴다.

김도경 작가는 시집 『서랍에서 치는 파도』, 『어른아이들의 집』에서부터 장편 동화 『할머니의 숨비소리를 찾아라』, 단편 동화집 『마음의 장식깃』, 생태동화집 『산굴뚝나비 쨍이의 모험』, 그리고 제6회 제주어문학상 수상작인 『용왕황제국 홍보대사』에 이르기까지 시와 동화를 아우르는 넓은 스펙트럼을 보여주었다. 그는 시인으로서의 언어 감각, 동화 작가로서의 상상력, 언론 칼럼니스트로서의 사회적 감각을 엮어내며 특히 생태와 공동체의 삶을 섬세한 문체로 형상화했다.

장편 동화 『할머니의 숨비소리를 찾아라』(2019 아코르 문학나눔 선정 도서)는 제주 해녀 문화를 배경으로 한 작품이다. 바다에서 들려오는 숨비소리는 세대를 이어 온 생명의 호흡과도 같다. 작품은 할머니의 숨비소리를 찾아 나서는 손자의 여정을 따라가며 잊혀가는 전통과 현대적 생태 감각을 연결한다. 해녀의 삶 속에 새겨진 공동체적 연대와 바다 생태에 대한 존중이 어린이 독자들에게 전해지며 바다를 지키는 일이 곧 전통적인 기억을 이어가는 일임을 깨닫게 한다.

이어 발표된 생태동화집 『산굴뚝나비 짱이의 모험』은 멸종위기종인 산굴뚝나비를 비롯한 곤충을 주인공으로 삼아 작은 생명의 시선에서 바라본 생태 위기를 다룬다. 이 작품은 곤충의 눈높이로 숲과 강, 풀꽃의 생태계를 탐험하면서 인간의 개발과 무관심이 생명의 다양성을 어떻게 위협하는지를 드러낸다. 멸종 위기에 처한 나비의 모험담은 현실적 경고로 다가오며 인간이 지닌 책임과 공존의 윤리를 일깨운다. 어린이 독자들은 나비를 비롯한 멸종 위기 곤충의 여정을 통해 "작고 연약한 생명일수록 우리가 함께 보듬고 더 큰 보호가 필요하다."는 사실을 배우게 된다.

이번 평론 대상인 『용왕황제국 홍보대사』는 제주 전설과 환경 플롯 그리고 제주어라는 언어적 토대를 정교하게 직조해 독창적 결실을 맺었다. 섬이 지켜낸 바다와 우정을 통해 전하는 메시지는 바다를 지키는 일이 곧 지구를 지키는 일이며 그것이 결국 평화를 이루는 길임을 일깨운다. 김도경 작가는 아동 독자들이 동심 속에서 자연스럽게 빠져들 수 있는 상상적 장치와 풍부한 설정을 마련하면서 환경이라는 주제를 은유와 상징으로 풀어낸다. 다음 작품에서도 언어와 환경 그리고 평화의 의미를 새롭게 성찰할 수 있는 또 하나의 '용왕황제국 홍보대사'를 만날 수 있기를 기대한다.

에고이즘과 윤리적 균열,
그리고 회복의 가능성

- 광령리 〈매고할망〉 전설, 아쿠타가와 류노스케의 「라쇼몬」, 「덤불 속」

어떤 이의 행동은 첫눈에 쉽게 이해되지 않는다. 그러나 그 속을 찬찬히 들여다보면, 자기 자신을 지키려는 마음이나 불안을 피하려는 감정이 조용히 웅크리고 있음을 발견하게 된다. 오늘날의 사회도 다르지 않다. 타인의 고통에 둔감해지거나 자신의 이익을 위해 타인을 외면하는 모습은 낯설지 않다. 확인되지 않은 사실로 누군가를 성급히 판단하는 일도 잦다.

그럼에도 불구하고 우리는 여전히 누군가를 위해 손을 내미는 장면도 볼 수 있다. 작은 친절, 사소한 공감이 사람과 사람 사이를 따뜻하게 채우고 공동체의 균형을 지켜내는 밑거름이 된다. 인간은 언제나 선과 악, 이기심과 이타심 사이에서 흔들리는 존재이며 바로 그 모순과 균형 속에 삶의 진실이 담겨 있다.

이처럼 인간의 양가적 내면은 단순한 이분법으로는 설명할 수 없는 복잡한 층위를 지닌다. 제주 광령리에 전해 내려오는 〈매고할망〉 전설은 이러한 인간의 양면성을 극명하게 드러낸다. 남편의 욕망과 아내의 복수심이 서로 맞물리며 한 가정과 공동체를 파멸로 몰아가는 과정은 욕망의 과잉이 불러오는 파국을 집약적으로 보여준다. 동시에 그 이야기는 열녀담의 윤리와 인간 내면의 어두운 그림자가 교차하는 지점에서 인간 본성을 성찰하게 만든다.

아쿠타가와 류노스케 또한 이중성과 긴장의 구조 속에서 인간의 심리를 예리하게 포착해낸 작가다. 「라쇼몬」은 극한 상황 속에서 윤리와 생존 사이에서 갈등하는 인물을 통해 자기 정당화의 심리를 보여주며 「덤불 속」은 진실을 둘러싼 자기방어적 에고이즘을 다양한 시점에서 드러낸다. 본 글에서는 〈매고할망〉 전설과 아쿠타가와의 두 단편소설을 비교 독서하며 인간 내면의 욕망과 자기 정당화가 어떻게 윤리적 균열을 낳고 그로 인해 인간성 회복의 가능성의 성찰을 제기하는지 조명해 보고자 한다.

1. 「라쇼몬」에 나타난 인간 행동의 동기

아쿠타가와 류노스케(1892~1927)는 일본 근대문학을 대표하는 단편소설 작가로 인간 내면의 균열과 도덕의 경계, 본성의 이중성을 예리하게 탐구한 작품들을 남겼다. 그는 1915년 「라쇼몬」을 시작으로, 인간 존재에 내재한 불안과 윤리적 흔들림을 반복해서 그려냈다. 「코」에서는 타인의 시선에 휘둘리는 허영심을, 「지옥변」에서는 예술을 위해 도덕을 희생하는 욕망을, 「덤불 속」은 진실의 불확실성과 자기 합리화를 묘사한다.

　심리학적으로 동기는 생존, 욕망, 인정 욕구, 자아실현 등 다양한 필요에서 비롯되는 내적 에너지다. 어떤 경우에는 도덕이, 때론 욕망이, 혹은 본능이 행동을 유도한다. 중요한 것은 이러한 동기들이 언제나 '선'을 지향하지는 않는다는 점이다. 인간은 상황에 따라 자기 보존을 위한 선택을 하며 그 과정에서 이기심 또는 에고이즘이 행동의 중심에 자리 잡기도 한다.

　「라쇼몬」은 이러한 인간의 이기적 본성이 위기 상황에서 어떻게 드러나고 그것이 어떻게 정당화되고 판단으로 이어지는지를 정교하게 보여주는 작품이다. 특히 폐허가 된 라쇼몬이라는 공간은 도덕과 질서가 해체된 세계의 상징으로 기능한다. 그 속에서 도덕적 기준을 상실한 한 인물의 내면은 점차 변화하고 그 변화는 특정한 심리적 구조를 따른다.

　줄거리는 간결하지만 인물의 내면 변화는 복합적이다. 라쇼몬 아래서 비를 피하던 하인은 노파의 행위를 목격하면서 점차 감정과 인식의 전환을 경험한다. 처음엔 두려움에 빠지고 이내 분노하며 노파의 논리를 받아들이고 끝내 자신의 행동을 정당화한 후 옷을 빼앗고 어둠 속으로 사라진다. 이러한 흐름은 공포 → 분노 → 정당화 → 판단이라는 심리 구조로 전개된다.

　주인공 하인은 처음부터 악을 품고 있지 않았다. 라쇼몬에 도착했을 때 그는 무기력하고 삶의 방향을 잃은 채 떠도는 존재일 뿐이었다. 도덕을 신념으로 삼지도 않았고 그렇다고 악을 적극적으로 선택한 것도 아니었다. 다만 오늘 하루를 견디기 위한 지푸라기 하나라도 붙들고자 했을 뿐이다. 그러나 문 위에서 시체를 뒤지던 노파의 모습을 목격한 순간, 그의 내면에 잠들어 있던 감각이 서서히 깨어난다. 죽음과 삶이 뒤섞인 그 기묘한 장면은 아래 네 단계의 심리 구조를 통해 인간 행동 동기의 형성과정을 추론할 수 있다.

공포 단계

하인이 라쇼몬 위로 올라가 노파가 시체를 뒤지는 광경을 처음 목격했을 때 그의 내면은 공포로 물든다. 그것은 죽음에 대한 본능적 반응이라기보다는 문명의 경계 밖에서 벌어지는 음산한 행위를 통해 기존의 윤리 질서가 완전히 해체되는 순간을 목격한 충격이다. 하인은 그 어둠 속에서 인간이라는 존재 자체에 대한 근원적인 불안을 경험하며 주체로서의 자리를 잠시 상실한 채 두려움에 머문다.

분노 단계

곧 그 공포는 분노로 전환된다. 시체에서 머리카락을 뽑는 노파의 행위는 하인의 도덕 감정에 강한 저항감을 불러일으킨다. 그는 노파를 '추악하고 비열한 존재'로 판단하며 그녀를 향한 도덕적 분노를 통해 자기 자신을 '선한 자'로 위치시킨다. 이 순간 하인은 자신의 윤리 감각을 재확인하고 외부의 악에 대한 정당한 분노를 통해 도덕적 우위를 확보한다. 그러나 이 감정은 곧 흔들리게 된다.

정당화 단계

노파가 한마디 "그 여자는 살아 있을 때 뱀을 말려 생선이라 속여 팔았어. 그러니까 나는 그 여자의 머리카락을 뽑아 가발을 만들려고 해도 괜찮아."를 내뱉는 순간, 하인의 내면은 급격히 반응한다. 노파는 타인의 죄를 근거로 자신의 행위를 정당화하고 있었다. 이 논리는 하인에게 도덕의 절대성이 아닌 상대성을 일깨운다. 도덕은 보편적 규범이 아니라 상황에 따라 해석되고 이용될 수 있는 유동적인 전략으로 전락한다. 하인은 이 틈에서 스스로의 처지를 정당화할 수 있는 여지를 발견하고 내면 깊숙이 억눌려 있던 생존 본능과 욕망을 그 논리와 결합시킨다. 이는 외부 논리를 자기 행동의 근거로 재구성하는 정당화의 국면이다. 이때 "정당화가 가능한 행위는 실행될 수 있다."는 인식 전환이 작동하며 윤리적 판단과 실천의 경계가 무너지는 지점을 보여준다.

판단 단계

마지막 단계에서 하인은 노파의 논리를 자신의 상황에 적용한다. 노파가 시체를 훼손하며 생존을 도모했듯이 자신도 살아남기 위해 노파의 옷을 빼앗을 수 있다고 판단한다. 그는 윤리의 경계를 인지한 채 그것을 넘어서고 그 넘음에 대한 자기 합리화를 완결 짓는다. 그가 택한 것은 생존이 아니라 타인의 논리를 자기 동기로 전환하는 의식적인 선택이다.

이처럼 「라쇼몬」은 한 인간이 극한 상황에서 외부 자극을 통해 내면의 동기를 구성하고 그 동기를 정당화와 판단의 과정을 거쳐 행동으로 옮기는 전 과정을 정밀하게 보여준다. 아쿠타가와는 어떻게 한 개인이 타인의 악을 거울삼아 스스로의 도덕을 해체하고 그로부터 새로운 윤리적 판단 구조를 만들어내는지를 예리하게 포착하고 있다.

2. 진실을 둘러싼 자기방어 - 「덤불 속」의 에고이즘

사람들은 위협 앞에서뿐만 아니라 자신의 명예와 도덕적 이미지를 지키기 위해서도 진실을 편의적으로 재구성하거나 책임을 회피하는 경향이 있다. 아쿠타가와 류노스케의 「덤불 속」은 극단적인 생존 상황이 아닌 도덕적 평가의 무대에서 작동하는 에고이즘의 양상을 정밀하게 보여주는 작품이다. 이 소설은 한 사건을 두고 각기 다른 인물들이 내놓는 증언을 통해, 어떻게 자신의 도덕성을 방어하고 해석의 유리한 틀로 진실을 포장하는지를 드러낸다. 이는 스스로를 보호하려는 심리적 메커니즘이며 개인 내면에 깊이 뿌리내린 자기중심성의 발현이다.

에고이즘은 도덕설의 하나로, 자기 이익을 중심에 두고 타인이나 사회의 이익은 고려하지 않는 입장을 말한다. 이는 종종 개인주의와 결합되며, 단순한 이기심을 넘어 철학적 함의를 지닌 개념이다

- 출처: 네이버 지식백과

문학적 관점에서 바라볼 때, 에고이즘은 개인의 행동 동기를 설명하는 핵심 이론 중 하나로 기능한다. 특히 아쿠타가와의 작품에서는 이 개념이 도덕적 딜레마에 처한 인물이 내리는 결정-진실을 말할지, 책임을 질지, 혹은 자신을 방어할지-에 영향을 미치는 내면의 핵심 동력으로 나타난다. 이때의 에고이즘은 인간 존재의 불완전성과 도덕적 불확실성을 드러내는 중요한 문학적 장치로 작용한다. 다시 말해 에고이즘은 자기 정당화와 자기 보호 본능의 심리적 기제로 기능하며 인물의 판단 구조를 구성하는 데 핵심적인 역할을 한다.

「덤불 속」은 「라쇼몬」이 보여주는 생존 본능과 도덕적 균열과는 다른 방식으로, 도덕적 책임과 진실의 문제를 정면으로 다룬다. 이 작품은 한 살인 사건을 둘러싼 여섯 인물의 증언을 통해 진실이란 무엇인지, 그리고 진실을 말한다는 행위가 얼마나 자기중심적일 수 있는지를 드러낸다.

이때 '자기방어'란 자신의 이미지와 도덕성을 보호하기 위해 진실을 자의적으로 구성하거나 책임을 회피하는 심리적 기제를 말한다. 「덤불 속」의 인물들은 각기 다른 방식으로 이 자기방어 메커니즘을 작동시키며 자신에게 가장 유리한 방향으로 사건을 해석하고 진술을 구성한다.

각 인물의 진술은 다음과 같다.

① **나무꾼** - 시체를 처음 발견했지만 중요한 정보를 은폐한다. "나는 그저 발견했을 뿐"이라며 책임을 회피한다.

② **불교 승려** - 피해자 부부를 목격했지만 "나는 자비로운 관찰자일 뿐"이라며 도덕적 중립성을 강조하고 거리를 둔다.

③ **경찰관** - "나는 사실만을 전달한다."고 말하지만 자신의 공적을 드러내려는 욕망이 깔려 있다.

④ **아내** - 처음에는 겁탈 피해자, 나중에는 남편의 죽음을 초래한 인물로 자신을 묘사한다. 진술은 일관되지 않지만 도덕적 책임은 일관되게 회피한다.

⑤ **다자이마루** - 정당한 결투였고 아내와는 합의하에 관계를 맺었다고 주장하며 자신의 폭력을 낭만화한다.

⑥ **다케히로(혼령)** - 자신이 자살했다고 진술하며 피해자임에도 불구하고 자율적 주체로 남고자 하는 선택을 택한다.

이 작품은 하나의 살인 사건을 둘러싼 여섯 인물의 증언을 통해, 각자가 자신에게 유리한 시점에서 진실을 재구성하고 책임을 분산시키는 자기방어 메커니즘이 어떻게 작동하는지를 보여준다. 「덤불 속」은 20세기 초에 발표된 작품임에도 불구하고 다중 시점의 개방적 구성과 자기중심적 본성에 대한 보편적 통찰을 예리하게 담아낸다. 이러한 통찰은 지금도 강한 시사점을 안기며 아쿠타가와 류노스케의 서사 기법과 문학적 통찰력이 시대를 초월한 가치를 지닌다는 점을 다시금 확인하게 한다.

3. 〈매고할망〉 - 욕망 과잉과 복수의 비극

아쿠타가와 류노스케의 소설들이 인간의 자기 정당화와 진실 왜곡을 통해 에고이즘을 드러낸다면, 제주 광령리에 전해 내려오는 〈매고할망〉 전설은 또 다른 방식으로 인간 내면의 욕망이 불러오는 파국을 보여준다. 「라쇼몬」과 「덤불 속」이 근대적 사실주의 문학의 틀 안에서 인간 심리를 해부한다면, 〈매고할망〉은 전설이라는 서사 형식을 통해 욕망의 과잉과 복수의 집착을 집약적으로 드러낸다. 그 구조는 다음 세 단계로 분석할 수 있다.

애욕의 폭력

사냥꾼은 친구의 아내를 차지하기 위해 벗을 살해한다. 이는 단순한 범죄 행위가 아니라 타인의 삶을 지워서라도 욕망을 실현하려는 애욕과 소유욕의 극단적 표출이다. 이후 그는 매고와 재혼해 자녀를 낳지만 그것은 죄책감을 망각한 채 욕망을 연장한 삶일 뿐이다.

복수심의 전이

남편의 고백을 들은 매고할망은 단순히 원수를 갚는 데서 그치지 않는다. 그녀는 자식들마저 죽음으로 몰아넣으며 복수심을 극단으로 밀어붙인다. 여기서 복수는 정의 실현의 이름을 쓰지만 그 본질은 과잉된 욕망의 또 다른 얼굴이다. 명분과 집착이 구분되지 않는 순간, 복수는 윤리를 넘어 파멸의 에너지로 변한다.

공동체의 파국

사냥꾼의 애욕과 매고할망의 복수욕은 결국 가정과 혈통, 나아가 공동체의 질서를 무너뜨린다. 전설은 단순히 개인의 파멸담이 아니라 욕망이 절제되지 못할 때 사회 전체가 균열을 맞게 된다는 교훈을 전한다. 특히 열녀담의 외피를 두른 이 이야기는 공동체가 여성의 희생과 절제를 윤리로 요구해온 역사적 맥락을 반영하면서 동시에 욕망의 중첩된 비극을 경고한다.

따라서 〈매고할망〉은 열녀의 미덕을 찬양하는 교훈담으로만 읽히지 않는다. 오히려 애욕과 복수욕이 교차하며 만들어낸 중첩된 비극을 통해, 인간 욕망의 이중성과 자기 소멸의 운명을 상징적으로 드러낸다. 이는 「라쇼몬」과 「덤불 속」이 보여준 자기 정당화의 구조와 나란히 놓인다. 인간이 욕망과 에고이즘을 다스리지 못할 때 어떻게 스스로와 공동체를 무너뜨리는지를 보며 그 안에서 인간 본연의 모습을 성찰하게 한다.

4. 현대 사회의 윤리적 균열과 이타성

아쿠타가와의 「라쇼몬」과 「덤불 속」이 극한 상황 속 인간의 자기 정당화와 자기방어를 보여주었다면, 현대 사회에서도 유사한 장면들이 반복된다. 그러나 동시에 인간은 이기심만이 아니라 타인을 향한 이타적 가능성 또한 품고 있다는 사실이 드러난다. 이를 세 가지 국면으로 나눠 살펴볼 수 있다.

생존 앞에서의 자기 정당화

현대 사회에서도 극단적 상황은 도덕의 경계를 무너뜨린다. 2010년 아이티 대지진 직후 피해자들이 구호품을 약탈하며 "가족을 먹여 살리기 위해 어쩔 수 없다."고 말한 장면은 「라쇼몬」의 하인이 노파의 논리를 자기 생존에 적용했던 순간과 겹쳐진다. 그러나 일부는 생존 필수품을 넘어서 전자제품까지 가져가면서 '최소한의 생존'과 '욕망의 과잉' 사이의 경계가 무너지는 모습을 드러냈다(가디언, 2010.1.16. 보도). 이는 인간이 절박함 앞에서 얼마나 쉽게 자기 정당화의 논리에 기울 수 있는지를 잘 보여준다.

도덕적 책임 회피와 진실 왜곡

정치·사회적 사건 속에서 개인과 집단은 자신에게 유리한 방식으로 진실을 구성한다. 「덤불 속」의 여섯 증언처럼 오늘날 SNS와 언론의 공간에서도 각자의 진영 논리에 맞는 '진실'이 만들어진다. 최근 한국 정치 재판이나 사회적 논란에서 당사자들이 책임을 최소화하고 자신을 방어하기 위해 불리한 사실을 축소하거나 은폐하는 장면은 인간 내면의 자기중심성이 시대를 넘어 반복되고 있음을 보여준다(경향신문, 2023.11.10. 보도).

이타성의 발현과 공동체의 회복

그러나 인간은 언제나 에고이즘만으로 살아가는 존재가 아니다. 세월호 참사 당시 제주의 김동수 씨는 침몰하는 배 속에서 단원고 학생 20여 명을 구조하며 자신의 안전보다 타인의 생명을 먼저 생각했다(한겨레, 2015.3.20. 보도). 집중호우 피해 지역에서 자발적으로 구조 활동에 참여하거나, 경제적 어려움 속에서도 기부를 이어가는 익명의 시민들 또한 이타성의 실천을 보여준다.

또한 코로나19 초기 한국에서는 자원봉사자들이 직접 마스크를 재봉해 취약 계층에게 기부하는 활동이 전국적으로 이어졌다(연합뉴스, 2020.3.5. 보도). 이 같은 움직임은 개인의 불안을 넘어 공동체적 연대와 신뢰 회복을 가능케 한 사례였다.

이러한 행위들은 「라쇼몬」과 「덤불 속」, 그리고 〈매고할망〉에서 보이는 자기 정당화와 욕망의 어두운 그림자와 달리, 인간 내면에 깃든 또 다른 가능성을 증언한다. 이타적 실천은 공동체의 신뢰를 회복시키고 타인의 고통을 공감하는 사회적 연대를 형성하며 사회의 균열을 메우는 힘이 된다. 욕망과 자기 정당화의 어둠 속에서도 이타성은 꺼지지 않는 등불처럼 공동체를 지탱하는 윤리적 기초로 작동한다.

5. 욕망의 그림자와 회복 가능성

「라쇼몬」과 「덤불 속」은 인간 내면의 에고이즘이 어떻게 작동하는지를 예리하게 드러낸다. 생존의 절박함 앞에서 혹은 진실을 말해야 하는 순간에, 사람들은 쉽게 자기 정당화와 자기방어의 언어로 기울어 버린다. 그러나 그것은 단순한 도덕적 타락이 아니라 인간이 본능과 사회적 역할 사이에서 균형을 찾으려는 복잡한 움직임이기도 하다. 아쿠타가와는 그 모순을 단죄하지 않고 그 안에서 또 다른 가능성이 열릴 수 있음을 암시한다. 도덕은 무너지는 듯 보여도 어딘가에서 여전히 흔들리며 그 흔들림의 틈에서 인간은 윤리적 주체로 돌아올 여지를 열어두고 독자 스스로 올바른 판단과 행동의 방향을 선택할 수 있도록 한다.

제주 광령리에 전해 내려오는 〈매고할망〉 전설 역시 욕망이 절제되지 못할 때 어떤 파국이 닥치는지를 보여준다. 남편의 애욕과 아내의 복수심은 서로를 집어삼키며 가정과 공동체를 무너뜨렸다. 그러나 이 전설이 단순한 열녀담에 머물지 않고 오늘까지 회자되는 것은 그 비극 속에서도 욕망을 절제하고 스스로를 성찰해야 한다는 공동체적 교훈을 담고 있기 때문이다.

아쿠타가와의 소설과 〈매고할망〉 전설은 서로 다른 시대와 공간에서 태어났지만 인간이 욕망과 이기심에 흔들릴 때 드러나는 보편적 진실을 함께 말해준다. 욕망의 그림자가 길게 드리워질지라도 그 어둠 속에는 언제나 회복의 가능성 또한 숨어 있다. 문학은 그 가능성을 비추는 거울이자 등불이다.

오늘을 사는 우리에게 이 이야기는 묻는다. 욕망의 과잉 속에서 우리는 어떤 선택을 할 것인가. 타인의 고통을 외면하며 자기 정당화로 기울 것인가, 아니면 욕망의 허망함을 직시하며 내면의 빛을 지켜낼 것인가. 그 질문에 응답하는 순간, 우리는 〈매고할망〉의 비극을 넘어서 아쿠타가와가 남긴 윤리적 가능성의 자장에서 다시 길을 찾게 될 것이다.

지역문학의
회복 가능성

- 양전형의 제주어 장편소설 『목심』의 존재론적 서사

『목심』은 한국문학사에서 전면 제주어로 쓰인 첫 장편소설이다. 1960년대 이후 제주 사람들의 삶을 입체적으로 펼쳐낸 이 작품은, 지역문학이 지닌 생명력과 서사의 깊이를 떠올리게 한다. 심장의 고동처럼 희로애락의 리듬이 반복되는 플롯 구성으로 제주 공동체의 말과 기억은 되살아나고 기술문명 시대를 살아가는 존재의 경계는 섬세하게 포착된다. 아울러 과학기술의 발전이 주는 디스토피아적 미래세대의 일면을 경고한다.

전면 제주어로 쓰인 이 소설은 제주어를 모르는 독자를 위해 표준어판을 함께 펴냈고 최근에는 개정된 제주어판으로 새롭게 돌아왔다. 제주어라는 고유한 언어 형식을 통해 지역성과 보편성, 언어와 존재, 윤리와 서사의 관계를 되짚는 이 작품은 지금 여기에서 '지역문학의 회복' 가능성을 가장 설득력 있게 이야기하는 소설로 다가온다.

한 편의 소설이 하나의 언어를 살려낼 수도 있다. 『목심』이라는 제목은 '목숨'의 제주어로, 존재의 본질을 가만히 응시하게 하는 언어로 작용한다. 이 단어를 중심으로 펼쳐지는 서사 속에는 제주인의 삶의 방식과 말투, 그리고 공동체가 공유해온 기억과 정서가 촘촘히 스며 있다. 그 흐름 속에서  제주어는 지역문학의 한복판에서 언어의 숨결이 되어 살아 움직인다. 결국『목심』은 소멸 위기에 놓인 제주어를 다시금 우리의 심장으로 되돌리는 가능성을 비춰주는 작품이다.

최근 넷플릭스 드라마 〈폭싹 속았수다〉는 1950년대 이후의 제주를 배경으로 주인공 애순이의 삶과 사랑, 세대 간의 흐름을 따라가며 국내외 시청자들의 깊은 공감을 얻었다. 시적인 내레이션과 따뜻한 대사, 그리고 인물의 삶을 정서 깊게 포착한 장면들은 제주어라는 언어의 힘과 시대를 관통하는 서사의 보편성을 잘 드러냈다.

『목심』 역시 유사한 공간과 시대를 공유하며 〈폭싹 속았수다〉와 깊은 정서적 공명을 이룬다. 그러나 시선은 여성에서 남성으로 이동하고 서사의 결은 보다 내면적인 윤리적 성찰로 확장된다. 특히 "살아산다, 살아산다."는 말은 주인공 일구가 죽음의 문턱에서 본능처럼 떠올리는 독백이자 밑바닥에서 몸부림치는 생의 언어이다. 이는 〈폭싹 속았수다〉의 "살암시민 살아진다."와도 흥미로운 대조를 이룬다.

후자가 공동체의 어른들이 건네는 긍정적 다독임의 언어라면 전자는 절박한 생의 경계에서 스스로를 향해 던지는 처절한 명령에 가깝다. 두 문장 모두 제주어가 지닌 언어적 진폭과 정서적 밀도를 보여주는 인상적인 예이며 제주어의 존재론적 힘을 새삼 느끼게 한다. 이처럼『목심』과 〈폭삭 속았수다〉는 제주를 살아간 사람들의 언어와 삶을 품고 있다. 공간과 시대 배경, 서사의 결이 겹치는 두 작품은 서로 다른 플롯과 관점으로 제주의 정서를 서사의 중심에 세운다.

『목심』역시 19편의 연작 드라마로 각색되어도 전혀 손색이 없을 만큼 각 장면이 뚜렷한 결절점과 정서적 밀도와 사회성을 지닌 소설이다. 무엇보다 살아 있는 말로 엮인 삶의 연속성은 소설의 완성도뿐 아니라 독자와의 감정적 공명까지도 견인할 수 있는 힘을 지닌다.

1.『목심』의 존재론적 서사구조와 감정의 회복

소설의 구조는 단순히 사건을 배열하는 것이 아니라 존재를 어떻게 드러내는가와 맞닿아 있다. 문학이 다루는 서사는 삶의 기초 조건과 존재의 경계를 비추는 내적 리듬이다. 위기와 결단, 상실과 회복을 따라 전개되는 이야기는 결국 인간이 자기 존재를 이해하는 과정이 된다. 『목심』의 서사는 위기 → 생존의 언어 → 기억과 관계 → 정서의 회복 → 상실과 윤리적 감응으로 이어진다. 그리하여 작품은 존재와 언어 공동체적 윤리를 유기적으로 직조한다. 삶의 밑바닥에서 터져 나오는 심장의 언어와 떠난 존재들의 목소리는 감정의 결을 다시 일으키며 윤리적 깊이를 더한다. 제주어의 말맛과 정서의 촉감은 인물들의 삶을 한 땀씩 꿰매듯 이어준다.

존재의 벼랑에서 시작된 말 - 절체절명의 개막

『목심』은 들개 떼에 쫓기는 주인공의 절박한 장면으로 막을 연다. 이 절체절명絶體絶命의 순간은 이후 전개되는 지난한 삶의 궤적(2~18편)을 열어가는 내적 프레임의 장치로 작용하며 생존의 의지와 더불어 기억, 관계, 속죄, 사랑, 상실, 공동체적 연루의 문제들이 복합적으로 교차하는 전지적 작가 시점의 서사 기틀을 형성한다.

작품을 읽는 동안 문득 독자는 침묵 속에 숨어 있던 자아의 목소리를 마주하게 된다. 양전형 작가는 주인공 일구를 통해 심장과 대화하며 말의 진동과 감정의 떨림으로 존재를 위로하는 문학적 장면을 길어 올린다.

작품의 첫 장면, 십년뱅으로 인해 목숨이 5년밖에 남지 않은 어느 날 주인공 일구가 준기 삼촌의 무덤 앞에서 터뜨리는 고백은 작품 전체를 관통하는 생의 정조를 응축하여 드러낸다.

"준기삼춘! 나 어떵ᄒ민 좋으코양?"이라는 외침은 생존의 의지와 무력감이 교차하는 절박한 자기 고백이자 존재의 끝자락에서 터져 나오는 심장의 언어다. 일구가 준기 삼촌의 무덤 앞에 앉아 술을 '괄락괄락' 들이키며 속마음을 쏟아내는 장면은 자기 존재의 바닥을 향해 던지는 절박한 독백이다. 그러나 그 술잔이 비워지기도 전에 서사는 곧바로 절체절명의 위기로 전환된다. 일구는 그 자리에서 눈 덮인 공동묘지를 가로지르며 들개 떼와 까마귀 무리에 쫓기는 극한의 장면으로 내던져진다.

"살아산다!" - 심장으로부터 터져 나온 생의 언어

"살아산다! 살아산다!"라는 외침 속에서 그는 눈에 빠지고 개에게 물리며 본능적으로 뒤치기를 날린다. 이 일련의 움직임은 실존의 심연을 두드리는 처절한 사투로 읽힌다. 작가는 감정의 최고점을 터뜨리는 고백의 장면과 물리적 위협이 겹쳐지는 순간을 병치함으로써 정서적 절정과 생명의 경계가 교차하는 결정적 전환 지점을 연출한다.

"살아사 ᄒ다."
물린 종애의 아픔 따운 아무것도 아니고 그자 "살아사 ᄒ다!"는 생각 벡인 안 난다.
둘렷다. 무장 둘렷다.
겐디 또시 짚은 눈에 발이 빠젼 앞더레 폭 박아진다. 등떼이가 또시 실렵다. 뒤터레 풀굽으로 씨게 박안 보난 가망ᄒ 개가 헹끌랭이 갈라진다. 또시 일어난 둘렷다.

개덜이 눈 우이를 툴락툴락 튀멍 다둘린다.

하늘 우틴 가냐귀덜이 "까악 깍" 울르멍 놀아온다.

죽금살금 돈단, 비크레기진 디서 발이 닝끼려지멍 몸이 둥굴어 간다. 아무거나 심어보젠 하우작거려봐도 허공만 줴여진다. ᄒ참을 닝끼리멍 둥굴어가단 보난 짚은 골째기 바닥에 ᄆ 오란 지냥으로 멈촤 젓다.

- 본문 중에서

이 장면은 독자에게도 익숙한 문학적 원형들을 환기한다. 루이스 세풀베다의 『연애 소설 읽는 노인』에서 정글 속 노인이 암살쾡이와 마주하던 순간처럼, 헤밍웨이의 『노인과 바다』에서 산티아고가 상어 떼에 맞서 싸우는 고독의 장면처럼, 『스피릿 베어』의 콜이 백곰과 대면한 위기의 순간처럼, 『목심』의 서두 또한 인간 존재의 가장 고독한 결단과 감각의 벼랑에 선 장면을 포착해낸다. 이처럼 서사의 초입부에 배치된 위기 장면은 주인공의 내면적 균열과 윤리적 갱신을 예비하는 정서적 복선으로 기능하며 이후 펼쳐질 삶의 회귀 서사를 위한 서사적 지반을 형성한다.

무엇보다 이 장면의 청각적 구성은 인상적이다. "개덜광 가마귀덜이 제만썩 울르는 소리"는 죽음의 기척이 위협으로 다가오는 음향으로 작용하고 그 위를 가르며 울려 퍼지는 "살아산다! 살아산다!"는 절박한 생의 명령이다. 그것은 언어 이전의 심장 박동처럼 말보다 앞서는 가슴의 울림이며 이 작품이 말하고자 하는 존재의 윤리가 절실하게 발화되는 지점이다.

정서의 멘토, 준기 삼촌의 목소리

"일구야, 심장광 ᄆ음은 ᄒ나여…."로 시작되는 준기 삼촌의 환청은 일구에게 삶을 지탱해주는 정서적 기억의 중심축으로 작용한다. 이미 세상을 떠났지만 그의 목소리는 여전히 일구의 내면에 살아 있어 삶의 결정을 이끌고 감정을 다독이는 '정서적 멘토'로 남는다. 작품 속에서 '심장'은 인간의 진심과 감정, 윤리적 결단이 응축된 상징어이며 제주어는 그 떨림을 가장 생생하게 전달하는 감각적 언어로 작용한다.

> 일을 ᄒ명도 준기삼춘 말덜이 튼낫다.
> "일구야, 심장광 ᄆ음은 ᄒ나여. 심장이 멈추곡 웃어젓덴 우리가 죽어부는 게 아니라, 우리덜 ᄆ음이 살앙 이시민 심장도 어는제ᄁ지고 살안 이신 거여. 게난 느 ᄆ음을 목심이 실 때 시상에 하영 싱경 놔두라. 하하하."
>
> — 본문 중에서

준기 삼촌이 전하는 "심장이 멈췄다고 우리가 죽는 게 아니여. 마음이 살아 있으면 심장도 끝까지 살아 있는 거여."라는 말은 생명과 존재를 구분하는 철학적 사유이자 몸과 마음이 함께 살아 있어야 한다는 깊은 통찰을 담고 있다. 일구는 이 말을 되새기며 "삼춘도 죽지 안흔 거우다."라고 고백한다. 타자의 목소리를 통해 살아 있는 감정의 연속성을 확인하고 관계의 지속성을 말로 되살리는 이 장면은, 죽음을 단절이 아닌 기억을 통한 연속으로 수용하는 윤리적 태도를 드러낸다. 결국 준기 삼촌은 회상의 대상이 아니라 말의 울림을 통해 살아 있는 존재로 현재에 감응하는 인물이다.

향기의 기억 - 시, 꽃, 그리고 존재의 회복

비몽사몽간에 들려오는 준기 삼촌의 말은 이미 떠난 아내와의 시적 대화를 회상하는 장면으로 이어진다. 돔박꽃과 히야신스는 감정의 언어이자 회복의 언어이며 제주어 고유의 어조와 말맛이 정서를 더욱 실감 나게 되살린다.

> 이몽지몽간에 준기삼춘이 봐진다.
> 소곱이사 못즌디든 아명ᄒ엿든갑세 옷이멍 ᄀ던 모십.
> "일구야 ᄀ건 들어볼탸? 갈련 간 각시가 수물 싯 분쉬웃일 때 나신디 와신디, 나가 돔박꽃을 질 좋아ᄒ덴 ᄒ난 이녁도 돔박꽃을 경 좋아ᄒ노렌 ᄆ질ᄆ질ᄒ 말로 나신디 돌아지멍 시집을 완게마는 집을 기여날 ᄀ리엔 꺼끌꺼끌ᄒ게 ᄀ는 말이…."
> "돔박꼿은 향기가 베량 웃어양. 준기오빠가 시를 쓰는 게 잘도 멋져 뷀 땐 돔박꼿이 고와뷉데다마는 '시'는 쏠통개도 못 체와주고 뭐 셴사 ᄀ람신디 허지랑만 ᄒ연 이젠 익고정도 안헤마씀." (중략)

준기삼춘이 웃임소리영 ᄒ디 ᄉ라진다.

- 본문 중에서

　삼촌이 시詩를 쓸 때 곁에 머물렀던 아내는 돔박꽃의 향기를 빌려 마음을 건넸지만 "시詩는 꺼끌꺼끌하다."며 끝내 그의 언어를 받아들이지 못하고 떠나간다. 감정을 온전히 전하지 못한 시詩의 한계는 삼촌의 내면에 오래도록 응어리로 남았고 그는 한동안 글을 놓은 채 살아간다. 그러나 이 장면은 정서를 회복하자는 내면의 의지로 전환된다.

　삼촌은 이제 히야신스를 좋아한다고 말하며 마당 한구석에 그 꽃을 잘 가꾸라고 당부를 남긴 채 사라진다. 이는 '향기'라는 감각을 통해 시적 감정을 다시 되살리려는 말 너머의 위안이자 삶을 이어가는 회복의 언어다. 무엇보다 이 장면에 배어 있는 'ᄆᆞ질ᄆᆞ질ᄒᆞ, 꺼끌꺼끌ᄒᆞ게, 고와뛥데다마는, 혀뜩ᄒᆞᆯ…' 등등 제주어 고유의 어조와 말맛은 정서를 더욱 생생하게 드러내며 정겹고도 실감 나는 표현들 속에서 말이 곧 기억이고 향기이며 존재의 흔적이 되는 방식을 섬세하게 구현한다.

　일구가 고등혹교 졸업ᄒᆞ고 그냥 놂이 이상ᄒᆞ연 '삭강데모도' '호리가다' '공구리공' 따우 노가다판 아모 일이라도 ᄒᆞ멍 일당버으리 홀 때랏다.
　ᄒᆞ룬 준기삼춘이 무시걸 ᄒᆞ염신고 굼굼ᄒᆞ연 간 보난 구들 바닥에 업더젼 글을 썸선,

"삼춘, 업더져둠서 무시거 흠이우꽈?"

"으, 하하. 시 흔 펜 썬이. 어디서 원고청탁 들어완 그자 허지렁흔 말, 이 도당칩 지붕에 털어지는 ᄉ라기눈 이왁 써봣저. 이 지붕에 털어지는 눈짐벵이나 ᄉ라기눈 소린이, 그자 나 가심 두들이는 소리 닮은다게. 그 다닥탁탁 ᄒ는 소리 들으민 나 심장이 탕탕 튀곡이. 하하. 어떵 오널은 한걸ᄒ여시냐? 이레 앚이라. 술이나 흔 잔 흘탸?"

- 본문 중에서

생전의 준기 삼촌은 일구에게 정신적 기반을 만들어준 존재였다. 그는 따뜻한 내면의 정서를 시적인 감성으로 표현하는 인물이었다. 싸락눈이 지붕에 부딪히는 소리를 "가심 두들이는 소리"라 표현한다. 그 소리를 들으면 "심장이 탕탕 튄다."고 말하는 장면은 일상의 미세한 감각조차 생의 떨림으로 받아들이는 그의 섬세한 존재 감수성을 잘 보여준다. 준기 삼촌에게 언어란 존재의 리듬을 감지하고 기록하는 방식이자 감정을 담아내는 시詩적 매개였다.

이러한 태도는 일구의 삶에 깊이 각인된다. "가심이 뜨거울 때, 지녁이 정성ᄒ 만이 살당 가는 거"라는 삼촌의 말처럼 일구는 성공이나 제도적 안정보다 '가슴이 뜨거운' 길을 선택한다. 그는 대학 진학 대신 가족을 택하고 공동체와 사랑, 책임에 응답하는 삶의 윤리를 실천하며 살아간다. 1950년대 이후 전쟁과 결핍의 제주섬에서 청상과부였던 어머니와 한량인 아버지 사이에서 태어난 일구는 어린 시절부터 생계를 책임지며 방목과 학업을 병행했고 그렇게 생존의 언어를 체득해 나갔다. 준기 삼촌의 영향을 받으며 성장한 그는 청년이 되어 존재의 진정성과 윤리적 선택이라는 『목심』의 핵심 주제를 삶으로 구현해낸다.

진정성 있는 청년으로 성장한 일구는 마침내 사랑이라는 감정 앞에 선다. 두 사람은 사회적 조건과 부모의 반대를 극복한 끝에 새살림을 시작하고 온 마을의 기쁨 속에서 태어난 아들 '준이'는 일구와 수정에게 생의 한가운데서 찾아온 따뜻한 희망의 상징이 된다.

상실의 언어 - 심장의 윤리와 생의 연속

행복한 결혼생활은 한동안 소박하지만 단단한 평온으로 이어졌다. 서로를 지탱해주는 말과 눈빛 마을의 축복 속에 태어난 아들 준이는 두 사람의 삶에 빛처럼 스며들었다. 새살림의 고단함마저 기쁨으로 덮이며 일구와 수정은 세상에서 가장 작고도 따뜻한 공동체를 만들어가고 있었다. 그러나 그 평온은 오래 지속되지 못했다. 아이가 세상을 떠난 어느 날, 삶은 아무런 예고도 없이 무너졌다.

"어머니, 여보, 홀 수 읏인 일이난 얼른 이ᄌᆞ붑주게."
"……."
"어떵 말이우꽈. 하늘이 ᄆᆞ정헤 논 일이난….."
"경ᄒᆞ젱 ᄒᆞ여도 경 못ᄒᆞ켜게. 흑흑흑."
할망은 잘도 설루완 ᄒᆞ엿다.

"흑흑. 우리 불쌍ᄒ 준이. 나 따문에…, 아이고 불쌍ᄒ 준이야. 엉엉엉."

각시는 또시 목놓안 운다. 각시는 울기 시작ᄒ믄 멧 시간이고 업더져 운다.

"여보, 이녁 따문이 아니난 넘이 궤로왕 ᄒ지 말아게."

- 본문 중에서

"우리 불쌍ᄒ 준이…"라며 오열하는 아내와 "이녁 따문이 아니난…"이라며 아내를 다독이는 일구의 장면은 말로 고통을 나누는 윤리적 실천의 한 형태다.

일구의 아내는 "우리 불쌍ᄒ 준이"를 연신 되뇌며 목 놓아 운다. 그 울음은 자식을 지켜내지 못한 어미로서의 처절한 절망이며 "나 때문이야…"라는 자책 속에는 씻을 수 없는 죄의식이 짙게 배어 있다. 이 장면은 최근 화제작 드라마 〈폭싹 속았수다〉의 한 장면과 겹쳐진다. 새 생명을 품고 새로운 삶에 대한 희망에 부풀었던 애순 역시 태풍이 몰아치던 어느 날, 아이를 허망하게 떠나보낸다. 그녀가 마주한 상실과 혼란 그리고 하늘을 향해 원망조차 하지 못한 채 껴안은 무력감은 소설 속 일구 부부가 감내하는 슬픔과 동일한 무게로 다가온다.

드라마에서도 소설에서도 자식을 먼저 떠나보낸 부모의 고통은 그 어떤 언어로도 설명될 수 없다. 그 슬픔은 위로나 논리로는 닿지 않는 심연이며 감당할 수 없는 부재를 가슴에 묻는 '침묵의 언어'로만 전해진다. 『목심』에서 아내는 울고 또 울며 자신을 탓하고 일구는 그런 아내를 "당신 때문이 아니야."라며 다독인다. 그의 말은 부부가 함께 짊어져야 할 상실의 무게를 나누려는 절절한 언어다. 이 사랑과 슬픔의 언어는 작품 전체를 관통하는 짙은 울림으로 이어지며, 자식을 잃은 부모가 평생 껴안고 살아가는 원형적 슬픔을 소리 없는 눈물과 함께 빚어낸다.

2. 제주어 문학을 통해 불러낸 공동체 의식

작품 속 언어는 의사소통 이상의 의미를 지닌다. 제주의 삶과 의례 그리고 그 안에서 발화되는 말들이 '공동체적 말맛'으로 살아나며 한 시대의 정서와 풍속을 품고 있다. 문장은 과거의 시간을 부르고 말은 그 안에서 공동체의 기억을 움직인다.

변학수의 저서『문학적 기억의 탄생』에서 "문학적 기억은 저장된 과거를 반복하는 것이 아니라 상실감을 채우기 위한 의미의 생성 행위"라고 말한다. 이처럼 문학은 부재의 자리를 상상으로 새로운 층위를 창조해낸다.『목심』은 바로 그 기억의 생성과 재구성의 서사다. 제주인들이 살아온 지난한 삶의 풍경을 제주어로 생생히 되살리며 삶과 죽음의 경계에서 비롯된 상실과 정념의 흔적들을 복원해낸다.

특히 공동체가 함께 겪은 기억은 개인의 서사에 머무르지 않고 더 넓은 정서의 집합으로 이어지며 언어는 그 기억을 현재의 감정과 맞닿게 하는 매개가 된다. 이처럼 기억은 단지 과거를 회상하는 것만이 아니라 상실의 자리를 따뜻하게 보듬는 과정이기도 하다. 여기서 제주어는 그 과정을 가능하게 하는 정서적 도구이자 문학적 장치로 기능한다.

"아이고 할마님, 할마님 손지 살려줍서. 정성으로 빌엄시메 아픈 거 확 낫게 ᄒ여줍서."

이영, 심방이 비념ᄒ는 소릴 ᄒ여가민 일구어멍은 에염에 꾸러앚아 둠서 양착손 비비멍 아기신더레 곱삭곱삭 절을 ᄒ곤 ᄒ엿다.

"어~ 쑤어나라! 쑤어나라!"

심방이 춤을 추당 ᄀ노롱ᄒ 눈으로 쑬을 이레저레 훵훵 뻬여가민, ᄆᄉ왕 ᄒ는 일구신더레 어멍이

"ᄒ저 저레 가불라."ᄒ여도 멀리 사둠서 비룽이 붸리단 일구. '쑤어나라'가 죽을 쑤는 건지 뭣산딘 몰라도 그 모십덜이 일구 눈 소곱에 콱 박아졋다.

- 본문 중에서

제주의 심방굿은 가족이나 마을의 안녕을 비는 의례로, 어머니 세대가 슬픔을 감내하며 믿음을 지켜낸 삶의 방식이었다. 굿은 신과 인간을 잇는 수행의 장이었고 병든 동생을 위해 일구 어머니가 심방굿을 부르던 장면은 비극과 치유가 교차하는 절절한 순간으로 그려진다. "쑤어나라!"라는 심방의 주문과 어머니가 절하며 비는 모습은 삶과 죽음의 경계에서 터지는 간절한 말의 몸짓이다.

음력 유월 스무날, '닭 잡아먹는 날'은 공동체의 보양 풍습이자 일구가 생명의 경계를 처음 체험하는 통과의례가 된다. 암탉을 잡

는 일은 소년에게 남성성을 요구하는 성장의 시험이 되고 이후 일구는 친구들과의 놀이와 일탈을 통해 공동체의 규율과 생의 복잡함을 배워간다.

결혼식 장면은 제주 특유의 말맛과 익살 그리고 공동체의 정이 살아 있는 축제다. 여장한 찬용과 웃음 가득한 버스 행렬과 친구들의 꾸밈은 두 사람의 결합을 따뜻하게 품는 제주 전통을 보여준다. 이는 가족으로 인정받는 의례적 통과의례이기도 하다.

"상량이오, 상량이오, 상량이오!"

초불 공거리꺼지 친 집 옥상 난간 ᄒ가운디쯤에 장독 모게기를 질게 눅져놓고 쉰 소리로 웨울른 목쉬. 하늘 ᄒ 번 거쏜 붸린 후제,

"탁."

높이 들럿단 나대를 아사 ᄂ리친다. 장독 모게기가 옥상 알러레 털어진다. 목쉬는 피 찰찰 흘치는 독 눌게기를 심어둠서 이층 옥상 니 귀마다 뎅기멍 피를 칠ᄒ 후제, 그 장독을 아래층 마당더레 휏 데낀다.

털어지멍도 눌게기를 페와보젠 ᄒ는 장독.

'탈싹!'

털어진, 목 웃이 피가 글왕ᄒ 장독이 각중에 파들락 일어산게마는 어틀락비틀락 이레저레 돋는다. 머리가 웃이난 저싱인지 이싱인지 급 가르지도 못ᄒ곡 울르멍 뭐셴 곧질 못 ᄒ여도 아멩이나 살아사켄 ᄒ는 심장은 산 생이다. 몸질치멍 땅 우티를 벌겅케 둥굴단, 울담더레 콕 박아젼 바둥퀴단 느랏ᄒ여진다.

- 본문 중에서

367

상량식은 집의 완성을 축원하는 의례로 닭의 피를 상모루에 바르고 지붕 위에 올려 '살아 있는 심장'을 집에 봉헌하는 상징적 장면이 펼쳐진다. 어머니의 눈물과 일구의 감사는 집을 짓기까지의 고생과 기쁨이 교차하는 감정의 정점이다.

양전형 작가의 제주어 문학은 이처럼 제주 사람들의 삶과 의례의 장면들을 곳곳에 설정하여 말과 기억으로 엮는다. 작가가 살아온 오라동의 정서와 공간이 제주 공동체의 문화와 함께 살아 숨 쉬며, 잊힌 일상과 감정을 오늘의 이야기로 따뜻하게 되살린다.

3. 후반부 서사 구조
 - 기술문명 시대의 윤리적 경계와 존재의 회귀

기술문명이 삶의 조건을 재편하고 있는 지금, 문학은 어떻게 인간의 존재를 되묻고 있을까. 『목심』의 후반부 서사는 이 물음에 정면으로 응답한다. 시스템의 균열 속에 드러난 문명의 위기 → 생존을 위한 몸의 본능적 저항 → 관계를 매개로 이어지는 감정의 기억과 상실 속에서도 되살아나는 온기의 감각에서, 끝내 도달하는 존재의 회귀와 윤리를 성찰한다.

문명의 위기

기후 이상과 팬데믹 그리고 인공지능의 확산은 인간의 삶을 급격하게 흔들고 있다. 『목심』은 이 시대적 불안을 배경으로 생명과 기술 사이의 긴장 지점을 응시한다.

하루는 겨울옷을 입어야 했고, 바로 다음 날은 여름옷을 꺼내야 했다. 계절의 리듬은 뒤섞였고 봄은 마치 어디론가 사라진 듯하다. 사월의 어느 날 한라산에 눈이 내렸다는 소식은 이 변화가 단지 기후의 문제가 아님을 일깨운다. 우리는 지금 예측 불가능한 기후의 한복판에 서 있다. 기후만의 일이 아니다. 코로나19 팬데믹은 삶의 방식을 송두리째 흔들었다. 접촉은 끊기고 불신과 거리두기가 일상이 되었다. 누구도 예상치 못한 바이러스의 침투 앞에서 우리는 인간 존재의 연약함과 사회 시스템의 허점을 동시에 목격했다.

그 여진은 지금도 이어지고 있다. 인공지능 기술은 현실과 가상의 경계를 지우며 알고리즘이 삶을 재구성하는 시대를 앞당기고 있다. 일자리 재편에 대한 불안과 함께 문화의 정체성마저 흔들리며 정보는 상품으로 전락하고 있다. 득지유실得之有失, 얻는 것이 곧 잃는 것이 되는 시대. 고대의 사유는 오늘에 더 절실히 와닿는다.

며칠 전 국내 최대 통신사에서 발생한 해킹 사태는 그 절정을 보여주었다. 핸드폰 사용자 절반에 달하는 사람들의 정보가 유출되고 그들은 불안에 떨며 유심칩을 바꾸기 위해 긴 줄에 섰다. 필자 또한 그 '보이지 않는 줄'의 끝에 서 있었다. 기술의 진보는 더이상 편리함이 아니라 불안 위에 놓인 일상이 되었고 디지털 문명은 유토피아가 아닌 디스토피아의 얼굴로 다가오고 있다.

몸의 본능적 저항

 십년뻉 바이러스에 감염된 인물들은 자신에게 남은 생을 숫자로 세며 절망하지만 일구는 끝까지 살아 있으려는 몸의 본능을 드러낸다.
 『목심』 후반부에 등장하는 '십년뻉' 서사는 이와 같은 시대적 배경을 설정한다. 생명의 리듬을 조작하려는 인간의 시도와 그것이 초래하는 파국적 결과를 형상화한 이 서사는 기술문명과 생명윤리 사이의 경계 위에서 던지는 강력한 경고이자 존재의 본질을 되묻는 문학적 성찰로 읽힌다. 기술문명이 우리를 낯선 세계로 밀어 넣고 있는 지금, 우리는 점점 더 '뜨거운 심장이 있는 삶'으로 회귀하고 싶은 본능에 휩싸이고 있다.

 어느 눌.
 "일구야, 뉴스 들어시냐? 십년뻉 바이러스 뉴스."
 만구의 전화랏다.
 "예. 나도 들언양. 성님광 고조하르바지 산소 벌초때 셍각이 납데다."
 "으게. 나도 경ᄒ연 전화ᄒ엿저게. 그때가 어는제지?"
 "그끄르헤 아니우꽈양? 절ᄒ단 소왕벌에 쒜운 거마씸."
 "맞다게. 혹시 몰르난 검사 받아봐사 뒘직ᄒ연이?"
 "예. 닐랑 ᄒ디 가 보게마씀."
 일구와 만구는 뒷녁날 보건소를 춫앗다.

의사선싱는 나가 한 ᄋ자랏다.

심전도 검사영 ᄋ라가지 심장질환 검사를 ᄆ치고 초음파 검사를 오래 ᄒ연게마는,

"아~ 안돼여수다예. 십년벵바이러스가 들어앉아신게마씀. 게도 ᄒ창 치료제 개발을 ᄒ는 중이난 ᄆ음 펜ᄒ게 ᄀ정 지냄십서. 무신 일이나 지금 ᄁ찌 다 ᄒ명 살아도 뒙네다."

의사선싱의 확진판정을 듣는 순간 둘이는 정신이 히어뜩헷다.

"십년벵에 걸리다니…."

"게민, 이제 똑기 칠년 남은 거 아니라? 이거 어떵ᄒ 거라. 큰일낫저게."

- 본문 중에서

소설 속 '십년벵'이 번지게 된 마을은 경로잔치의 평화로 시작되지만 곧 장례의 혼란으로 급전하며 생명의 순환이 무너진 공동체의 불안을 그려낸다. 십년벵은 인간의 심장을 인공적으로 대체해 생명을 10년 연장하려는 연구 중 소왕벌을 매개로 돌연변이 바이러스가 확산되며 발생한 치명적 감염병이다. 벌에 쏘이면 정확히 10년 뒤 심장이 멎고 치료약도 없어 사람들은 '십 년짜리 목숨'이라는 절망에 빠진다. 이는 생명의 리듬을 조작하려는 인간의 시도가 낳은 윤리적 붕괴이자 기술문명이 인간의 한계를 어떻게 재편하는지를 묻는 질문이다.

이 바이러스는 감옥까지 침투하며 인간이 어디에서도 절대적 안전을 보장받지 못한다는 존재론적 위기를 암시한다. "게민, 이

제 똑기 칠년 남은 거 아니라?"는 대사는 감염된 재소자들이 남은 생을 숫자로 환산하는 불안의 언어다. "아~ 안돼여수다에. 십년벵 바이러스가 들어앉아신게마씀…"이라는 체념은 인간 삶이 기술의 통제 아래 놓였다는 불가역적 현실을 받아들이는 목소리다.

존재의 회귀와 윤리적 성찰

죽음을 앞둔 일구는 어머니와 준기 삼촌 그리고 사랑했던 이들의 얼굴을 떠올리며 정서적 중심을 다시 찾아간다. 감염 이후에도 관계의 기억은 삶을 이어가는 힘이 된다.

십년벵의 유효기간이 끝나갈 무렵 일구는 기력이 빠져나감을 느끼고 스스로 죽음을 준비한다. 팽나무를 향해 마지막 인사를 건네며 어머니와 준기 삼촌을 떠올리지만 죽음의 문턱에서 119에 실려가 인공심장 수술을 받고 살아난다. 그러나 그는 더 이상 살아 있다는 사실조차 기쁘지 않다. 심장은 뛰지만 마음은 얼어붙었고 따뜻한 감정도 사라졌다. 살아남았지만 무기력과 허무 속에 존재의 의미를 잃는다. 생명은 연장되었으나 '심장의 온기'는 되살아나지 않는다. 따뜻했던 인간이 냉혈 인간으로 변이된 것이다.

봄이 왔다는 외부의 소식과 달리 일구의 내면은 여전히 얼어 있다. 이는 '심장은 뛰지만 마음은 멈춘' 인간 내면의 공허를 상징한다.

한편 사회는 십년벵 치료제가 개발되었다는 희망을 전하며 바깥은 봄빛으로 가득하지만 일구의 내면은 여전히 차갑고 고립되어 있다. 생존은 가능했지만 그 삶은 더 이상 '살아 있음'이 아니라고 생각한다.

> 보리왕 하간 낭가젱이덜이 질직질직 질어지고 돌아섬 ᄀ득 육지서 온 관광객덜이 배낭을 지고 이디저디 하간 꽃덜광 풍광을 시시리 실피 보레 뎅이는 ᄄᄄᆺᄒᆫ 봄날 아척.
> 두모악라디오방송 뉴스가 차 소곱에 나온다.
> "어저끼밤 새날 ᄃᆼ길 ᄀ리에 예순은 넘은 듯ᄒᆫ 남제 ᄒᆞ나가 배낭을 등에 진 냥 탑동바당더레 튀여드는 걸, 밤낚시 ᄒᆞ던 사름이 봐네 119에 신고를 ᄒᆞ여신디 경찰덜광 잠수부덜이 밤새낭 아멩 ᄎᆞ자봐도 그자 편편, ᄎᆞ질 못ᄒᆞ였젠 ᄒᆞ였수다."

- 본문 중에서

작품의 마지막, 두모악 라디오에서 흘러나오는 제주어 뉴스는 삶의 끝자락에 선 한 존재의 마지막 걸음을 암시할 뿐이다. 구조대는 밤새 수색을 벌였지만 "아무런 흔적이 나타나질 않는다."고 전할 뿐이며 이후의 서술은 없다.

이 결말은 생사의 판단을 유보한 채 독자 스스로 그 남자의 행방을 짐작하게 만든다. 그것이 죽음이었는가 혹은 또 다른 삶을 향한 출발이었는가. 중요한 것은 그가 왜 떠났는지 그리고 그 걸음이 어디를 향했는지다. 따뜻했던 심장의 리듬이 멈추고 생명을 이어주던 인공심장이 차가운 공허로 다가왔을 때 그는 조용히 여행을 떠났다. 이는 존재의 근원으로 돌아가려는 여정이자 회귀를 향한 실천으로 읽힌다.

　작가는 결말을 강요하지 않는다. 전지적 시점으로 서사를 이끌던 작가의 시선은 이 지점에서 한걸음 물러서고 해석의 몫은 독자에게 넘겨진다. 열린 결말 속에서 독자 스스로 해석하게 된다. 이는 일구가 감당해온 정서적 고통과 윤리적 결단 그리고 삶의 희비극이 궁극적으로 무엇을 추구해왔는지 성찰하게 만든다. 어떤 이는 이 장면을 죽음의 슬픔으로, 또 어떤 이는 새로운 시작의 신호로 받아들일 것이다. 이처럼 결말은 여백으로 남는다. 그리고 그 여백은 삶과 죽음, 기억과 심장, 기술문명과 인간성 사이를 건너온 독자 자신의 내면을 되돌아보게 한다.

4. 제주어 소설 속에서 피어나는 지역문학

　소설은 시간의 예술이다. 흐르는 시간을 붙잡고 지나간 것들에 다시 목소리를 부여하기도 하며 다가올 미래를 미리 상상하기도 한다. 한스 메이어호프는『문학과 시간의 만남』에서 "소설은 시간과의 투쟁이라 할 수 있다. 인간은 지각과 기억의 저장소일 뿐 아니라 그것을 능동적으로 조직해 내는 장소이기도 하다."고 말한다. 이는 소설이 기억의 질서를 재편하고 현재와 미래의 삶을 언어로 구성해 내는 시간의 예술임을 시사한다.

　이러한 관점에서 제주어 소설은 한 지역이 축적해 온 시간의 결을 고유한 언어로 되살리고 조직해내는 문학적 실천이라 할 수 있다. 말은 곧 삶의 총체다. 제주어로 직조된 서사는 시간의 흔적을 불러내고 그 언어의 리듬을 통해 공동체의 정체성을 재현한다. 더 나아가 지역 언어가 과거의 기억에 머무르지 않고 현재와 미래를 관통하는 상상력을 발현해내야 한다는 것, 이는 이 시대의 작가들이 감당해야 할 중요한 문학적 책무이기도 하다.

전지적 작가 시점은 전지전능한 작가의 개입과 통찰이 요구되는 고전적 서사 장치이다. 『목심』은 바로 이 시점을 바탕으로 양전형 작가의 자전적 기억과 문학적 상상력이 결합되어 탄생한 제주어 장편소설이다. 이 작품은 시간성과 장소성, 존재론이 교차하는 다층적 서사 구조를 취했다. 아울러 여러 에피소드의 이야기를 '제주어'라는 언어로 정밀하게 직조해냈다는 점에서 지역문학의 새로운 지평을 연 성취로 평가할 수 있다.

특히 작품 후반부에 등장하는 '십년뱅'이라는 미래적 설정은 기술문명이 인간의 삶을 어떻게 재편하고 있는지를 되묻는 윤리적 우화로 기능한다. 동시에 이 설정은 토착적 공간으로서의 제주를 매개 삼아 인간의 보편적 조건과 생명윤리의 근원을 다시 성찰하게 한다. 이처럼 양전형 작가는 과거와 현재 그리고 미래를 관통하며 시간 너머의 기억과 공동체의 언어를 잇는 제주어 문학의 깊은 사후성(事後性, Nachträglichkeit)을 제시한다. 이는 단절된 시간의 층위를 언어로 연결하고 기억의 상처를 현재의 감각 속에서 다시 의미화함으로써 지역문학이 지닐 수 있는 서사적 깊이와 언어적 울림의 가능성을 보여주었다.

온가족 맛있는 책읽기 - 수기 및 기사

온가족 맛있는 책읽기, 작은 미용실에서 피어난 큰 무지개

- 독서지도사 현미영의 체험 수기 「무지개 미용실에 피어난 책 읽기」
- 기자 김형훈의 기사글 「책이 부부를 이야기 바다로 이끌어주었어요」

온가족 맛있는 책읽기,
작은 미용실에서 피어난 큰 무지개

- 독서지도사 현미영의 체험 수기 「무지개 미용실에 피어난 책 읽기」
- 기자 김형훈의 기사글 「책이 부부를 이야기 바다로 이끌어주었어요」

함께 책을 읽는 순간, 세상은 한결 따뜻해진다. 책은 나이의 벽을 허물고 삶의 곁에 머무는 벗이 된다. 그림책 한 권은 아이와 아이, 아이와 엄마, 때로는 아이와 할머니를 잇는 다리가 되어 오래된 기억을 불러내는 대화의 씨앗이 된다. 나이가 들어서도 그림책에 마음을 기대어 스며드는 이들이 있다. 그 만남의 자리가 바로 〈온가족 맛있는 책읽기〉다.

아이들이 동심으로 반짝이며 책을 읽을 때, 여든을 넘긴 어르신들이 같은 책을 손에 들고 추억을 꺼내어 울고 웃는 모습은 더없이 아름답다. 그 광경은 세대를 넘어 함께 누리는 기쁨이며 책이 건네는 가장 깊은 선물이다. 〈온가족 맛있는 책읽기〉는 그러한 소중한 기쁨을 전하는 가족 독서 생활화 캠페인이다.

이 캠페인은 2021년 봄, 한우리 제주지역센터와 《미디어제주》가 함께 시작했다. 매년 100여 가정이 참여하는 이 행사의 뿌리는

1989년 창립한 (사)한우리독서문화운동본부의 독서 운동에 닿아 있다. "책 읽는 사람들이 세상을 이끈다."는 신념 아래 학자와 작가들이 뜻을 모아 세운 본부는 국민필독서 선정위원회, 독서올림피아드, 독서릴레이, 한우리 봉사단 등 다양한 활동을 펼치며 사회 전반에 독서문화 운동을 펼쳐왔다.

특히 '자녀와 하루 30분 책 읽기' 가족독서캠페인은 가정 속 작은 습관이 삶을 바꾸는 힘이 된다는 믿음에서 실천해왔다. 이후 코로나 비대면 시대가 되면서 한우리 제주지역센터가 인터넷 신문 《미디어제주》와 함께 줌 화상 플랫폼을 활용해 가족이 한자리에 모여 책을 읽고 함께하는 길을 연 것이 바로 〈온가족 맛있는 책읽기〉다. 이 캠페인은 '책이 마음과 마음을 잇는 따뜻한 다리'라는 신념을 품고 매년 일주일 동안 이어지는 온라인 강연과 만남 속에서 가정마다 읽기의 씨앗을 심고 있다. 다가올 2026년 1월에도 그 따뜻한 여정은 계속될 예정이다.

캠페인은 처음에는 아동이 있는 시민 가정을 중심으로 진행되었다. 아이들에게는 올바른 독서습관을 길러주는 환경을, 부모에게는 가정문식성 환경의 중요성과 함께 삶을 돌아보는 기회를 마련했다. 그리고 가족간의 정서적 유대를 가질 수 있는 시간 속에서 '책의 소중함'을 함께 누리게 하는 것이 목표였다.

시간이 지나며 이 캠페인은 세대의 경계를 넘어 확장되었다. 환갑을 넘긴 남편, 67세 미용실 사장, 80세 친정어머니를 책 읽기에 참여하게 했던 사례 등 이외 주변 어른들까지 책 읽는 사례가 등장하면서 이 독서운동이 특정 세대에 국한되지 않고 〈온가족 맛있는 책읽기〉라는 한정된 화면에 관계없이 전 연령층을 포괄하는 생활독서문화운동으로 확산되고 있다.

독서는 지식을 쌓는 행위에만 머물지 않는다. 그것은 삶의 태도를 바꾸고 서로를 이해하게 하며 세대를 이어주는 정서적 통로가 된다. 제주문학관 관장이자 제주 시단의 원로이신 김순이 시인은 "어렸을 적부터 책을 비롯한 예술의 영역을 많이 접한 아이는 내적인 힘이 단단해져 외적인 것에 쉽게 흔들리지 않는다."라며 가족과 함께하는 독서문화의 중요성을 강조한 바 있다.

그렇다. 독서는 단지 종이책을 읽는 데 그치지 않는다. 그림과 미술, 음악을 두루 품으며 사유의 지평을 넓히는 과정이다. 아이들이 가족과 책을 함께 읽고 예술적 감각을 나눌 때 그 경험은 내면의 힘을 길러주는 든든한 토대가 된다. 그리고 이러한 힘은 아동기에만 머물지 않고 청소년기와 성인기를 지나 노년에 이르기까지 이어지며 삶을 돌아보고 행복을 누릴 수 있는 소중한 자원이 된다.

이러한 점을 가장 잘 보여주는 사례가 바로 현미영 독서지도사의 체험 수기와 그 실천을 다룬《미디어제주》김형훈 기자의 취재 기사다. 체험 수기에는 67세 미용실 사장님까지 책 속으로 이끌어낸 과정이 생생히 담겨 있다. 그리고 그 결심의 배경과 마음을 움직인 순간은 김형훈 기자의 기사에서 다시 조명된다. 이 기사는 현미영 선생님 부부의 이야기를 중심으로 책이 가정과 사회를 이어주는 힘을 강조하고 있다.

따라서 본 평론은 독서지도사 현미영의 체험 수기를 중심으로

〈온가족 맛있는 책읽기〉가 시민 독서 캠페인으로 성장해가는 과정을 살펴보고자 한다. 아울러 체험 수기의 내용을 객관적으로 뒷받침하는 《미디어제주》 김형훈 기자의 기사문을 함께 제시하여 두 텍스트가 만나는 지점에서 드러나는 〈온가족 맛있는 책읽기〉의 의미를 되새기고자 한다.

1. 누군가에게 건네는 용기 〈온가족 맛있는 책읽기〉

어쩌면 이 글은 누군가에게 작은 용기를 건네기 위한 고백일지도 모른다. 살아가다 보면 누구나 멈칫거리고 마음의 그림자에 눌려 발걸음을 내딛기 어려울 때가 있다. 그럴 때 누군가의 이야기는 등불처럼 다가와 다시 길을 밝혀준다. 필자 또한 책과 함께 걸어온 시간을 되돌아보며 그 안에서 얻은 힘과 위안을 바탕으로 현미영 선생님의 용기를 널리 나누고 싶다. 이 글이 누군가의 마음을 움직이는 또 하나의 작은 용기가 되기를 바란다.

(생략) 읽기에 대한 얘기가 나오자 사장님은 뭔가 읽으려 하면 졸음이 쏟아진다고 고백하셨다. 그 순간 남편이 떠올랐다. 책이라고는 잡아본 적 없던 사람이었다. 그러나 코로나 시대가 되면서 한우리에서 비대면을 활용한 〈온가족 맛있는 책읽기〉 행사를 했다. 아이들이 다 커버린 나는 남편과 함께 하고 싶었다. 그러나 남편을 끌어들이는 일은 쉽지 않았다. 남편은 마지못해 참여하였다. 그러나 그것이 계기가 되어 그림책 한 권을 읽게 되었다. 이 내용으로 미용실 사장님께 '맛

있는' 책 읽기의 포문을 열었다.

- 현미영의 체험 수기, 「무지개 미용실에 피어난 책 읽기」 중에서

독서지도사 현미영은 나이 듦을 받아들이는 일이 쉽지 않았다고 고백한다. 거울 속에 낯선 얼굴이 비칠 때마다 마음이 무거워졌고 그러다 문득 들어선 작은 미용실에서 그는 뜻밖의 인연을 만나게 되었다. 그 자리에서 현미영 선생님은 이런저런 수다 끝에 조심스레 책 이야기를 꺼냈다. 사장님이 "읽으려 하면 졸음이 온다."고 말했을 때, 많은 이들이라면 그냥 웃어넘겼을지도 모른다. 그러나 현미영 선생님은 용기를 내어 자신의 독서 경험을 전하며 함께 책을 나누는 대화를 시작했다. 변화는 언제나 작은 용기의 언어에서 비롯된다. 그 순간 건네진 책 이야기는 서로의 마음에 닿아 일상의 어둠을 밝혀주며 바로 그 한마디가 사장님 마음속에 작은 불씨가 되어 천천히 타오르기 시작했다.

(생략) 그림책에서 출발했던 남편은 〈온가족 맛있는 책읽기〉 3년 차에 미디어제주 기사에 실릴 만큼 달라졌다. 이제는 『불편한 편의점』, 『파친코』, 『노인과 바다』 같은 성인 문학작품까지 읽어낼 수 있는 여유가 생겼다. 아침마다 도시락 가방과 책 한 권을 들고 출근하는 뒷모습이 그렇게 멋져 보일 수가 없다. 나는 그 이야기를 사장님께 들려주었다. 그리고 우리 얘기가 보도되었던 미디어제주 기사 내용을 공유했다.

- 현미영의 체험 수기, 「무지개 미용실에 피어난 책 읽기」 중에서

그림책에서 출발한 독자가 이제는 성인 문학작품을 읽어낸다는 사실은 놀랍다. 물론 지난 4년 동안 이어진 꾸준한 노력의 결과이지만 남편의 변화는 단순한 독서 습관을 넘어 그의 정체성과 삶의 태도까지 바꿔낸 촉매제가 되었다. 이 대목에서 독자라면 자연스레 '도대체 어떻게 이런 변화가 가능했을까?'라는 궁금증을 품게 될 것이다.

그래서 그 과정을 생생하게 담아낸 보도기사를 직접 전하는 편이 더 설득력 있을 듯하여, 김형훈 기사의 「책이 부부를 이야기 바다로 이끌어주었어요」라는 기사글 전문을 실었다. 이 글을 읽는 독자 또한 가족 독서의 흐름 속으로 자연스럽게 함께 들어서기를 기대해 본다.

2. 삶의 변화를 이끌어 낸 책 읽기의 감염력

〈온가족 맛있는 책읽기〉 모범사례 취재 기사

"책이 부부를 이야기 바다로 이끌어주었어요"
어떤 두 사람은 자전거의 두 바퀴처럼 연결되어 있어요.
두 바퀴는 항상 같은 방향과 속도로 움직이지요.
바퀴 하나에 바람이 빠지면
다른 바퀴가 멀쩡해도 더는 달릴 수 없어요.

- 이보나 흐미엘레프스카의 그림책 『두 사람』 중에서

그림책은 힘을 지녔다. 그 엄청난 힘을 우리는 제대로 모르는 경우가 많다. 어른들은 그림책을 '낯선 세계'에 존재한다고 이해한다. '낯선 세계'는 우리가 이미 경험했고, 그 경험을 토대로 어른들은 지금의 엄청난 세계를 지닐 수 있었는데, 그걸 잊은 채 어른들은 '낯선 세계'라 부른다. '낯선 세계'는 바로 우리들의 어릴 때 모습이다. 가장 순수하고, 가장 창의적인 그때를 우리는 잊고 산다. 물론 다 그런 건 아니다. 김보홍·현미영 씨 가족을 만나면 생각을 달리하게 된다.

김보홍·현미영 씨 부부는 〈온가족 맛있는 책읽기〉에 도전장을 내밀었고, 책으로 부부가 연결되는 통로를 만들었다. 부부는 '낯선 세계'라고 우리가 불렀던 그때의 가치를 몸으로 체험했다. 얼마 전 손에 쥔 그림책 『두 사람』은 이들 부부에겐 또 다른 선물로 다가온다. 그런데 왜 이들 부부에겐 그림책이었을까. 현미영 씨가 설명을 시작했다.

"애들이 다 커버려서 남편이랑 〈온가족 맛있는 책읽기〉에 참여했어요. 친정어머니도 참여하고 있어요. 남편은 워낙 말이 없는데, 그림책을 보면서 옛날 이야기를 하게 되고, 그러면서 책을 통해 대화를 하게 되었어요. 그림책의 주인공을 바라보며 '얘는 이랬는데, 당신은 어땠어?'라고 하면, 남편은 어린 시절 이야기를 끄집어내더라고요."

책을 접했더니 몰랐던 사실들이 툭툭 튀어나왔다. 그림책은 이야기 창고였고, 부부의 이야기를 저장했다가 뱉는 보물섬이었던 셈이다. 그럴 만도 했다. 남편은 우리 세대의 가장이 그렇듯, 너무 바삐 살았다. 청년회장, 학부모회장, 숱한 직책이 남편에게 매달려 있다. 눈을 뜨면 5분 내로 밖으로 나가고, 집에 들어오면 5분 내에 잠을 청하는, 그야말로 바쁜 삶 자체였다.

바쁜 삶을 살았던 '이 시대의 가장'들에게 매번 똑같은 삶이 주어지진 않는다. 나이가 들면 연이 하나둘 끊기게 되고, 집과의 관계 맺음이 많아지게 됐다. 그래서일까. 김보홍 씨는 스스로를 '백수'라고 한다. 그런 그에게 현미영 씨가 〈온가족 맛있는 책읽기〉를 함께 해보자고 했으나 쉽진 않았다. 남편인 김보홍 씨에겐 책이 너무 거리가 먼 존재였기 때문이다.

"책엔 관심이 없었어요. 작년에 처음 시작할 때도 이걸 과연 내가 할 수 있을까 그런 생각이 들었죠. 아내가 책을 식탁에 놔두면 '볼게, 볼게' 그랬어요. 그러다가 한 권을 보게 되면서 옛날 시절로, 동심의 세계로 돌아간 것 같아서 하나둘 짚게 되었어요."

김보홍 씨를 책의 세계로 이끈 건 손이 먼저였을까? 식탁 위에 놓인 책에 자연스레 손이 향했고, 그런 책은 계속 쌓였다. 마음에 쌓이고, 머리에 쌓였다. 머리와 마음에 쌓인 책은 입을 통해 이야기로 나온다. 평소 아이들을 상대로 독서지도를 하는 현미영 씨에겐 너무 신기한 일이었다.

"글이 많으면 부담스러우니까 그림책으로 시작했어요. 그림이 많고 글이 적으니까 생각도 하게 되더라고요."

그림책은 사람을 변하게 만든다. 김보홍 씨의 말을 들어보자.

"옛날 생각도 많이 나고, 지금까지는 따뜻하게 살았다고 생각했는데 아니라는 걸 알게 되고, 잘못된 것도 있었구나 느끼게 되더군요. 책을 계속 접하다 보니, 자격증을 하나 따야겠다고 해서 요양보호사 시험공부도 하게 되고, 합격을 했어요."

이젠 눈도 자연스레 책으로 향한다. 손이 하던 일을 눈이 하고, 마음이 해낸다. 자격증을 따게 만들 듯, 책은 도전정신도 심어준다. 놀랄 만한 습관의 힘이다.

부부는 기자에게 읽은 책 목록을 쓴 기록장을 보여준다. 수많은 책의 발자국이 남아 있다. 또 변한 건 없을까. 60대 이상의 나이대 가장에게 아주 낯선 공간을 들라면 바로 도서관이다. 그들에게 도서관은 그야말로 동떨어진 세계였다. 그러나 〈온가족 맛있는 책읽기〉는 60대 김보홍 씨를 도서관으로 이끌었다. 이들 부부의 삶에서 작은 책방을 둘러보는 것도 재미에 추가됐다.

마침, 〈온가족 맛있는 책읽기〉를 시작할 때는 코로나19가 한창이었다. 코로나19는 사람을 가두게 만들고, 사람 간의 이동도 끊어버리는 괴물이지만 이들 부부에겐 '괴물'이 아닌, '벗'으로 다가왔다. 왜일까?

"코로나19로 (밖에서) 술을 못 먹게 되면서 〈온가족 맛있는 책읽기〉를 하는 행사와도 딱 맞아떨어졌어요. 남편이 코로나19 이전엔 바깥으로만 돌았는데, 코로나 이후엔 책도 읽고, 설거지도 하고, 청소도 해요. 이런 작은 마음 씀씀이는 책을 읽고 실천한 사례라고 봐요. 남편은 표현도 잘 하지 않았는데 이제는 '당신이 살아줘서 참 고맙다'고도 말하죠."

책은 힘을 지녔다는데, 이들 부부가 사는 집이 그렇다. 그렇다면 책이 지닌 힘은 과연 무엇일까. 부부에게 한마디씩 해달라고 권했다.

"아이들을 지도하면서 학습위주로 책을 접하곤 했어요. 그러니까 지식을 쌓는 용도로만 아이들을 봤던 겁니다. 그러나 이젠 바뀌었어요. 책을 읽는 건 삶을 달라지게 하기 위해서라는 사실을 아이들에게 일깨우고 있어요."

"성질이 워낙 급했는데 책을 읽고부터는 인내심을 가지게 됐습니다. 30분에 읽을 수 있는 책이라도 그 전에는 5분만 책을 보면 눈이 붙을 정도로 잠이 왔는데, 한 번 두 번 읽다 보니까 끝까지 읽겠다는 생각을 하게 되더라고요."

독서지도를 하는 현미영 씨는 아이들을 가르치면서 인생을 일깨우도록 하고, 김보홍 씨는 인내심이라는 좋은 걸 얻었다. 집안에서 말이 없던 김보홍 씨의 변화는 덤이다.

현미영(왼쪽) 김보홍 부부 ⓒ미디어제주

김보홍 현미영 부부가 그림책을 보며 이야기를 나누고 있다. ⓒ미디어제주

현미영·김보홍 씨가 이끄는 이들 가정에 책은 없어서는 안 되는 존재로 변했다. 책의 가치는 익히 체험했다. 그런 책의 가치는 현미영 씨의 어머니에게도 전달됐다.

"어르신들은 집에 계실 때 TV만 보시잖아요. 제가 그림책을 어머니 집에 가져다 놓고 '엄마, 편할 때 읽으세요.'라고 하면, 하나씩 보시는 거예요. 어머니는 항상 소리 내 읽으세요. 처음엔 느리시더라고요. 우리가 소리 내서 책 읽는 건 초등학교 때 말고는 안 해보잖아요. 어머니는 여러 번 그렇게 소리 내 읽더니 이제는 유창하게 빨리 책을 읽으세요. 발음도 정확해지고요."

책을 흔히 '마음의 양식'이라는데 현미영·김보홍 씨 부부, 아니 이들 가족에겐 '마음의 양식' 이상의 것이다. 가정을 이끌어주는 힘이 되고, 이야기를 하게 만들어주는 도구가 된다.

이보나 흐미엘레프스카의 그림책 『두 사람』은 김보홍·현미영 가족의 이야기처럼 '함께'의 중요성을 말한다. 『두 사람』에 담긴 다음의 글을 음미해보자.

어떤 두 사람은 꽃과 줄기처럼 서로 붙어 있어요.
꽃은 아름다움과 향기로 다른 이들을 매혹시키지만,
꽃을 똑바로 받쳐 주고 꽃에게 필요한 것을 주는 것은 줄기예요.
줄기 없이 꽃은 시들고 맙니다.

- 출처: 2022년 11월 2일 미디어제주, 김형훈 기자

기사글이 세상에 전하는 힘

흔히 기사글은 단순히 사실과 정보를 전달하는 글로 여겨져 건조하게 읽히기 쉽다. 독자는 기사에서 사실을 확인하고 사건의 전말을 파악하지만 거기서 감동이나 설득을 경험하는 경우는 드물다. 그러나 캠페인 기사글은 달라야 한다. 정보의 안내를 넘어 누군가를 움직이고 변화를 이끌어내기 위해 보이지 않는 설득의 전략이 필요하다.

그래서 좋은 기사글은 사실을 전달하는 동시에 독자의 마음에 씨앗을 심고 그 씨앗이 일상의 작은 변화를 이끌어내도록 하는 힘을 지닌다. 특히 《미디어제주》는 한우리제주지역센터와 함께 〈온

가족 맛있는 책읽기〉 행사를 이끌어가는 주체로서, 이번 김형훈 기자의 기사를 통해 그 의미를 더욱 선명하게 드러낸다. 행사 보도의 차원을 넘어 기사 자체가 독서운동의 맥락을 부각시키는 하나의 장치가 된 것이다.

김형훈 기자의 기사는 독서가 개인·가정·공동체의 삶을 어떻게 변모시키는가를 서사적으로 풀어낸 기록이다. 기사 속에는 그림책이라는 소박한 매개가 어떻게 부부의 대화, 남편의 자기 성찰, 어머니의 언어 회복으로 확장되는지가 차례로 드러난다. '그림책 - 대화 - 성찰 - 도전 - 확산'이라는 구조적 흐름을 통해 독서의 힘을 구체적이고 입체적으로 보여준다.

남편 김보홍 씨의 변화는 기사 전개의 핵심이다. 그는 처음에는 책과 거리가 먼 전형적인 '이 시대의 가장'으로 묘사된다. 그러나 그림책 한 권이 그의 손에 쥐어지면서 과거의 기억이 불려나오고 대화가 열리고 자기 성찰의 장이 마련된다. 그 과정은 정체성과 삶의 태도의 재구성으로 이어진다. 자격증을 준비해 합격에 이르는 장면은 독서가 추억 소환을 넘어 실질적 삶의 동력이 될 수 있음을 증명한다. 기자는 이를 '습관의 힘'이라는 키워드로 강조하며 책 읽기의 반복이 도전과 성장을 촉발하는 과정을 설득력 있게 드러낸다.

현미영 선생님은 책을 삶의 벗처럼 건네는 태도를 지닌 독서지도사이다. 억지로 끌어들이거나 훈계하는 것이 아니라 책을 식탁 위에 두고 자연스럽게 손이 닿게 하거나 그림책으로 대화를 시작하는 방식은 상대의 마음을 존중하는 부드러운 권유다. 또한 어머니에게 그림책을 권하며 소리 내어 읽도록 한 장면은 독서를 세대 간 치유와 회복의 도구로 확장하는 지혜를 보여준다. 그의 태도는 독서지도의 모범이자 독서를 통해 관계를 잇는 따뜻한 실천으로 평가된다.

김형훈 기자는 기자이면서 동시에 문학평론가로서의 감각을 기사 속에 녹여냈다. 문체는 서정적이면서도 논리적이다. 기사 서두와 결말에 그림책『두 사람』의 구절을 배치해 독자의 몰입을 이끌고 실제 사례를 서사화해 독자가 한 편의 다큐멘터리를 읽는 듯한 생생함을 느끼게 한다. 시적 은유와 일상의 기록을 교차시켜 책의 힘을 단순한 체험담을 넘어 사회적 설득력으로 끌어올린 점이 돋보인다.

말수가 적던 남편이 그림책을 매개로 대화를 시작하고 자기 성찰 끝에 자격증까지 취득하며, 표현하지 않던 입에서 '감사함'을 입밖에 내는 장면은 누구에게나 강한 울림을 준다. 다시 현미영 독서지도사의 수기 내용으로 연결해보면, 어쩌면 "졸음이 와서 책을 못 읽는다."는 미용실 사장님의 상황은 기사 속 남편의 출발점과 겹친다. 따라서 이 기사를 접한다면 "나도 할 수 있다."는 공감과 용기를 얻을 수 있을 것이다. 김형훈 기자의 서정적이고도 논리적인 서술은 바로 그 지점을 친근하면서도 설득력 있게 건드린다.

이 기사는 남편의 변화를 통한 독서의 힘, 현미영 선생님의 따뜻한 태도, 기자의 서정적이고 논리적인 문체가 삼박자로 어우러져 독서가 한 가정을 넘어 공동체를 변화시키는 힘임을 설득력 있게 보여준다. 그리고 이 설득은 "책 읽기 어렵다."고 말하는 미용실 사장님에게도 변화가 가능하다는 실질적 용기를 건네는 메시지가 된다. (김형훈 기자는 여기 제시된 기사 외에도 〈온가족 맛있는 책읽기〉 모범 가정을 취재·보도하여 가족 독서 생활화 실천 사례를 널리 알리고 있다.)

3. 책을 잇는 마음, 삶이 달라지는 순간

67세 미용실 사장님, 드디어 그림책을 읽다

(생략) 남편의 이야기를 들은 사장님은 도전해 보겠다고 했다. 솔직히 '잘 읽어내실까, 괜히 부담을 드린 것은 아닐까' 살짝 걱정되면서도 그림책 일곱 권을 가져다 드렸다. 왠지 기분은 좋았다. 책을 건네받는 사장님 표정이 밝아서 안심이 되었다.

- 현미영의 체험 수기 「무지개 미용실에 피어난 책 읽기」 중에서

67세 미용실 사장님이 그림책을 읽어보겠다고 마음을 내비친 장면은 〈온가족 맛있는 책읽기〉가 세대의 경계를 넘어 확산되는 순간을 보여준다. 평소 "책만 펴면 졸린다."고 말하던 분이 다른 이의 변화담에 용기를 얻어 스스로 도전을 결심했다는 사실은 독서가 관계와 공감의 전염성을 지닌다는 점을 잘 드러낸다. 특히 책을 건네받을 때의 환한 표정은 책이 이미 그에게 하나의 희망의 매개체로 다가왔음이다.

현미영 선생님 역시 부담이 될까 걱정하면서도 일곱 권의 그림책을 내어놓았다. 이는 독서지도의 본질이 '가르침'이 아니라 '건네

줌'에 있음을 잘 보여준다. 억지로 강요하지 않고 상대가 스스로 선택할 수 있도록 공간을 남겨두는 것은 곧 독서를 자연스럽게 물들게 하기 위한 독서지도사의 지혜이다.

'이럴 수가….' 일주일 뒤 만난 사장님은 내가 건넨 그림책 일곱 권을 모두 읽으셨다고 했다. 내 가슴이 활짝 펴졌다. 특히 『할아버지가 하는 일은 언제나 옳아요』가 마음에 와닿았다며 노트에 별까지 그려놓으셨다. 누군가를 긍정해주는 마음을 사장님도 공감하셨던 것이다. 그 책을 읽은 날에는 남편에게 화낼 일도 꾹 참고 하루를 보내셨다고 했다. 그리고 그날따라 손님들 머리를 만지는 일이 한없이 행복했다고 웃으셨다.

 - 현미영의 체험 수기 「무지개 미용실에 피어난 책 읽기」 중에서

사장님이 일주일 만에 그림책 일곱 권을 모두 읽어냈다는 사실은 책 읽기가 실질적인 생활의 변화를 이끌어 낼 수 있음을 잘 보여준다. 특히 『할아버지가 하는 일은 언제나 옳아요』에 깊이 공감하며 노트에 별을 표시한 장면은, 책의 메시지가 독자의 마음속에서 삶의 지침으로 스며드는 과정을 드러낸다. 별표는 공감이 뿌리내리고 변화를 향해 움트는 작은 증표였다.

책을 읽은 뒤 남편에게 화를 참아낸 경험 그리고 손님들의 머리를 만지며 느낀 행복은 독서의 가치가 곧바로 일상의 태도와 감정으로 이어진 사례다. 이 변화는 크고 거창한 것이 아니라 작은 선택이 차곡차곡 쌓여 삶의 질을 바꾸어가는 과정이라는 점에서 더욱 깊은 의미를 지닌다. 따라서 이 사례는 〈온가족 맛있는 책읽기〉가 세대와 환경을 넘어 누구에게나 적용될 수 있는 독서문화운동임을 다시 한번 확인시켜 준다.

책 읽기로 새로운 삶에 도전장을 내민 사장님

어느 날에는 『행복한 청소부』를 읽으시더니 사장님은 또 달라졌다. 이제라도 더 배우고 싶다며 미용 세미나에 참석하고, 새로운 스타일에도 도전해 보고 싶다고 하셨다. 그리고 그동안 신경 쓰지 않았던 카드 단말기를 설치해 미용실 환경에서 신경을 쓰셨다. 이후 사장님은 손님들에게도 그림책을 권하는 〈온가족 맛있는 책읽기〉 전도사 역할까지 자처하셨다.

- 현미영의 체험 수기 「무지개 미용실에 피어난 책 읽기」 중에서

『행복한 청소부』를 읽고 난 뒤 사장님의 변화는 독서가 개인의 마음을 넘어 삶의 태도와 직업적 자세까지 바꾸어 낼 수 있음을 잘 보여준다. 배우고 싶다는 열망으로 세미나에 참여하고 새로운 스타일에 도전하며 미용실 환경을 개선한 실천은 책 읽기가 곧 자기 계발의 원동력이 되었음을 말해 준다.

더 나아가 손님들에게 그림책을 권하는 모습은 독서가 한 개인의 경험을 넘어 공유와 확산의 단계로 나아간 사례다. 사장님이 〈온가족 맛있는 책읽기〉의 전도사 역할을 자처한 것은 책의 감동이 타인에게 전해지며 작은 공동체를 움직이는 힘으로 확장되고 있음을 보여준다. 이는 곧 독서운동이 지닌 사회적 의미를 가장 일상적인 공간, 미용실에서도 함께 동참하는 사례라 할 수 있다.

이렇게 미용실은 점점 '책 읽는 미용실'로 변해 갔다. 손님들은 파마를 기다리며 부담 없는 그림책을 들춰 보았고, 급기야는 '이번 주 최고의 책'을 뽑으며 화기애애한 미용실로 변해갔다. 나는 속으로 생각했다. 제주어 책들을 드리면 좋겠다는 생각을 했다. 나이가 드신 동네 사람들에게 제주어 책들은 더 정감있을 것이라는 생각에 기분이 좋아졌다. '아마도 제주어시집이나 동화책을 건네면 사장님은 더 크게 웃으시겠구나.'라고.
- 현미영의 체험 수기 「무지개 미용실에 피어난 책 읽기」 중에서

'책 읽는 미용실'로 변모한 과정은 독서운동이 단순히 가정에 머무르지 않고 지역의 생활공간으로 확산되는 과정을 잘 보여준다. 손님들이 파마를 기다리며 그림책을 함께 읽고 서로의 의견을 나누며 '이번 주 최고의 책'을 뽑는 모습은 독서가 곧 소통과 관계 형성의 매개가 될 수 있다는 희망을 안겨 준다.

특히 현미영 선생님이 제주어 책을 떠올린 대목은 중요한 시사점을 남긴다. 지역어로 쓰인 시집이나 동화책은 나이 든 세대에게

더욱 친근하고 정감 있는 독서 경험을 제공할 수 있다. 이는 소멸 위기에 놓여 있는 제주어를 다시 삶 속으로 불러들이며 제주어 문학을 새롭게 바라볼 수 있는 계기가 된다. 나아가 지역 언어와 문화를 되살리고 함께 나누는 문화운동으로 이어질 가능성도 품고 있다. 그렇게 '책 읽는 미용실'은 단순한 미용 공간을 넘어 공동체적 정체성과 지역적 언어 자산을 회복하는 장으로 확장될 수 있다.

무엇보다 마음이 따뜻해진 건, 사장님이 '잘했군, 잘했어' 활동을 실천해 보셨다는 이야기였다. 남편과 마주 앉아 하루를 나누며 서로 칭찬을 건네는 시간을 가지면서 예전보다 대화가 늘고 하루가 기분 좋게 지나간다고 하셨다. 그 말씀을 들으며 가슴이 뭉클해졌다. 책은 이렇게 사람의 마음과 관계까지 바꾸어 놓는 힘이 있다는 걸 피부로 느끼게 되었다.

- 현미영의 체험 수기 「무지개 미용실에 피어난 책 읽기」 중에서

사장님이 '잘했군, 잘했어' 활동을 실천하며 남편과 하루를 나누고 서로를 칭찬하는 시간을 가졌다는 대목은 독서가 지적 활동을 넘어 관계의 질을 변화시키는 생활 실천으로 이어질 수 있음을 보여준다. 책 속의 메시지가 현실의 대화와 행동으로 옮겨지는 순간 독서는 곧 관계 회복의 도구가 된다.

이 변화는 가정 내의 정서적 소통을 확대시켰을 뿐 아니라 독서운동의 본질이 '책 읽기' 자체에 머물지 않고 삶의 태도와 관계망까지 확장될 수 있음을 보여준다. 따라서 이 사례는 〈온가족 맛

있는 책읽기〉가 지닌 사회적 의미를 가장 분명하게 드러내는 장면 중 하나라 할 수 있다.

4. 작은 미용실에서 피어난 큰 무지개

어느 날은 『수탉과 돼지』를 읽으셨다고, 고향 마당의 닭과 돼지를 만난 듯 그리운 추억을 꺼내놓으셨다. 그러면서 "나이가 들어가는 게 무섭고 싫었는데, 요즘은 내가 황혼의 노을처럼 가장 화려한 때를 살고 있다는 생각이 든다. 나, 그냥 노을로 붉게 타보고 싶다."
- 현미영의 체험 수기 「무지개 미용실에 피어난 책 읽기」 중에서

『수탉과 돼지』를 읽는 순간, 고향 마당이 눈앞에 펼쳐지듯 되살아났다. 닭의 울음과 돼지의 숨결은 세월이 남긴 흔적을 불러내는 매개였고 그 기억은 단지 과거에만 머물지 않았다. 나이 듦이 주는 '두려움'은 책 속에서 물든 빛을 만나 '황혼의 노을'로 바뀌었으며 저물어 가는 순간이야말로 가장 붉고 찬란한 시간이라는 깨달음이 스며들었다.

"나, 그냥 노을로 붉게 타보고 싶다." 어쩌면 사장님은 시인인지도 모른다. 이 고백은 글을 읽는 이의 마음에까지 퍼져나가 하나의 노래처럼 잔잔히 번져간다. 독서는 이렇게 개인의 감정과 두려움마저 긍정과 수용의 언어로 환히 밝혀준다. 그래서 〈온가족 맛있는 책읽기〉는 삶을 다시 바라보게 하는 철학이 되고 존재를 새롭게 해석하게 만드는 힘이 된다.

조천리의 작은 미용실에서 시작된 책 읽기가 이렇게 큰 무지개로 번질 줄 누가 알았을까. 사장님의 환한 웃음 속에서, 책이 가져온 변화 속에서, 나도 모르게 나 자신을 돌아보았다. 무지개 미용실에 걸린 빛은 책장을 넘길 때마다 번져 나와 우리의 삶을 환하게 비추었다. 그 빛은 나이 듦의 두려움마저 황혼의 노을처럼 찬란하게 물들이며, 우리의 하루를 새로운 희망으로 물들이고 있었다.

- 현미영의 체험 수기 「무지개 미용실에 피어난 책 읽기」 중에서

조천리의 작은 미용실에서 피어난 책 읽기는 한 사람의 변화를 넘어 하나의 무지개로 퍼져 나갔다. 그것은 책장을 넘기는 손끝에서 시작되어 사장님의 웃음에 닿고 독자의 마음에 번져 결국 삶 전체를 환하게 비추었다. 이 수기의 마지막 장면은 작은 불씨 같은 독서가 어떻게 노을처럼 번져 인생을 새롭게 물들이는지 보여준다.

"나이 듦의 두려움조차 황혼의 노을처럼 찬란하게 물들이며"라는 문장은 우리 모두가 언젠가 맞닥뜨릴 세월의 길목에 건네는 위로일지도 모른다. 두려움은 지워지지 않지만 책 속에서 만난 언어가 그것을 새롭게 감싸안는다.

무지개 미용실에서 시작된 책 읽기는 결국 공동체로 확장된다. 이 작은 공간에서 움튼 독서가 또 다른 이의 삶을 물들이며 희망을 건네고 있음을 전한다.

5. 온가족 맛있는 책읽기 - 삶을 밝히는 등불

　현미영 독서지도사의 체험 수기와 김형훈 기자의 보도기사는 서로 성격은 다르지만, 두 텍스트는 〈온가족 맛있는 책읽기〉 캠페인의 의미를 다층적으로 드러낸다. 수기가 참여자의 시선에서 삶의 변화를 구체적으로 기록한 생활 속 자발적 기록이라면, 기사는 이를 사회적으로 조망하며 의미를 확장한 공적 담론화라 할 수 있다. 서로 다른 장르의 형식을 취하면서도 책 읽기가 개인과 가족, 나아가 지역사회와 시민운동으로 이어지는 힘을 어떻게 발휘하는지를 입체적으로 보여준다.

　두 글 모두 책을 통한 관계 회복을 핵심 맥락으로 삼고 있지만 내용은 서로 다르다. 보도기사에서는 독서지도사 현미영의 남편이 책을 읽기 시작하면서 변화를 맞이한다. 출근길마다 책을 챙기는 습관이 가족 관계의 회복으로 이어지고 아내와의 소통이 한층 깊어지는 모습이 부각된다. 반면 체험 수기에서는 미용실 사장님이 주인공이며 그의 남편과 동네 사람들이 함께하는 반응이 같이 제시된다. 그리고 그림책을 매개로 대화를 나누며 서로를 칭찬하고 과거와 현재의 삶을 새롭게 바라보게 된다.

　두 글은 삶의 변화를 독서의 결과로 제시한다. 체험 수기에서 미용실 사장님은 그림책을 통해 화를 다스리고 직업적 창의성을 회복하며 마침내 '책 읽는 미용실'이라는 생활문화공간을 만들어 냈다. 보도기사 속 남편은 책을 읽으며 자기 성찰을 시작하고 나아가 요양보호사 자격증에 도전하며 장년기의 새로운 삶을 개척

했다. 이처럼 독서는 단순한 인지 활동을 넘어 생활 습관과 태도의 변화를 이끌어 내는 동력이 되었다.

두 텍스트는 차이점도 있다. 체험 수기는 개인적이고 내면적인 목소리를 중심으로 독서가 일상의 작은 변화를 어떻게 가능케 했는지를 구체적으로 말한다. 한편 보도기사는 외부적 시선에서 참여자의 경험을 구조화하고 그림책의 구절을 인용하며 변화를 사회·문화적 맥락 속에서 재해석한다. 즉, 수기가 생활 기록이라면 기사는 그것을 공동체적 담론으로 번역해낸 글이라 할 수 있다.

이 지점에서 두 텍스트는 서로를 보완한다. 수기의 생생한 기록은 보도 기사의 객관적 서술을 뒷받침하고 기사의 사회적 의미 부여는 체험 수기를 단순한 체험담을 넘어 공동체적 증언으로 격상시킨다. 수기 속 사장님의 발언, "나, 그냥 노을로 붉게 타보고 싶다."가 나이 듦을 받아들이며 또 새로운 세상을 향해 나아가려는 마음의 언어라면, 기사 속 남편의 고백, "잘못된 것도 있었구나 느끼게 되더군요."는 자기 성찰을 거쳐 새길을 찾으려는 전환의 목소리다. 두 텍스트가 함께 보여주는 것은 책 읽기가 장년의 삶을 더 이상 쇠퇴의 시간이 아닌 새로운 가능성이 열리는 시기로 바꿀 수 있다는 사실이다.

이처럼 현미영 독서지도사의 체험 수기와 김형훈 기자의 기사 글은 함께 읽기를 통해 퍼져나가는 '책 읽기의 감염력'이라는 개념을 떠올리게 한다. 두 텍스트를 나란히 놓고 비교해 보면, 〈온가족 맛있는 책읽기〉의 본질이 한층 더 분명하게 드러난다. 이 캠페인은 단순히 아동과 청소년만을 위한 독서 운동에 머무르지 않는다.

세대와 공간을 넘어 일상의 작은 습관을 삶의 전환으로 이끄는 확산적 움직임을 보여준다. 체험 수기가 담아낸 개인의 변화를 통한 울림과 보도기사가 부여한 사회적 의미망은 서로 맞물리며 책 읽기가 지닌 힘과 가치를 더욱 소중하게 느끼게 한다.

'미용실 사장님'과 '책 읽는 부부'의 이야기는 단지 한 개인이나 한 가정의 변화를 넘어서 곧 '책 읽는 시민사회'로 확장되어 간다. 작은 용기에서 시작된 〈온가족 맛있는 책읽기〉는 어느새 여기저기서 응답을 얻으며 번져 나갔다. 그렇게 책은 함께의 기쁨을 나누는 공동체의 언어가 된다. 그것은 가정의 대화를 되살리고 이웃 간의 마음을 이어 주며 나아가 시민사회를 밝히는 가능성을 열어준다.

참고문헌

참고문헌

가스통 바슐라르, 곽광수 옮김, 『공간의 시학』, 동문선 문예신서, 2023.
가야트리 스피박, 『타자의 윤리학』, 그린비, 2007.
강영봉·김동윤·김순자, 『문학 속의 제주 방언』, 태학사, 2010.
고재환, 『제주어 개론』, 태학사, 2006.
고재환, 『제주어 나들이』, 태학사, 2007.
고정국, 『고개 숙인 날들의 기록』, 미래문화사, 1996.
고정국, 『조사에게 길을 묻다』, 연인M&B, 2010.
광령리사무소 편, 『광령약사』, 광령리사무소, 1990.
권영애, 『그 아이만의 단 한 사람』, 아름다운사람들, 2016.
김동윤, 『4·3의 진실과 문학』, 각, 2003.
김동현, 『사랑의 서사는 늘 새롭다』, 한그루, 2024.
김봉환 외, 『진로상담과 진로지도』, 학지사, 2019.
김승희, 『감수성의 문학, 생명의 문학』, 문학과지성사, 2003.
김용규, 『어제보다 조금 더 깊이 걸었습니다』, 디플롯, 2025.
김용옥, 『우린 너무 몰랐다』, 통나무, 2023.
김재용·김동윤, 『4·3항쟁과 탈식민화의 문학』, 소명출판, 2024.
김학준, 『실용제줏말작은사전』, 제주어보전회, 2010.
김현, 『문학과 자기의식』, 문학과지성사, 1983.
김현, 『전체에 대한 통찰』, 나남출판, 1994.
노경수, 『생태환경과 아동문학』, 청동거울, 2023.
데이비드 브룩스, 이경식 옮김, 『사람을 안다는 것』, 웅진지식하우스, 2024.
도로시 버틀러, 『쿠슐라와 그림책 이야기』, 보림, 2003.
랄프 왈도 에머슨, 강형심 옮김, 『세상의 중심에 너 홀로 서라』, 씽크뱅크, 2016.
로만 야콥슨, 김희영 옮김, 『문학 속의 언어학』, 민음사, 1999.
로버트 그린, 안현모 옮김, 『인간 본성의 법칙』, 위즈덤하우스, 2019.

루시 어원, 『철학하는 고양이』, 아날로그, 2022.

루이스 세풀베다, 송병선 옮김, 『연애소설 읽는 노인』, 열린책들, 2000.

릭 루빈, 정지현 옮김, 『창조적 행위』, 코쿤북스, 2023.

마르쿠스 아우렐리우스, 정천구 옮김, 『명상록』, 돌베개, 2015.

마이클 폴란, 김명남 옮김, 『욕망의 식물학』, 사이언스북스, 2003.

매리언 울프, 전병근 옮김, 『다시, 책으로』, 어크로스, 2019.

매리언 울프, 이희수 옮김, 『책 읽는 뇌』, 살림, 2009.

문순덕, 『구비문학의 역사적 의미』, 집문당, 2005.

미나, 『생각의 각도: 멈추고 향유하는 웰라이프 심리학』, 끌리는책, 2021.

미하일 바흐친, 김희숙·박종소 옮김, 『말의 미학』, 도서출판 길, 2006.

박종무, 『모든 생명은 서로 돕는다』, 책읽는곰, 2019.

발타자르 그라시안, 김경희 옮김, 『사람을 얻는 지혜』, 민음사, 2015.

벤 마이켈슨, 정미영 옮김, 『스피릿베어』, 양철북, 2008.

사라 아메드, 시우 옮김, 『감정의 문화정치』, 오월의봄, 2023.

사라 아메드, 정지은 옮김, 『퀴어 현상학』, 현실문화, 2021.

세네카, 『인생의 짧음에 대하여』, 윌북, 2020.

송상조, 「제주말에서 때가림소 - ㅇ, - ㄴ 과 씨끝들의 호응」, 『제주어연구』 제3집, 제주대학교 제주어연구센터, 2004.

송상조, 『20세기 제주말 큰사전』, 한국문학사, 2023.

신영복, 『감옥으로부터의 사색』, 돌베개, 1988.

아리스토텔레스, 손명현 옮김, 『시학』, 문예출판사, 2009.

앙리 프레데릭 아미엘, 이희영 옮김, 『아미엘의 일기』, 동서문화사, 2003.

얀 아스만, 김구원·심재훈 옮김, 『문화적 기억과 초기 문명』, 푸른역사, 2025.

양현길, 『단단한 행복』, 푸른숲, 2025.

에머슨, 서동석 옮김, 『자연』, 은행나무, 2014.

왕가리 마타이, 이수영 옮김, 『지구를 가꾼다는 것에 대하여』, 민음사, 2012.

윤구병, 『흙을 밟으며 살다』, 휴머니스트, 2010.

이민규, 『생각의 각도: 멈추고 향유하는 웰라이프 심리학』, 끌리는책, 2021.

장 그르니에, 김화영 옮김, 『섬』, 민음사, 2021.

장영주, 『제주도 역사 스토리텔링-애월읍』, 제주4·3평화재단, 2019.

전우익, 『혼자만 잘 살믄 무슨 재민겨』, 현암사, 2017.

제주문화사, 『제주의 오름』, 제주문화사, 2005.

제주특별자치도, 『제주도 속담사전』, 제주특별자치도, 2015.

제주특별자치도, 『제주어사전』, 제주특별자치도, 2013.

제주학연구센터, 『맛좋은 제주어』, 제주학연구센터, 2017.

존 캐그·조너선 반 벨, 이다희 옮김, 『일터의 소로』, 푸른숲, 2024.

진성기, 『제주도 민담』, 민속원, 2008.

케이트 콜린스, 『정원의 철학자』, 다산초당, 2023.

탐라목석원 편, 『제주문화론』, 탐라목석원, 2001.

프리초프 카프라, 『생명의 그물』, 갈라파고스, 2004.

프리초프 카프라, 김용정 옮김, 『생명의 그물』, 범양사, 2022.

한국학중앙연구원 편, 『디지털 제주 문화대전』, 한국학중앙연구원, 2007.

허영선, 『제주 4·3을 묻는 너에게』, 서해문집, 2018.

헨리 데이비드 소로, 강승영 옮김, 『월든』, 은행나무, 2011.

현길언, 『설화와 주변부 사람들의 생활 양식』, 새미, 2001.

현용준, 『제주도 전설』, 일지사, 1981.

현평효·강영봉, 『표준어로 찾아보는 제주어사전』, 태학사, 2009.

송미아

제주에서 태어나 생명력 넘치는 바다를 바라보며 자랐다. 제주대학교 국어국문학과에서 석사 과정을 마쳤으며, 30여 년간 한우리 제주지부를 이끌며 '온가족 맛있는 책읽기' 시민 독서캠페인을 주도하고 독서지도 연구에 힘써왔다. 《소년문학》을 통해 아동문학 평론으로 등단했다. 서귀포신문사 제주어문학상, 한국아동문학회 오늘의 작가상(평론), 중앙일보 시조 백일장 장원, 안덕계곡 예술제 시 부문 대상 등을 수상했다. 저서로 아동문학 평론집 『순수로 잇다』, 전자책-詩가 있는 관찰일기 『꼬마철학자』, 평론집 『양전형 작가_문학과 기록 사이, 제주어를 통섭하다』, 공저 『그리운 표선 백사장 길 따라』 등이 있다.

**바람에 발효된
섬의 사유思惟**

2025년 11월 25일 초판 1쇄 발행

지은이 송미아 **펴낸이** 김영훈 **편집장** 김지희 **디자인** 김영훈 **편집부** 이은아, 부건영
펴낸곳 한그루 **출판등록** 제651-2008-000003호 **주소** 제주특별자치도 제주시 복지로1길 21
전화 064-723-7580 **전송** 064-753-7580 **전자우편** onetreebook@daum.net **누리방** onetreebook.com

ISBN 979-11-6867-251-2 (03810)

저작권법에 따라 보호를 받는 저작물입니다.
어떤 형태로든 저자 허락과 출판사 동의 없이 무단 전재와 복제를 금합니다.
잘못된 책은 구입하신 곳에서 교환해 드립니다.

이 책은 제주특별자치도와 제주문화예술재단의
2025년 제주문화예술재단 지원사업 후원을 받아 발간되었습니다.

값 22,000원

이 책의 본문은 친환경 종이를 사용했습니다.